本书受到教育部人文社会科学研究一般项目："全球生产网络、地方治理与区域创新体系建设"（13YJAZH144）资助

南京社科学术文库

大都市复合治理
——创造持续繁荣的可能

周蜀秦◎著

中国社会科学出版社

图书在版编目（CIP）数据

大都市复合治理：创造持续繁荣的可能 / 周蜀秦著 . —北京：中国社会科学出版社，2015.12

（南京社科学术文库）

ISBN 978-7-5161-7181-3

Ⅰ.①大… Ⅱ.①周… Ⅲ.①城市管理－研究 Ⅳ.①F293

中国版本图书馆 CIP 数据核字（2015）第 291168 号

出 版 人	赵剑英
责任编辑	孙　萍
责任校对	王　影
责任印制	王　超

出　　版	中国社会科学出版社
社　　址	北京鼓楼西大街甲 158 号
邮　　编	100720
网　　址	http://www.csspw.cn
发 行 部	010-84083685
门 市 部	010-84029450
经　　销	新华书店及其他书店
印　　刷	北京君升印刷有限公司
装　　订	廊坊市广阳区广增装订厂
版　　次	2015 年 12 月第 1 版
印　　次	2015 年 12 月第 1 次印刷
开　　本	710×1000　1/16
印　　张	17.75
插　　页	2
字　　数	291 千字
定　　价	66.00 元

凡购买中国社会科学出版社图书，如有质量问题请与本社营销中心联系调换
电话：010-84083683
版权所有　侵权必究

《南京社科学术文库》编委会

主　编　叶南客　李程骅

编　委　王道德　荆小平

　　　　朱未易　许益军

　　　　黄　南　谭志云

总　序

叶南客

2014年的中国迎来了全面深化改革、依法治国的春天。春江水暖鸭先知，社科腾跃正此时。2014年8月出台的《加快推进南京社科强市实施意见》明确提出了要"更好地发挥哲学社会科学在南京创成率先大业、建设人文绿都、奋力走在苏南现代化建设示范区前列中的理论支持和思想引领作用"，标志着南京社会科学界正肩负起更加神圣而重大的资政育人历史使命，同时也迎来了南京社会科学学术繁荣、形象腾跃的大好季节。值此风生水起之际，南京市社科联、社科院及时推出"南京社科学术文库"，力图团结全市社科系统的专家学者，推出一批有地域风格和实践价值的理论精品、学术力作，打造在全国有特色影响的城市社会科学研究品牌。

为了加强社会科学学科高地建设、提升理论引导和文化传承创新的能力，我们组织编纂了南京社科学术文库。党的十八大以来，习近平总书记发表了一系列重要讲话，是对中国特色社会主义理论体系的丰富和发展，是马克思主义中国化的最新理论成果，是我国哲学社会科学的根本遵循，直接促进了哲学社会科学学科体系、学术观点、科研方法的创新，为建设中国特色、中国风格、中国气派的哲学社会科学指明了方向和路径。本套丛书的重要使命即在于围绕实践中国梦，通过有地域经验特色的理论体系构建和地方实践创新的理论提升，推出一批具有价值引导力、文化凝聚力、精神推动力的社科成果，努力攀登新的学术高峰。

为了激发学术活力、打造城市理论创新成果的集成品牌、推广社科强市的品牌形象，我们组织编纂了本套文库。作为已正式纳入《加快推进南京社科强市实施意见》资助出版高质量的社科著作计划的本套丛书，旨在围绕建设现代化人文绿都的目标，坚持马克思主义指导地位，坚持百花齐放、百家争鸣的方针，创建具有南京地域特色的社会科学创新体系。在建设与南京城市地位和定位相匹配的国内一流的社科强市进程中，推出一批具有社会影响力和文化贡献力的理论精品，建成在全国有一定影响的哲学社会科学学术品牌，由此实现由社科资源大市向社科发展强市的转变。

为了加强社科理论人才队伍建设、培养一批有全国知名度的地方社科名家，我们组织编纂了本套文库。本套丛书的定位和选题是以南京市社科联、社科院的中青年专家学者为主体，团结全市社科战线的专家学者，遴选有创新意义的选题和底蕴丰厚的成果，力争多出版经得起实践检验、岁月沉淀的学术力作。借助城市协同创新的大平台、多学科交融出新的大舞台，出思想、出成果、出人才，让城市新一代学人的成果集成化、品牌化地脱颖而出，从而实现社科学术成果库和城市学术人才库建设的同构双赢。

盛世筑梦，社科人理应承担价值引领的使命。在南京社科界和中国社会科学出版社的共同努力下，我们期待"南京社科学术文库"成为体现理论创新魅力、彰显人文古都潜力、展现社科强市实力的标志性成果。

2014 年 12 月

（作者系南京市社科联主席、社科院院长）

目 录

绪论　重构现代城市治理体系 1

第一章　"无边界经济"：全球生产网络的地方治理 13
　第一节　全球生产网络与创意产业的无边界融合 15
　第二节　城市产业结构空间转型与经济体系重构 19
　第三节　产业全面融合与城市全面转型内在机理 26
　第四节　基于创意产业驱动城市转型的治理思路 37

第二章　创新生态系统：区域创新创业的网络治理 46
　第一节　欧盟开放创新生态系统建设的经验分析 47
　第二节　泛大学社区营造与城市创新生态体构建 58
　第三节　区域科技人才创业创新服务体系的搭建 68
　第四节　城市共性技术研发服务体系的建设思路 76
　第五节　大都市中心区创新生态系统的治理实践
　　　　　——以南京市"智慧新街口"为案例 84

第三章　国家中心城市：战略目标定位与创建路径 92
　第一节　"国家中心城市"内涵界定与功能认知 93
　第二节　谋划新的"国家中心城市"：需求与空间 95
　第三节　谋划"国家中心城市"的战略可能分析 98

第四节 构建"国家中心城市"的多重路径设计 103

第四章 "大事件"驱动：大都市国际化治理策略 119
第一节 "大事件"驱动城市国际化的机理分析 120
第二节 青奥会举办与大都市国际化发展的机遇 130
第三节 青奥大事件"城市遗产"形成及其效应 140
第四节 面向后青奥时代大都市国际化治理思路 151

第五章 跨行政区融合：大都市圈同城化协同治理 165
第一节 从"区域发展一体化"到"大都市圈同城化" 166
第二节 "同城化"融合："宁镇扬"都市圈的定位 175
第三节 协同治理："宁镇扬"同城化的策略举措 187
第四节 生活秩序重塑：长三角国际化生活圈建设 199

第六章 "弹性城市"视角：旧城更新与规划策略 210
第一节 弹性城市规划与巴塞罗那旧工业区的实践 210
第二节 南捕厅历史风貌区的文化传承与街区复兴 221
第三节 大都市旧区：现代化与"二元化"的悖论 230
第四节 如何实现持续繁荣：大都市旧区规划策略 237

附录 网络与现实之间：双重空间中的生活与治理 247

参考文献 263

后　记 273

绪 论

重构现代城市治理体系

随着中国城市化进程的进一步加速,以及城镇化水平与内涵的日益提升,中国的城市发展面临着重大的结构性挑战,如何在推进城市持续发展的基础上,形成一个良好的城市治理体系,成为中国城市发展的一个核心议题。因此,中国城市需要在比较和借鉴世界上不同城市的治理经验基础上,形成一种新的治理结构和体系。

现代人类文明,就是在城市发展与城市治理创新之间的持续联动中不断向前的。许多决定现代人类生产与生活的制度创新,都是以城市为实践空间而形成的。由此,我们完全可以认为现代城市的治理结构与治理体系的完善水平,直接决定着一个国家现代化的发展与现代文明建构的能力与水平。

一 集聚与分化:现代城市治理的使命

城市是一个复合体,是集聚性与分化性共存的复合体。没有人以及与人的生产和生活相关因素的集聚,就不可能构成城市;同样,没有人的多元分化以及由此带来的交易与生产的活力,就不可能有城市的成长。因此,现代城市的产生是一个集聚的结果,而城市的发展则是分化的体现。城市的主要功能之一就是改造人类自身的传统生活方式,每一时期的城市都产生了多种多样的新角色和同样丰富多彩的新潜力,它包含法律规范、道德标准、建筑样式、市井民风等方面的相应变化。

现代工业革命以来,在市场与民主不断发育的基础上,城市的集聚功能日益凸显,包括产业、人口和文化的集聚。在城市容器里,不同的人群、不同的文化、不同的技术、不同的语言都聚集一起,并且相互融合。同时,在不断解决城市治理问题的过程中,现代城市进行了有机分化,包括空间的多中心展开、多元社会主体的呈现、城市的有机更新与城市业态的不断更新,这些分化不断产生出发展的推动力。集聚是城市存在的基础,分化则构成一个城市发展的动力。

虽然集聚与分化都是城市经济发展、城市市民与城市社会自身运动所形成的,但二者要平衡与协调地共存,并相互促进,就需要超越城市市民与社会的更高力量,这就是城市的治理结构。

一个具有成效的治理结构,也就必然体现在如何在加强城市的集聚功能持续实现上,形成城市物质空间、产业形态和社会结构的有机分化。现代城市的集聚,不是城市对所有资源的过度占有和无序的扩展,而应是一种有利于城市中不同人群"居住、生产、交通和游憩"的资源合理配置;现代城市的分化,也不是各个城市组织部分之间的空间结构的紧张,不是城市中不同社会群体的分裂和对抗,更不是政府与社会的对立,因此,分化不是分裂,而是一种发展生命力的维持。

随着全球化进程加速与信息技术的发展,现代城市已经成为全球化网络体系中的一个节点。尤其是伴随着近二十年来的信息技术更新,使得城市的属性已经发生了很大的变化,它主要体现在:(1)城市的性质从"国家属性"变成"全球属性";(2)从"三维空间"变成"多维空间";(3)从传统的"内部参与"到"内外共同参与"的复合主体。

城市属性的变化是我们思考城市发展与城市治理的基本向度与维度,这些城市属性的重新定义和发展,尤其突出地体现在中国城市集聚与分化的结构上。

城市是人类文明的作品,犹如现代艺术一样,它不是定格化的,而是流动不拘的,因而具有无限的想象力和再创造的空间,这为城市治理创新或建设创新型城市提供了内在的力量。集聚与分化基础上的流动构成所有城市的根本命脉,现代城市的治理和发展创新都必须遵从这个命脉,实现集聚与分化二者之间的平衡,从中寻找真正的城市活力与创造空间,换句话说,在现代城市的一致性的集聚中,形成多元化的分化,同时在多样化的分化基础上形成具有内在一致性的集聚。

改革开放三十多年来,中国的市场经济与全面开放都是以城市为空间全面展开的,城市要承载这种变化所带来的全面冲击,同时要承载国家转型变化所产生的政治和多元的社会压力。因此,城市自我要在市场化与全球化方面升级转型，否则无法承载现代国家的转型和现代社会的发育。中国城市的治理，需要从理念的塑造到路径的建设而构成一个完整的制度架构，否则现代城市很难体现"市民的个人和全体的意志"，体现现代城市的目的——"能自知自觉，自治自制和自我实现"[1]。

二 "造化自然"：从生态与规划创造"元治理"

从城市起源的角度观察，几乎所有城市的选址都是人们在一定的空间区域内，自发地追求自然环境最优组合的结果，因为城市的集聚需要首先满足人们对生活资源和安全的需求，例如"依山傍水"与"易守难攻"等；同时，城市也会选择一个最优的自然资源所在，例如北京的什刹海、上海的苏州河、南京的玄武湖、杭州的西湖、苏州的"姑苏城外寒山寺"等。同样的，每一个城市都有自己引以为豪的自然景色资源，所以我们在城市治理的比较研究中一直提倡现代城市需要"保山、保水、保自然"，这些自然山水是城市人文和历史最为基本的载体。

同时，城市的自然不等同于简单的自然山水，而是一种经过人们不断赋予其历史和文化内涵的"造化"结果，是一种"造化自然"。所以，城市的历史遗迹构成了城市自然环境中的活的灵魂，而不是单纯的自然遗迹。从这种意义上观察，城市的外在物质形态是人们不断地进行城市规划建设的"博物馆"，许多优美杰出的城市历史建筑构成了人们对自然有机改造的典型体现，也是城市民风的最佳"容器"。

人们在城市空间内的集聚是一个主动适应和改造自然环境的结果，保存良好的城市生态环境是人类对城市的最好的"造化"，因此，城市环境的彻底改造最终变成了人的改造。因此，生态与规划构成了城市的"元治理"，它们两个是现代城市的治理的"元结构"，是现代城市对实现人们"自治自立、自觉自为、自我发展"本质属性的最基本的载体，也是现代城市治理所有层面的最元初的基础，构成了现代城市治理的坐标原点。

20世纪50年代以来，国际上的城市在发展中高度重视"人居环境"。城市更新理论的思想渊源为城市规划的形体规划思想，在具体实践中，包

---

[1] ［美］刘易斯·芒福德：《城市发展史——起源、演变和前景》，中国建筑工业出版社2005年版，第584页。

括奥斯曼的巴黎改建，柯布西耶的"光辉城市"，芝加哥的"城市美化"运动，以及现代建筑国际协会（CIAM）的"功能主义"思想等，其在本质上把动态的城市发展看作静态过程，进而寄希望于整体的城市形态改变，这造成许多城市病的产生，因为这些城市规划理念由于过于单纯而无法遏制城市病的产生。

20世纪70年代以来，世界城市更新的动力与方式发生了很大的变化，关注点从早期单纯的物质形式更新转向注重城市社会形态、经济形态的整体性更新，并且与城市的区域、环境、公共政策相结合。其中经济全球化的趋势、向信息社会转变、生育率下降和高层次市民的增加、产业结构的转换等都是城市更新的动力。国际上发达国家的城市出现了"公共——私人合作型"改造、"公共——个体合作型"改造和"绅士化过程"等路径。

现代城市的有机更新过程都更加注重从"人本"的角度，强调城市发展要考虑人对自然环境的需求，强调城市规划的"利人原则"，这样，现代城市的有机更新把自然与规划有机地结合在一起，形成城市的良性"元治理"：在微观层面上，要求城市空间具有宜人的尺度，保证城市空间对人的生理及心理的尊重；在中观层面上，强调具有强烈归属感的社区设计，形成融洽的"邻里"环境；在宏观层面上，力图实现通畅的交通路径、适度的城市规模，形成新的产业形态。这方面经典的理论有简·雅各布斯的"城市多样性"，芒福德的"以人为本"思想和亚历山大的历史价值保护观等。

中国城市三十多年的发展中，一直忽视对城市自然资源和历史资源的保护，在追求政府政绩的冲动下，盲目地进行经济开发区的开发，进行城市地标、中心商务区(CBD)和中央居住区（CLD）的建设。同时，缺乏维护或者"恶意破坏"城市历史遗迹，以至于"善意破坏"传统街区的现象层出不穷。在城市城府（作为中国的地方政府）盲目地着眼于经济指标和城市建成面积指标的考核下，城市已经进入了一个内在结构失控的境地，这造成城市"千篇一律"的外在物质结构（physical form），也就必然损失掉了城市的"灵魂"。

所以，现代城市的任何一个对城市物质形态的规划改造，需要充分考虑到城市的"元治理"的构成要素，以及它们之间相互依存和相互促进的结构。人们在城市自然生态的基础上"造化了自然"，成为人类存在的一个最为突出的空间体现。因此，城市也就从"保山、保水、保自然"的基础上,上升为"保山、保水、保民风",否则,人类就几乎在城市中摧毁了所有他们与自然界的联系,然后突然意识到他们在这一过程中也已然丧失了自己生存下去的必要基础。

三 政府管理:从法律与公权创造"硬治理"

城市只有在集聚与分化之间形成一种有机的平衡,才能获得一种持续发展的能量。因此,现代城市如同现代国家一样,都需要一种超越于各个城市集聚人群之上的治理力量。正是在这个意义上,马克思认为"随着城市的出现,必然要有行政机关、警察、赋税等等,一句话,就是需要有公共的政治机构,也就是说要有政治"[1]。因而,不论是城市的政治,还是城市的治理,虽然都离不开政治或行政的强力,但其本质不是政治或行政强力的实现,而是有强力保障的平衡与协调的实现,即城市的集聚性与分化性的平衡与协调,这就构成了城市的"硬治理"。

政府及其背后的国家既可以提供现代城市发展最为强势的推动力量,也可能形成一种最为明显的破坏性力量。在任何一个社会的城市发展历史中,都可以发现许多城市都被国家与政府的强权力毁于一旦,或者毁灭于战争,或者消失于对城市的过度使用,使得城市发展的根基不复存在。随着现代历史考古的发展,我们可以发现真正意义上被自然本身毁灭的城市反而少之又少。

之所以把现代城市治理中的政府管理结构界定为"硬治理",是政府基于公共权力的享有而提供了现代城市治理的外在制度框架。现代政府需要从法律与公权的角度出发,它对城市治理的影响必须基于城市人民对于治理公权力的需求,提供政策规划的供给,而不能破坏城市发展的自然生态与历史文化脉络。现代城市"硬治理"的基本依据就是建构在现代民主制度基础上的法律体系。

中国古典社会在乡村中保持一种自治的秩序,但是在城市中却是一种单纯的行政权力中心和自发的商业社会的结合。中华人民共和国的城市政府则是一种计划经济和单位体制基础上的"强政府",它几乎垄断了城市

---

[1] 马克思、恩格斯:《费尔巴哈》,《马克思恩格斯选集》第一卷,人民出版社1972年版,第56页。

发展的一切资源的分配、生产和消费的环节。现代中国城市随着市场经济的建立和现代社会主义民主的逐步发育和完善，需要在法律和公权的基础上，既要发挥城市政府的主动性，同时又要有效地约束政府的行为，形成一个"依法治市"的良性态势。

同时，现代城市对公权力的内生性需求并不意味着社会力量的削弱，反而恰恰是需要政府公权力对社会力量的主体性尊重、发育支持和有效互动。

只有形成一个在法律框架内的政府与社会的有效治理互动结构，政府管理为主要核心内容所构成的"硬治理"的制度框架，才能在整个城市治理体系中发挥积极的使命。对于中国的城市政府而言，中国城市缺乏西欧的城市分化产生的自治结构，而是一个单一制的城市管理结构，这更加需要我们尊重城市的历史文化脉络，理解城市多元群体的生存，保护城市的生态环境，积极利用现代信息和技术，进而提供有效的城市业态发展规划、城市建设规划和城市民主制度。

现代城市治理或城市政治要有调适性与创新能力，取决于多方面的因素，首先是城市要有巨大的制度发展空间。随着大量人口的集聚，未来政府在社会福利体系构建中将扮演越来越重要的角色。同时，社会公平问题也将成为城市政府首要解决的问题之一。城市的制度空间，不是源于城市的物理空间，而是源于城市的时间空间，即城市不能基于简单的过往经验来规划和治理，而必须基于城市的长远发展与未来的空间来治理。所以，城市对经济和社会发展的未来把握以及由此形成的发展规划，对于城市治理来说是十分重要的。没有把握未来能力的城市，是不可能有制度创新的能力与空间的。

四 多元共治：从社会与公民创造"软治理"

从一个社会的发展角度观察，几乎所有的城市比其所在的国家命运更为久远。民族在变化，国家在更迭，政府在轮换，但是城市却超越了国家与民族的历史，成为人类在社会生活中最为久远的历史空间载体之一，这也就是"千年营城"的根本原因。因此，一个城市的最基本的活力在于城市社会的成熟与发育，在于城市治理形态中公民素质的提升与公民参与结构的完善。

人类历史发展的趋势表明，城市是文明创造与发展的动力。这决定了城市集聚的要素与城市内部分化的趋势，不是一成不变的，这就要求平衡与协调集聚性和分化性的城市治理或城市政治，就必须有很强的调适性，对社会的自治和自主空间充分尊重，从而形成政府与社会多元力量的共治与合作，形成一种协作治理的结构。

除了现代城市要具有强大的精神空间之外，城市一定要有很强的社会自治品质。现代城市固然需要政府治理，但其出发点不是政府的"硬治理"，而是社会的"软治理"，因为没有现代的"市"，也就没有现代的"城"，没有城，也就没有政府存在的必要，而现代的市的本质，是基于利益互换与互惠的自律与自治，所以，城市天生具备自治的秉性。现代城市的民主政治制度，就是在现代城市的自治传统中生成和发展出来的，在某种意义上，现代国家制度的基本脉络是在现代城市中得以萌生和发展起来的。

现代城市治理所追求的善治，是建构在城市自治秉性得以充分发挥的基础之上"多元共治"，所以，如果不能激发城市自治秉性的城市治理，不论一个城市如何创新与发展，其最终形成的治理形态都一定是"跛脚"的治理，因为它失去了城市治理中最为基础也最根本的治理要素——城市社会的自治，忽视了城市建构的最根本目的——人的自治、自制、自立和自由发展。

人不仅是趋利的，但同时也是向善的。现代城市的集聚性与分化性，最核心的是人的集聚与分化。"强化的个人责任，加上随之而来的行动自由，便是复合社区中政府的必要发明之一。"[①] 这决定了城市平衡与协调的起点是对人的趋利性与向善性的平衡与协调，其关键基础就是现代城市政府要保护和维持城市具有的强大社会精神空间。这具体体现为城市具有开放的心态、厚实的文化、共同的价值以及创意的活力。因此，现代城市的"软治理"背后的动力机制，是城市治理的创新与发展。中国现代城市在治理结构的不断生成中，要持续形成城市的开放式治理结构，鼓励公民对城市治理的多元参与，保证公民对城市治理的评价权利。

"宇宙的智慧体现在其社会性上"，宇宙"使一切高下有序，互惠合

---

① [美]刘易斯·芒福德：《城市发展史——起源、演变和前景》，中国建筑工业出版社2005年版，第102页。

作，它让所有事物都各得其所，它将最适合最能和谐相处的事务安排在一起"。① 实践表明，城市治理的创新与发展，在带来城市治理的同时，也使得社会多元力量不断发育，社会组织不断丰富和多元，这给城市发展新要素的产生提供了持续空间，从而使城市获得新的发展的资源与动力。

因此，城市的多元共治需要城市社会的良好发育，需要现代城市公民的逐渐成熟和公民责任的担当，进而形成对城市发展的认同感和责任意识。从城市社会和城市公民中创造出来的"软治理"与依据法律和公权的政府实施的公共硬治理相结合，才能形成一个对城市自然和历史的"元治理"的真正尊重和保护。

五　智慧城市：从信息与技术创造"巧治理"

现代技术，尤其是现代信息技术的发展对城市空间结构及城市社会发展的深刻影响，成为近二十年来国际上各个城市发展中的突出现象。信息以及其他现代技术，改变了城市的内部存在结构，改变了城市间的关系，改变了国家内部的城市层级与世界网络，也使得城市成为一个网络治理社会。

因此，任何一个现代城市都需要重视现代信息技术的发展，利用信息化管理平台，建设出一个在自然环境日益美好与城市业态日益完善的基础上的现代"智慧之城"。信息和技术的发展，为人们创造了一个完全不同于以往的对城市"巧治理"的需求，现代城市已经无法依靠传统的治理手段来应对这个复杂化的社会。

国际上的信息化对城市发展的研究，主要集中在经济社会领域、建筑规划领域、城市地理领域、文化和通信技术领域等。就研究的重点而言，涉及的内容也较广泛，包括对技术本身及对城市规划、管理影响的探讨、对城市宏观层面上发展的探讨以及对城市微观层面上发展的探讨等。

数字信息化的时代，使得城市的发展形态呈现出许多新的概念，如"连线城市"(Wired City)、"电子时代城市"(City in the Electronic Age)、"信息城市"(Information City)、"知识城市"(Knowledge-based City)、"智能城市"(Intelligent City)；"虚拟城市"(1nvisibleCity)、"远程城市"(Telecity)、"信

---

①　[古罗马] 马可·奥勒留·安东尼：《沉思录》，长江文艺出版社 2012 年版，第 72 页。

息化城市"(Informational City)、"比特之城"(City of Bits)、"网络城市"(Network City)等。

现代信息和其他现代技术在城市治理中的应用，突出表现于"数字城市"以及"智能运输系统"的实践之中。"数字城市"(Digital City)是综合运用地理信息系统（GIS），通过遥感、遥测、网络、多媒体及虚拟仿真等技术系统，对城市的基础设施、功能机制进行信息自动采集、动态监测管理和辅助决策服务的技术系统。国际上发达国家自20世纪80年代以来，已经初步建立一套较完善的ITS交通体系，它能够使交通基础设施发挥出最大的效能，使社会能够高效地使用交通设施和能源，从而引起城市功能的变化，因而交通方式的信息化在根本上改变了城市的内部扩展结构。

信息网络导致城市群体空间的重组，网络空间以现实空间为基础，二者相互作用、相互叠置互补，这将导致迅速的生产和消费全球化过程，以及产业、组织和城市区域的大范围重组(Restructuring)。由于信息产业的区位因素发生了很大变化，新的城市产业空间的不断形成，使得城市表现出崭新的空间重组，这改变了城市群落之间的相互关系。从全球的视野观察，全球性空间经济系统也发生转变，大致由三类不同发展水平的区域构成：核心区，即进入后工业社会的区域；半边缘区，即新兴工业化地区和部分老工业化地区；边缘区，即经济欠发达地区，这使得许多城市的职能定位，须视其所处区域经济结构以及全球经济结构中的位置而定。

信息的高度集中以及对于交流的高层次需要会引起某些特定的城市功能在空间上的高度密集，于是新型的城市聚集与扩散的矛盾在更高的层次上出现，这种矛盾的相互作用将直接关系到未来的城市结构。信息化以新的原则形成新的城市等级体系，它以集聚和分散两种空间极化过程的并存为特征。

在城市空间内人与自然环境的关系上，信息化带来了新的视角和共处模式。工业时代以来，传统的规模化生产消解了城市市民的许多个性化需求，有限的空间让位给"钢筋水泥"的密集建筑成为一个普遍的趋势，但是随着信息技术的出现，人们要求"回归自然"的呼声日益高涨，现代城市生存体系对于生态环境、城市人文景观等因素的重视日益突出，因为信息技术、太阳能利用技术、资源重复利用技术、资源替代技术等先进技术的出现，为城市与自然的和谐可能性提供了强大的技术支持。

同时，信息化使得城市治理的核心内容之一——公众参与，具有实现的可能性。每个人借助信息手段，成为城市治理的一个网络节点，同时"大数据"的处理功能，也使得多数人的参与具有了表达的可能性。在这一过程中，数字政府的建设极大地推动了公众参与的发展，这有利于实现政府工作的公平、透明与高效，提高政府工作的效率。

从另一个方面观察，信息化也使得现代城市公共危机应对和管理发生了一个新的呈现形态。"网络空间"（Cyber Space）产生的"网络社会"（Cyber Society）改变了人们的交往方式，信息的迅速传递使得人群的集聚变得更加不可控，许多公共事件的产生和蔓延也使得传统的危机应对方式缺乏了相应的空间和时间。快速的信息传递和大量人口集聚结合在一起，就要求现代城市政府借助现代信息技术的发展，不断提升城市对公共危机事件的治理能力和水平。

信息化时代的城市治理中，信息合法性的管理就成为城市管理的主要任务之一。城市政府应该在尊重网络空间带给人们以信息的共享自由和信息披露的自由的基础上，对于信息共享的安全性进行管理。需要强调的是，中国现代信息管理的重点应该是保护公民个人的信息隐私权，防止不法企业和个人对非经本人同意的信息使用和出售，而不是因为部分的虚假信息出现，就走向所谓的"网络管控"的传统社会管理方式，如果这样，就失去了信息化带来的城市治理之"巧"。

六　城市治理时代需要现代政治智慧与治理技术

"从奥古斯特·孔德（Auguste Comte）到 W. M. 惠勒（W. M. Wheeler）的一系列学者都认为，社会是一种'积累性的活动'，而城市正是这一活动过程中的基本器官"。[①] 所以，我们在集聚与分化这两个城市发展的基本动力基础上，必须高度重视"元治理""硬治理""软治理"和"巧治理"四者之间的合理配合，形成一个有机的治理体系，而不是特别倚重于某一个具体的治理部分。

事实上，这四个治理的环节既呈现了一个城市发展的历史进程，又体

---

① ［美］刘易斯·芒福德：《城市发展史——起源、演变和前景》，中国建筑工业出版社 2005 年版，第 104 页。

现了现代城市所需要的多元治理体系的复合性需求。同时，只有四个治理的环节形成一个有机的互动体系，现代城市的集聚功能才能推动城市更为快速地发展，分化功能才能创造更加有活力的城市治理结构。

在这样的一个现代城市治理体系当中，需要城市政府具备现代的政治智慧，通过政府的制度载体供给和政策行动激励，使得现代城市的"元治理""硬治理""软治理"和"巧治理"之间相互匹配，形成一个完善的、功能明确而又相互配合的整体。也正是在这个意义上，城市"依靠经久性的建筑物和制度化的结构，以及更为经久性的文学艺术的象征形式，城市将过去的时代、当今的时代，以及未来的时代联系在一起"[①]。

现代城市一定要实现集聚的功能，各种资源要在城市空间内形成一种有效的集聚效率；同时，现代城市一定要实现分化的功能，社会才能不断地创造，形成一个新的发展力量。要在集聚功能发挥的基础上使城市合理地分化而不是分裂，就需要政府高超的政治智慧，在城市的集聚与分化之间形成一个合理的连接结构，形成二者之间的有机匹配，而不至于单纯地过度集聚而缺乏分化的活力，也不至于过度地分化而导致城市发展的分裂。

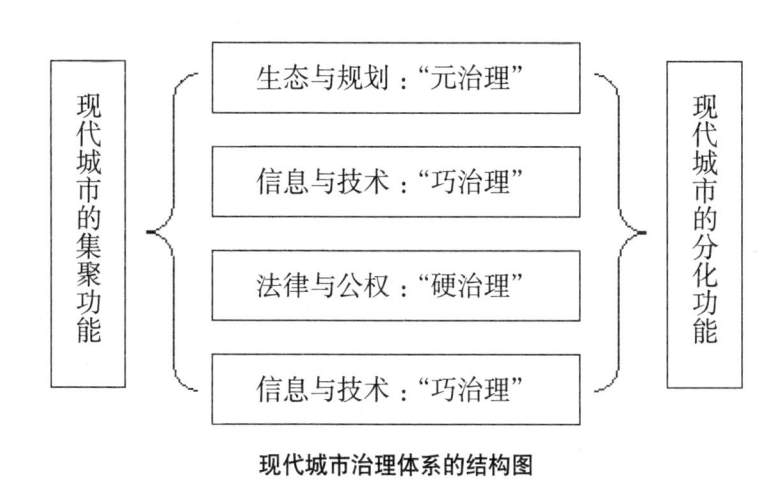

现代城市的集聚功能	生态与规划："元治理"	现代城市的分化功能
	信息与技术："巧治理"	
	法律与公权："硬治理"	
	信息与技术："巧治理"	

现代城市治理体系的结构图

因此，政府要创造一个良好的制度治理的环境，应在现代技术得以充

---

① ［美］刘易斯·芒福德：《城市发展史——起源、演变和前景》，中国建筑工业出版社2005年版，第105页。

分的利用基础上，使得城市的发展可持续。城市创新的要素应得到有机组合，城市的需求应转化成城市发展的动力，城市的创新应获得有效的资源支撑。

现代城市治理中的政治智慧与现代技术的结合，会为城市发展提供一个新坐标，现代城市政府应该使得城市从一个传统的"城乡二元对立"的发展结构，转变成一个全球化网络节点的城市发展体系；同时，把国家内部的基于行政和区域的城市匹配层级结构，转换成一个国际化与本土化相结合的城市发展体系。

刘易斯·芒福德针对国际早期城市化过程中存在的问题指出："正当西方文化中城市数量增多、城市规模扩大的时候，却把城市的性质和目的，忘得一干二净：最聪明的人不再懂得社会生活的形式，而最无知的人却准备去建设社会生活形式。或者不如说，无知的人毫无准备，却硬是要进行建设。"[①] 这是在中国现代城市治理中，政府和社会最应该避免出现的未来，换句话说，只有形成一个多层次、复合化的现代城市治理体系，才能避免这个问题在中国的产生。

党的十八大以来，随着十八届三中全会关于全面深化改革、四中全会关于全面依法治国以及习近平总书记围绕治国理政的系列讲话论述的不断深入，面向经济新常态，推进国家治理体系和治理能力现代化成为国家建设与中国城市治理的核心议题。围绕现代城市治理的几个核心议题，本书梳理了关于城市发展与治理的前沿理论，针对新常态下的"无边界经济"治理策略、区域创新网络的建设与治理、国际性大事件的地方治理与谋划、大都市圈同城化的协同治理策略等重要议题，尝试性提出当下中国关于城市治理的综合性路径和框架。

---

① ［美］刘易斯·芒福德：《城市发展史——起源、演变和前景》，中国建筑工业出版社2005年版，第117页。

第一章

"无边界经济":
全球生产网络的地方治理

当前发达国家实施再工业化战略，发展中国家加快产业转型升级步伐，全球价值链正面临重构。发达国家将继续推进"再工业化"战略，智能制造、智能工厂、新能源、生物和纳米技术、新一代微电子、高端机器人等成为发达国家重点发展的领域，数字化、网络化、智能化、服务化、绿色化、个性化的新制造模式将全面涌现。新兴经济体正尝试产业的全面转型，力图在制造业领域获得新的比较优势。中国出台了《中国制造2025》计划，力图通过"两化融合"推动制造业由要素驱动向创新驱动转变，智能化智造将成为未来发展的主线，服务业将获得较大的发展空间。服务外包将继续成为服务全球化的主要方式和增长引擎。

全球价值链面临重构，世界产业格局将发生新一轮调整。一是全球价值链由"链形"向"环形"演化，"微笑曲线"有可能进一步拉平。随着"众包"和数字化技术的发展以及高端制造的兴起，制造环节的附加值也有望进一步提升，而不再是单纯地处于微笑曲线的最底端。二是全球生产网络呈现由"离岸"向"近岸"转移的趋势，未来小批量、分布式、非标准的制造方式将推动投资和产业布局向紧贴消费市场的"近岸转移"。三是劳动力在全球生产网络中的作用逐渐降低，传统制造业的"规模经济"将受到人工智能和3D技术等为支撑的数字化智能制造的冲击，对劳动力的依赖逐步减轻，导致劳动力成本占生产总成本的比例越来越小。

对于产业结构的划分与治理，传统的农业、工业、第三产业之间的边界日益模糊，农业、制造业、生产性服务业与生活性服务业在信息化深度融合的背景下，产业经济的"无边界"化日益加剧，同时基于数字内容以及信息要素累积的叠加，所有产业经济类型都在与文化、创意发生深度关联，文化创意产业本身也从传统的文化资源开发为基础的文化产业向几乎所有产业环节和产业类型延伸和衍生。当前文化创意产业的发展，更加表现出在生产方式与商业模式上发生变革，基于信息技术跨界融合，全球生产网络浮现等新特征：一是生产工具加速革新，3D打印迅速发展，高度自动化的生产方式日趋普及，工业互联网将进一步提高生产效率。二是生产社会化特征日趋显著，以社交生产为代表的在线生产社区悄然兴起，众包日益盛行，生产的社会化、协同化水平将显著提升。三是新经济增长点不断涌现，科技与经济加速对接，两者交叉催生的产业融合将孕育一批新产业、新业态、新模式。

通过科技融合、空间融合、产业融合与社会融合，文化创意产业与城市的全面转型发展形成互相促进的作用。文化创意产业是在信息社会时代以创造力为核心、融合文化因素和文化价值追求的新兴产业门类，在全球价值链和世界城市体系的演进中，发挥着越来越重要的作用。一方面，文化创意产业的新业态高速成长，站在国际产业分工和价值链的高端位置，将经济、文化、技艺和艺术有机结合，对创新型经济的发展起到了战略引领作用；另一方面，文化创意产业对城市空间的响应特征，在对城市发展方式转换、空间功能转换、空间布局规划以及培育城市创新体系等方面，可以直接发挥多元、系统的作用，与城市整体的转型升级关系密切。因此，在当前我国城市加快推进以转变经济发展方式、提高文化软实力为主线的转型升级的战略行动中，把文化创意产业的发展，与城市经济体系的重构、城市文化生态的建设有机结合起来，作为一个统筹的战略来实施推进，从而营造出城市空间的"创意场域"，促进文化创意阶层崛起，保障文化创意产业的健康生长，加快打造国际化的"创意城市""文化都市"，将会探索出文化创意产业引领城市转型的"中国路径"。

第一节　全球生产网络与创意产业的无边界融合

当前文化创意产业的发展进入了一个崭新的阶段，特别是文化与科技领域的快速融合，使得过去以艺术与文化主导的文化创意产业正在发生着史无前例的变革。文化创意产业的重心慢慢由"文化"向"创意"转移，从生产方式、组织方式、消费模式到跨界融合，再到全球生产网络的浮现和深化，文化创意产业正在呈现出新的特征和发展趋势。

一　生产方式与商业模式的变革

在许多文化创意产业的讨论中，都习惯性假设艺术和文化为主导的中小企业是这个产业的核心部门，比如艺术大师的工作室、作坊、小规模个性化定制（小工艺生产者）等，而似乎忘记了苹果、迪士尼、时代华纳、WPP的存在。事实上，在后者面前，前者在文化创意产业中的份额从统计学上看，几乎微不足道。在广告、电影、电视和视频、软件、建筑和产品设计等拉动文化创意产业增长的关键部门中，无论在生产、组织、消费、商业模式上，与传统意义上文化和艺术主导的产业部门相比较，都表现出巨大的差异。

文化创意产业在西方发达国家发轫之初，就是对发达国家进入后福特主义时期弹性专业化与"按需生产"的回应，这与中国文化创意产业脱胎于早期文化产业化发展的逻辑起点是完全不同的。中国文化产业化发展的起点和背景是市场化和工业化，而西方创意产业发展的历史场景是后工业化和信息化。这种对文化创意产业认知的历史逻辑差异，在早期阶段并不明显。但是随着近年来互联网技术与经济的狂飙推进，基于互联网、移动互联网以及大数据支撑的网络平台，正在持续并强化生产网络、社会网路、市场网络与消费网络的通达性、及时性和同步性，这都对早期文化创意产业以生产者（尤其是文化艺术领域）特别是创意者为核心、信息不对称的商业化模式产生颠覆性冲击。封闭化、集中化、等级化、权威化正在被开放、分享、平等、共赢、共生的理念和运行方式所取代（详见表1-1）。

表1—1　　　　　　　文化创意产业发展的模式差异

构成要素	早期的文化创意产业	当前文化创意产业
主体力量	中小企业、市民及团体	大型（跨国）企业、市民及社会团体
客体	本地化有形与无形资产	无边界的数字、内容、信息
产业组织	垂直一体化	柔性生产系统（弹性专业化）
发展方式	价格竞争（零和）	按需协作（网络式）
空间特征	制造工厂、地区性功能专业化	流动的空间、柔性产业区位形成地理集聚、多功能集聚
权力结构	集中、等级、权威	开放、分享、共赢
消费方式	生产驱动消费，标准化、统一化	消费者中心、小众市场、个性化、时尚变化多端

这就意味着，文化创意产业的发展，并不依赖于某个地区是否有充分的文化资源以及在此种所谓资源优势基础上的产品开发，相反更有赖于是否在以用户为核心、有效整合网络资源形成用户增值服务并快速传播。戴勇在基于物联网技术的文化传播产业商业模式研究中，针对商业模式创新的实现，提出了三个方面的路径：（1）以集成化管理为目标，实现文化产品价值网络优化的商业模式创新；（2）以产品、服务与物联网融合为目标，实现完整文化传播解决方案的商业模式创新；（3）以客户个性化满足为目标，实现深度文化传播的商业模式创新。[①]可见，开放、集成、融合、互动、参与、分享等才是当前以及未来文化创意产业商业模式创新的关键词。

二　基于信息技术的无边界融合

当前的文化创意产业发展具有高知识性、高附加值、强融合性特征。文化创意产业与信息技术、数字传播技术等的广泛应用密切相关，越来越

[①] 戴勇：《基于物联网技术的文化传播产业商业模式创新研究》，《社会科学》2013年第11期。

呈现出高知识性、智能化的趋势。从传统产业中分离出来的文化创意产业部门,往往也都处于技术创新和研发等产业价值链的高端环节,成熟分离后形成的是一种高附加值的产业,在产业链和价值链中,文化创意产品的附加值比例明显高于其他的产品和服务。

同时,文化创意产业作为一种新兴的产业,本身就是经济、文化、技术等跨界融合的产物,具有高度的渗透性、融合性和辐射力,为发展关联性的新兴产业提供了良好条件。文化创意产业的知识产权属性以及边界虚拟化特征,非常适合在当前知识经济时代特别是以信息技术、网络通信不断跨代发展为基础的数字内容经济中发展。

任何能够进行数字化处理的东西,都能定制,就意味着数字化的不断深入和生产过程中设计研发的持续投入。正如乔尔·科特金指出的:"当今的信息产业已不再是单纯的信息技术产业,而是信息技术与文化内容的交融、汇合,数字内容产业打破了原有文化艺术固有的边界,横跨通讯、网络、媒体、娱乐等各行各业,实现了'跨界域'的融合重铸。"[1]

与此同时,数字内容经济的大发展,不仅为文化创意产业的各个环节融入科技因素使其产业链更具科技创新能力,更使得文化创意产业在一个更为开放的网络平台上与其他产业形态交织互融,"一方面,各行各业可以通过与创意资本要素的融合提升自身附加值……另一方面,创意资本要素可以'一项创意,多次投入',获得倍增效应,大大提高其价值增值力"[2]。无论是传统的汽车产业、房地产业还是百货商业、餐饮服务、旅游服务等服务业领域,在与文化创意产业的跨界融合互动后均延伸出新的产业形态,甚至在特定的城市空间形成特定的大范围的文化创意产业生态。因而,当前的文化创意产业发展正在呈现出一种无孔不入、无处不在的业态扩展,未来这种基于文化创意内涵的知识溢出、无边界的产权交易创造的可能不仅仅是新的产业形态,甚至将催生新的经济形态和社会形态。

---

[1] [美]乔尔·科特金:《新地理——数字经济如何重塑美国地貌》,王玉平等译,社会科学文献出版社2010年版,第7页。
[2] 王慧敏:《现代文化产业体系的建构——基于历史文化资源的创意转化》,《社会科学》2013年第11期。

三 全球生产网络的浮现与深化

文化创意产业的本质是跨界的创新经济，其产生和成长的同时也在改变着产业网络的全球结构。全球生产网络不仅表现在生产的国际化分工和服务贸易国际分包领域，在近年来特别是金融危机之后，发达国家重新重视先进制造领域以及构筑新贸易壁垒，后发国家加速经济转型与结构升级推动世界经济再平衡，全球生产网络在深化发展的同时，向更广泛和更高级的产业领域扩展，文化创意产业的全球生产网络正在浮现并深入扩张。

以全球影视产业为例，首先，在电影产品生产和制作上，国内像怀柔、横店等为代表的中国电影制作产业集聚区，正在以其设备、技术、人才、成本、政策支持等积极参与到全球电影离岸制作业务中，加速全球电影产业的国际分工与网络搭建。

其次，在电影发行与衍生商品消费市场领域，国内以万达IMAX影城为代表的院线市场的快速成长，不仅是对中国电影市场爆发式增长的回应，更是全球电影市场和电影商业网络持续织网与深化的过程，全球性的新技术和新概念在织网扩张的同时甚至借由商娱空间的建设而影响当代中国城市商业空间、社会空间与新型消费文化的产生。

再次，在全球电影产业的元概念叙事的发声和传播领域，从欧美的奥斯卡、戛纳、柏林再到远东的台湾、东京、海参崴甚至上海，不同层级不同分类的电影节（叙事事件），实质上构筑了全球电影产业的话语体系，甚至成为引导电影产品发展方向的风向标，当然其本身也是全球电影产业最直接的竞技场。

最后，在电影产业的资本市场领域，整合全球资本越来越成为电影产业重要的融资环节，特别是新兴国家资本的介入，国内外私募基金参与到中国影视产业的投资中，对全球电影产业的价值链、产业链、商品链布局影响深刻。总体而言，就全球电影产业而言，无论是以大投资、大制作和大营销为基础的高概念电影，还是以小投资、小制作和小众营销为基础的分众电影，或是以微/零投资、个性化制作和网络营销为基础的微电影，都需要通过全球性的、专业化的制作团队发行营销、投资、院线市场和后期衍生产品开发，才能有效降低投资风险并实现充分盈利。

文化创意产业全球生产网络的浮现，与传统的计算机产业、汽车产业或是航空产业的国际分工不同,其浮现和产生的同时也在改变着网络的全球结构,文化创意产业的本质是创新经济,因此,文化创意产业的全球生产网络从一开始还暗含着全球创新/创意网络的成分[①]。

第二节 城市产业结构空间转型与经济体系重构

20世纪80年代末期以来,伴随知识经济、创意经济的崛起,驱动城市发展的核心要素从资本、劳动力、资源禀赋等资源型要素,逐步向人才、文化、创新等知识型要素转变,创新型、服务型经济开始主导着城市的发展方向。文化创意产业作为创新型、服务型经济的重要产业门类和业态,迅速形成全球生产网络,促进产业创新和结构优化,为发达国家与国际大都市带来了高附加值。特别是在信息技术与数字经济的快速发展与推动下,文化创意产业不断成长和衍生出新的产品,文化创意产业将制造更加巨大而广阔的市场新空间,引导市场新需求,创造新的财富。1987—1993年,美国以文化产业为核心的版权产业就业人数年增长率达2.7%,是同期其他产业增长率的3倍;1994—1997年,纽约电影业的从业人员上升了47.5%;而由城市文化产业作为参与主体的各类艺术节,则为成千上万的居民提供了临时性或永久性的工作。在1998年,新经济已为美国的1540万"知识工人"创造了就业机会。[②]

由此,进入21世纪后,美国率先完成了从"后工业化"向"创意经济"的重大转型,文化创意产业占美国整个GDP的比重目前已经到了1/3。谷歌、苹果取代波音、福特成为新的美国符号,仅消费类视听技术文化产品的出口额就取代了航空航天产业成为美国目前的第一大出口商品。国际金融危机之后,发达国家重新重视先进制造领域以及构筑新贸易壁垒,后发国家加速经济转型与结构升级推动世界经济再平衡,全球生产网络在深化发展的同时,向更广泛和更高级的产业领域扩展,而文化创意产业的全球

[①] 全球生产网络分析框架的创始人之一,夏威夷大学的 Ernst 教授根据金融危机之后全球生产网络的新发展变化,不断修正全球生产网络的框架,于2012年提出了全球创新/创意网络的新模型。

[②] 杨英法:《文化图强正相宜》,中国戏剧出版社2007年版,第67页。

生产网络进一步深入扩张。特别是新媒体技术作为重要载体，给文化创意产业总体带来的规模扩大、技术升级、消费群体增加等效应更加显著，培育出了更加丰富多元的文化创意产业新业态。

对于处在经济转型期的中国城市来说，大力发展文化创意产业，实际上成为转变经济发展方式、调整产业结构的一个重要途径，是打造中国经济"升级版"的重要手段。尤其是在转变经济发展方式、构建服务经济体系的目标追求下，低能耗、污染小的高附加值制造业和现代服务业已成为城市转型发展的主要方向，文化创意产业恰好可以与城市产业转型有机结合，特别是和现代服务业的融合发展，有利于城市的创新驱动和转型发展。从内生的动力机制来看，随着中国经济步入结构转型的关键阶段，近年来我国中央政府和各地关于文化大繁荣、大发展的政策红利逐步显现，文化创意产业的发展不仅在规模上增长迅速，在业态类型上也呈现出更多的新样态和新形式，显现出越来越强的经济活力与社会服务功能。2008年4月20日，在阿克拉举办的联合国贸发会议第十二届大会上，联合国贸易和发展会议（简称贸发会议）创意经济和产业项目主任埃德娜·杜伊森伯格认为，中国正在从"中国制造"向"中国创造"转变，创意产业已经是中国优先发展的领域，中国在出版业、包括软件和电脑游戏在内的新产品、视听以及设计等领域表现突出。在会议开幕日发布的《2008创意经济报告》，是联合国第一份关于这一新兴领域的研究报告，该报告中提到的创意产业涉及的领域包括文化遗产、视觉和表演艺术、出版业、纸质媒体、新媒体、设计等，报告对中国设立创意园区，使创意业者能够聚集在一起分享技术、设备和经验的做法表示肯定，并称从1996年到2005年，中国内地创意产品出口表现引人注目，已经从184亿美元上升到613亿美元，在发展创意经济方面取得显著的成就。[1] 文化创意产业在中国取得的成绩以及在产业升级中的引领作用，已经得到了世界的认可。

根据《中国文化产业年度发展报告（2013）》显示，2012年中国文化产业总产值突破4万亿元，文化产业在GDP中所占比重加速提升，已成

---

[1] 欧飒、邱俊：《联合国贸发会议官员说中国创意经济成就显著》，新华网，2008年4月25日。

为一批大城市的支柱产业[①]。2012年深圳市文化创意产业增加值1150亿元,同比增长25%,占GDP 9%。[②] 文化创意产业成为深圳市最活跃、最具竞争力的支柱产业之一,崛起了以腾讯、华强文化科技、A8音乐、嘉兰图、劲嘉、雅图、华视传媒为代表的一批创意设计、动漫游戏、新媒体、高端印刷等文化科技型企业。2010年北京的GDP总量中,12.6%是由文化创意产业构成的,文化创意产业的蓬勃发展使得北京的具体经济结构更加趋于合理。[③] 上海的文化创意产业在GDP中的比重,由2008年的9.07%提升至2010年的9.75%,再到2011年的10.02%,已经成为引领和支撑上海新一轮发展的重要支柱性产业。而根据上海"十二五"规划,到2015年,上海文化创意产业增加值占全市生产总值的比重力争达到12%左右。

全球文化创意产业在规模增长的同时,与科技融合发展逐渐成为新的结构特征。文化创意产业作为一种内涵非常丰富同时边界虚拟的产业形态,它的核心在于文化创意的知识产权属性,从本质上属于知识经济的范畴。文化创意产业的知识产权属性以及边界虚拟化特征,非常适合在知识经济中发展。以信息技术为主导、网络通信为基础、全球化为支撑的新知识型经济形态正在快速演进,从互联网到物联网再到移动互联网、从大数据到云计算再到智慧地球,科技与文化的融合也在不断促进着新型的文化创意产业形态出现。基于互联网、移动互联网以及大数据支撑的网络平台,正在持续并强化生产网络、社会网路、市场网络与消费网络的通达性、及时性和同步性,这对早期文化创意产业以生产者(尤其是手工艺领域)特别是创意者为核心、信息不对称的商业化模式产生颠覆性冲击,封闭化、集中化、等级化、权威化将被开放、分享、平等、共赢、共生的理念和运行方式所取代。这就意味着,文化创意产业的发展,并不依赖于某个地区是否有充分的文化资源以及在此种所谓资源优势基础上的产品开发,相反更有赖于是否在以用户为核心、有效整合网络资源形成用户增值服务并快速传播。与此同时,数字内容经济的大发展,不仅为文化创意产业的各个环

---

① 超过5%即是支柱产业。2012年,北京、上海、深圳、南京、杭州等城市的文化产业增加值占GDP总量均超过5%。
② 《深圳文化创意产业上半年增加值增长18.5%》,证券时报网,2013年8月7日。
③ 赵涛:《文化产业渐成新的经济增长点》,《人民论坛》2011年第32期。

节融入科技因素使其产业链更具科技创新能力，更使得文化创意产业在一个更为开放的网络平台上与其他产业形态交织互融。无论是传统的汽车产业、房地产业还是百货商业、餐饮服务、旅游服务等服务业领域，文化创意的创造性都可以在各领域激活，产生创新行为与创新组织。中国的文化创意产业虽然起步晚，但与信息科技、互联网的快速融合，使其在崛起的过程中得以不断丰富内涵和创新业态。深圳的华强集团，已成为文化＋科技的示范型企业。百度、腾讯、网易等一批基于互联网成长起来的中国企业，其在技术整合与商业模式上的大胆探索，大大提升了我国新兴的文化创意产业的核心竞争力。

在城市经济结构调整的过程中，文化创意产业已成为城市多元产业体系形成过程中最主要的创造源。

自20世纪90年代以来，文化创意产业作为内涵与形态最具多样性、开放性的产业，正在城市多样化经济体系形成中发挥着越来越重要的作用。文化创意产业与高科技产业的融合，产生新设计、新产品；与服务产业的碰撞，产生新的营销模式和商业模式。在产业的融合与演化上，文化创意产业侧重于创意与概念的领引，帮助其他产业寻找新兴市场和形成新的商业模式，这种跨界的融合互动极易延伸出新的产业形态和新型产业组织体系。

在制造业领域，以新型"弹性生产""个性定制"为特征的新兴文化创意工业业态，正在重返城市的核心空间,特别是3D打印技术的飞速发展，"轻型生产"将成为城区经济可持续发展的重要动力。在生产性服务业领域，文化创意产业同生产性服务业的融合将有效提高生产性服务业的效率，增加中间生产性服务投入的附加价值，延长产品服务过程的价值链。特别是在金融产业领域，文化创意产业的介入将扩展金融产品和金融工具的功能。

在生活性服务业领域，两者融合使得生活性服务业空间越来越向个性化、体验式、文化分众型消费方式靠拢。文化创意产业发展正在呈现出一种无孔不入、无处不在的业态扩展，未来这种基于文化创意内涵的知识溢出、无边界的产权交易创造的可能不仅仅是新的产业形态，还将带来新的组织形式和新的共生网络。

因此，文化创意产业将不断成长和衍生出新的产品，特别是在信息技术与数字经济的快速发展与推动下,文化创意产业将制造更加巨大而广阔的市场新空间,引导市场新需求,创造新的财富。

进入 21 世纪以来,我国的一批大城市,如北京、上海、深圳、广州、杭州、南京等,在实施产业升级的战略行动中,都把文化创意产业作为新兴的大门类产业作为发展重点,使其在引领产业结构升级的过程中,带动工业设计、软件以及国际服务外包等相关产业的发展,文化创意产业的比重在经济总量中的比重不断加大。进入"十二五"之后,我国文化创意产业的内部结构发生深刻变化,政府主导的文化产业基金扶持力度加大,多数省市都成立了文化产业投资集团、文化产权交易所,搭建了新的国资平台,原来的文化事业单位转企改制步伐加快,文化创意产业上市规模化,企业资源整合与并购加速,数字文化产业的比重大幅提高,基本形成了完整的文化创意产业体系。

正因为文化创意产业对城市与区域发展具有引领性,尤其是所表现出来的现代服务业的空间响应特征,使其在现代城市的转型发展中发挥了系统的引导功能。从本质上看,城市既是文化创意产业的发源地,又是文化创意产业的集聚地。文化创意产业与城市发展的互动、互融与互促成为当今城市转型发展的一个重要特征。

可以说,在知识经济社会中,没有任何一个产业像文化创意产业这样依赖城市的空间和资源,也没有任何一个产业像文化创意产业这样能够为城市经济的发展带来如此强大的推动力。实际上,基于人的知识创造、创新资本的文化创意产业,与传统产业最大的区别是其高度的集群性,这种集群不是以产品设计、制造、配套等产业链维系下的产业集聚,而是以创新的氛围、共同的追求以及思想的交流、创意的碰撞等为代表的新的价值体系主导下的群体有机融合,形成了一个相对稳定的"创意社会结构",并汇聚在一个相对区隔的城市空间里,从而造就出城市中的文化创意产业园/集聚区。[①]

文化创意产业集聚区是集不同行业高端价值部分(研发、设计和营销等)于一体的新型经济发展模式。文化创意产业的发展及产业园(集聚)区的形成和发展对城市发展方式转换、空间功能转换、空间布局调整、产

---

① 李程骅:《优化之道:城市新产业空间战略》,人民出版社 2008 年版,第 67 页。

业区价值链升级和经济发展创新都有积极的贡献（见图1-1），它不但可以促进城市综合竞争力的提升，而且还带动了区域创新网络和区域创新体系的形成。区域创新体系的形成又对全社会创新力的培育和提升大有裨益，从而形成经济、社会和生态协同发展和交互推动的良性循环。

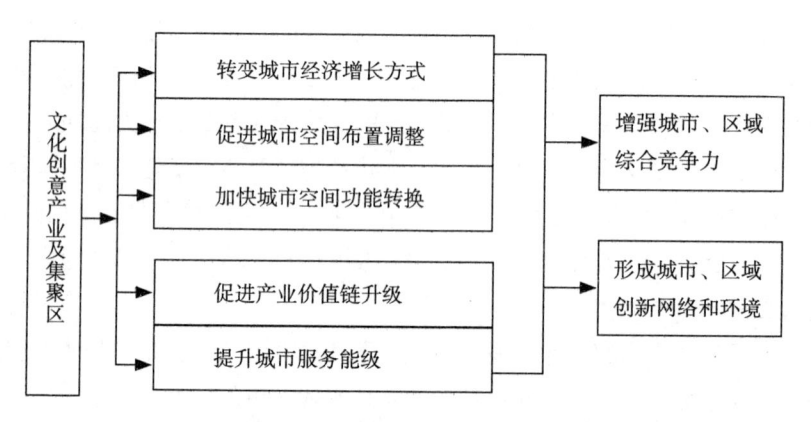

图1—1　文化创意产业及集聚区对城市与区域发展的作用机理

在现代城市从"工业制造"向"服务经济"转型升级的过程中，文化创意产业的快速生长，对城市空间结构的重组，最突出的特征是容易形成主题性的产业集聚区，这些集聚区一方面是产业发展的载体，另一方面则成为城市的功能区，从而为文化创意产业与城市转型提供了互动互促的空间平台，使文化创意产业对城市转型发展形成多重的动力。具体来说，主要体现在以下几个层面：

首先，文化创意产业能加快转变城市经济增长方式。按照美国经济学家麦克·波特的理论，现代经济的早期增长是要素驱动，之后转向投资驱动，当投资边际效益逐步下降的时候又会转向创新驱动。创新驱动则主要指科技创新和文化创意两大领域，而文化创意产业作为知识经济时代的高附加值的产业形态，具有无污染的特点，与对土地、资源有巨大需求的传统制造业相比，能够不受土地、资源相对稀缺的限制，以较低的投入获得较高的回报，在发展过程中不仅不破坏越来越宝珍贵的城市资源，而且还能够保护现存的城市遗产、文化资源。特别是文化创意产业作为新兴业态，创业者大多年纪较轻，他们往往把城市中逐渐被废弃的旧区作为创业的基地，将其改造成充满性格的文化创意园区，进而形成文化创意产业的集聚地，为城市的旧区带来了新的生命力。

其次，文化创意产业能优化城市产业结构。文化创意产业具有高增值、强辐射、广融合的特性，因此可以促进城市整个产业的升级。文化创意产业具有高增值力，这主要表现为创意赋予商品观念价值，新经济的演进规律表明，商品市场价值中观念价值所占比重越大，其附加值就越高。知识经济时代，技术交流与扩散的速度大大加快，商品日益丰富并趋向同质化，于是商品中"精神性"的观念价值所占比重就越来越大。因此，当创意产业向传统的制造业渗透时，便有利于推动传统制造业向高增值产业升级。同时，文化创意产业具有的文化底蕴，使其具有较强的辐射性，即通过产品所倡导或体现的文化来影响或迎合公众的意识形态、价值观念、生活习惯等，从而使公众乐于接受某种产品，扩大并稳定特有的消费群。经济发展水平提高以后，收入的大幅增长，引导了消费结构的变化。当人们的物质需求被满足时，就会有更高的精神文化层面的需求。美国著名未来学家约翰·奈斯比特曾说，在现代社会中，人除了温饱和安全之外，更迫切地要寻找人生的意义，要追求更高、更深、更远的东西。而文化创意产业正是通过提供丰富的文化产品，来满足人们日益增多、日益迫切的文化需求和精神需求，来扩大高端的文化消费，优化城市的产业结构，并以产品创新促进城市人的价值创新。

再次，文化创意产业能提升城市的空间价值与服务能级。文化创意产业的核心是人的创新力及所表现出来的系统化的价值引领，但文化创意产业的无边界性，又会对所有的产业、产业空间、城市空间进行渗透和融合。在西方，文化创意产业的概念提出，就是由城市空间更新、城市功能复兴的转型升级行动所衍生的，是与城市为突破资源环境的约束、实现可持续发展的理念直接对应的。随着城市经济的快速发展与城市空间的快速扩张，整体商务成本的不断提高，产业结构与经济体系不断调整，导致城市产业空间的层级化特征越来越明显：高附加值、无污染的高端产业占据空间价值高的城市中心或核心地区，低附加值的传统制造业被不断外推转移，持续的"退二进三"，成为中外大城市空间结构优化的基本路径。文化创意产业的智慧属性，与现代服务业的空间表现特征，决定了它必须依附在高附加值的城市空间，才能得到可持续的发展。同时，现代信息技术的广泛运用，为文化创意产业开拓了更多的领域，互联网和数字化的发展拓展了创意产业的外延，促进了产业融合，不同行业的界限开始模糊起来，它们在信息化的平台上互相交融，从而延长了文化创意产业的产业链。此外，从城市空间发展的经济性来看，利用老街区、旧厂房、废弃仓库发展文化创意产业，改造成本低，产生的附加值高，创造浓郁的城市文化氛围，提升城市的文化内涵，还可以对知识型、学习型和创造性人才及产生吸引力，促进创新型、服务型的城市功能的完善。发达的文化创意产业集群，通过内部关系的有机整合，可以为中小企业提供克服竞争壁垒的机会，促进文化创意人才、企业在城市空间的集聚，进一步推动文化创意产业的多元化发展。

在现代城市向知识型、智能化和绿色低碳的转型发展过程中，已经被赋予了数字内容的文化创意产业，也正在显现其在技术路径上的创新引领作用。文化创意产业的知识产权属性，从本质上属于知识经济的范畴，因而很长一段时间在美国文化创意产业被称为版权产业。以我国的深圳为例，从小渔村到创新创业型城市，并没有太多的历史沉淀和文化资源，但是依托高新技术的动漫、网络游戏、数字内容产品等方面显示出强劲的发展势头，崛起了一批具有国际竞争力的文化科技型企业。

总体而言，20世纪90年代以来，文化创意产业作为创新型、服务型经济的重要产业门类和业态，迅速形成全球生产网络，促进产业创新和结构优化，为发达国家与国际大都市带来了高附加值。特别是在信息技术与数字经济的快速发展与推动下，文化创意产业不断成长和衍生出新的产品，文化创意产业将制造更加巨大而广阔的市场新空间，引导市场新需求，创造新的财富。

第三节　产业全面融合与城市全面转型内在机理

从整体的经济发展阶段和社会演进的时序来看，近十年来中国通过成为全球制造业中心进入工业化中期，正处于经济结构转型的关键阶段，逐步向工业化后期的过渡。虽然中国的一些大都市如北京、上海、深圳等在经济转型上获得较大跨越，但总体而言，中国城市的产业结构与经济体系与发达国家相比，还存在明显的代差。从驱动城市转型发展的作用机理上看，文化创意产业与中国城市转型发展的关系变得越来越紧密。尤其在新型城镇化的战略下，低能耗、污染小的高附加值制造业和现代服务业已成为城市发展的主要方向，文化创意产业不仅自身的发展恰好可以与城市转型有机结合，同时与先进科技产业和现代服务业的跨界融合发展，将在更深的层次上强化城市的创新驱动力，加速城市经济、社会、空间的全面转型发展（见图1-2）。

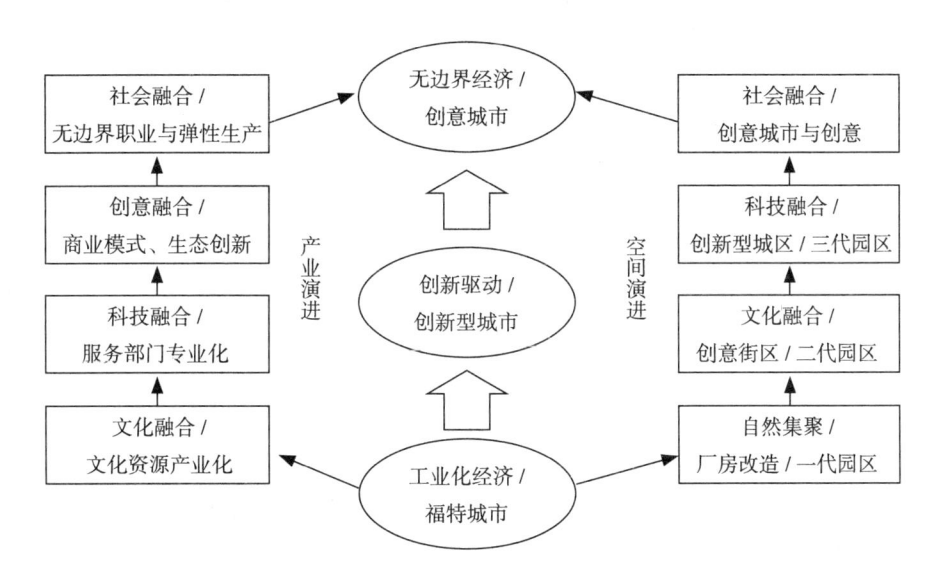

图1—2 文化创意产业驱动城市转型的演进逻辑

一 科技融合：助力城市创新体系构建

在改革开放三十多年以来的中国城市化进程中，城市发展主要依赖要素驱动，即通过土地、劳动、资本投入的增加来扩大城市规模驱动经济增长，但随着土地约束、资源紧缺，特别是知识经济的来临，技术、知识和文化将取代传统要素成为城市发展中最为重要的因素，通过这些新要素为城市成长提供高能级的"负熵流"，将城市发展的动力转变为创新驱动。

文化创意产业是知识经济中对知识、技术、文化集成度最高的产业形态，是城市转型发展的重要创新驱动力，并在中国城市经济整体转型中逐步成为最主要的动力源。文化创意产业在城市经济中扮演的角色将逐步经历"小比重"（工业城市经济必要的补充）——"主体性"（创新型城市经济的支柱之一）——"无边界融合"（创意城市/社会的主体经济结构）演进过程。在产业空间景观的表现上，文化创意产业空间正在演绎着"厂房/仓库改造型1.0园区"（产业自然聚集）——"文化融合·营造创意街区2.0"（主题产业园）——"科技融合·创新型城区3.0"（科创知识社区）——"社会融合·创意城市"特征的社会·产业混合空间成长过程。

通过产业升级、打造新产业体系来推动城市转型升级，在现实实践中需要创新驱动的动力机制。文化创意产业从质态上来说是直接体现创新型经济特质的产业门类，文化创意产业是知识经济中对知识、技术、文化集成度最高的产业形态，对城市发展方式转换、空间功能转换、空间布局调整、产业区价值链升级和经济发展创新都有积极的贡献，是城市转型发展的重要创新驱动力。它不但可以促进城市综合竞争力的提升，更有助于创新网络和区域创新体系的形成，对城市创新力的培育和提升大有裨益，有助于形成经济、社会和生态协同发展和交互推动的良性循环。

文化创意产业与科技创新创业之间非常容易形成共生成长机理，在产业发展层面，形成融合生长、集群扩展的新态势。尤其是在当前数字技术狂飙突进、数字内容经济蓬勃发展的背景下，文化创意产业通过与科技、服务等各种领域的融合与渗透，使得文化创意的创造性在各领域激活产生创新行为与创新组织，新创意、新概念、新组合、新商业模式将会使得城市的各个产业领域充满生机活力。以智能手机领域为例，谷歌开发了安卓系统，而依托安卓所构建出的巨大的智能应用生态系统，则是来自数以百万计的创意设计团队和企业，他们与安卓融合所开发出的数以百万计的功能应用产品，既构筑了安卓系统的创新生态，同时也为相关的各个产业领域带来新的发展空间和机会。

文化创意产业在与新兴技术的市场应用、产品化、产业化结合过程中，一方面容易加速技术的商业化和数字内容化，张洁就认为文化产业从三个角度对技术创新产生影响："一是向制造业品牌和营销环节渗透，二是向制造业生产环节延伸，三是向制造业的研发和设计环节渗透"[1]；另一方面

---

[1] 张洁：《技术创新与文化产业发展》，《社会科学》2013年第11期。

两者结合的过程也容易创新和创造文化创意产业的新业态，这也从根本上改变了以往文化创意产业发展过度依赖文化资源开发的一般路径。从"功能城市"向"文化城市"转型，是国际大都市转型发展的战略性路径。在这个转型的过程中，要注重发掘、运用好这些城市已经积蕴的"文化资本"。"文化资本"哪里来？不仅仅是原来的"城市记忆"和文化资源，更重要的是文化创意产业、文化创意消费市场的资本化运营机制及营造的创新文化氛围和创新社会网络（资本）。以我国的深圳为例，城市的历史非常短，曾经被称为"文化沙漠"。但依托于高新技术的动漫、网络游戏、数字内容产品等方面的强劲的发展，崛起了一批创意设计、动漫游戏、新媒体、高端印刷等文化科技型企业，走出了新的"建构型"文化创意产业发展之路。在这相互建构的过程中，高新技术企业为文化创意产业的发展提供技术支持的同时，文化创意产业的发展也为高新技术产业在新的文化创意领域衍生出更多的新生业态。

此外，文化创意产业的科技融合还表现出越来越明显的网络化趋势，这对当前的创新型城市建设尤为重要。创新型城市的建设、城市创新体系的建设，关键始终在于创新网络的搭建。长期以来，科技创业和技术商业化过程一直面临诸多的障碍，导致创新和创业的周期被拉长，其关键原因在于创新和创业的生态网络不健全，缺乏有效的跨界创新服务经济来支持。实质上，新兴技术平台的产生来自不懈的研发攻关努力，而新兴技术平台的应用和集成则需要更多的创意经济部门来丰富和完善。文化创意产业的科技融合过程，恰恰是一个技术商业化的生态建设过程，一个跨界搭建创新经济系统、编制社会网络、强化社会资本和文化资本的过程。因此，文化创意产业的科技融合，不仅可以帮助城市获得持续创新和持续繁荣发展的动力，更重要的在于帮助城市在更广泛的领域中创造具有累积性、持续性、创新性的文化、经济和社会价值。

更为重要的是，文化创意产业的科技融合表现出越来越明显的网络化趋势，文化创意产业的生产型和消费型双重社会网络，非常有助于知识和技术溢出、扩散，区域创新体系建设中最难实现的中介网络构筑，恰恰是文化创意产业最直观的特征。在"The Role of Creative Industries in National Innovation System"中，对国家创新体系模式与钻石模式深入分析后指出，随着世界经济增长方式的不断变化，国家创新体系正发生着重要的转型，主要表现为文化创意产业园区的作用变得越来越重要。Aleksander Panfilo 更是直接将文化创意产业园区／集聚区置于整个创新体系的核心位置，并在此基础上，强化了非技术元素／因素（Non-technological sectors）在整个创新体系中的潜在力量／作用。[①]

国内发达城市的一些文化创意园区已经越来越明显地表现出强大的创新驱动力。以上海杨浦区的创智天地为例，园区并非传统的城市空间改造项目，而是以文化创意与科技创业为主要服务内容的新型城市混合空间开发项目，园区更多的表现是一种为创意社群量身打造的创意／创业社区，里面设立创意市集、硅谷银行、杨浦科创、产业技术联盟等各类顶尖的创意服务要素。创智天地的开发建设，彻底改变了上海五角场区域的空间属性与特征，不仅对创新型城区建设起到了强大的助推作用，更成为上海城市空间更新与产业升级的新亮点。

二 空间响应：创造多样性的城市空间形态

文化创意产业的概念提出，就是由城市空间更新、城市功能复兴的转型升级行动所衍生的，是与城市为突破资源环境的约束、实现可持续发展的理念直接对应的。文化创意产业的空间响应，使其在现代城市的转型发展中具有较强的系统引导功能。从本质上看，城市既是文化创意产业的发源地，也是文化创意产业的集聚地。文化创意产业与城市空间更新的互动、互融与互促，成为当今城市转型发展一个较为显性的特征。文化创意产业的产生成长、规模聚集、协作网络都具有强烈的空间响应特征，文化创意产业集聚区／园区是其空间经济组织形式。文化创意产业的发展及其园区的扩展，在很大程度上实现了城市的文化传承、空间更新与功能置换作用。可以说，在知识经济社会中，没有任何一个产业像文化创意产业这样依赖城市的空间和资源，也没有任何一个产业像文化创意产业这样，能够为城市空间的更新和转型带来如此强大的推动力。如同厉无畏所指出的："文化创意产业与城市旧区改造的有机结合，可以避免城市文脉的中断，不仅能够保留具有历史文化价值的建筑，而且通过历史与未来、传统与现代、

---

① Aleksander Panfilo. The Role of Creative Industries in National Innovation System: The Creative Clusters in Moscow[R]. Center for Markets in Transition（CEMAT），2011（2）.

东方与西洋、经典与流行的交叉融会,为城市增添了历史与现代交融的文化景观,不仅对城市经济的发展产生了巨大的推动作用,而且使城市更具魅力,给人以城市的繁华感、文化底蕴的厚重感和时代的生机感。"[①]

中国的文化创意产业发展是在20世纪末和21世纪初叶期间启动,从我国城市的文化创意产业园区的演进历程来看,伴随着城市传统空间加快"退二进三"以及新空间的快速拓展,文化创意产业的业态快速升级,作为其生长的载体园区也在趋向多样化,并形成了内涵质态的代际发展特征。到目前为止,国内城市已经发展出三代文化创意产业集聚区、园区形态(见表1)。对城市空间价值的发掘和服务功能的提升,呈现出梯次强化的趋势。

从最早的艺术家、创意要素自然聚集开始,第一代文化创意园区带有较为典型的美学特征,无论是北京的798,还是上海的田子坊,都是艺术家们通过独特的设计开发,改造了原本已经废弃、破旧的城区厂房、仓库等工业建筑,生产车间变成了工作室、展厅和写字楼等,使得工业化的城市空间无论是在使用性质上还是在视觉呈现上都发生了巨大的转型。同时,较早开发的诸如田子坊、八号桥等知名度较高的文化创意产业园区已经成为城市著名的旅游景点和文化地标。第一代文化创意园区开辟了当时国内最早的中心城市产业升级与空间转型的路径,使得一大批城市历史建筑得以保护和利用,同时为盘活城区国有存量物业创造了新的思路。随着第一代文化创意产业园区的风靡,各个城市开始迅速复制相类似的城市空间更新路径,各个城市政府开始出台相应的政策和规划。大量的社会资本开始进入文化创意产业园区的开发与运营领域,并出现和产生了一批文化创意产业园区运营商。

与第一代园区的创意要素自然聚集有所不同,第二代园区的发展带有一定的规划目标和开发引导性。在空间载体的选择上,不仅进一步在厂房、仓库等工业建筑挖掘、强调主题产业和主题文化,试图以主题性开发聚集形成有效的文化创意网络,与此同时,还注重老大楼、老街区等楼宇、临街商业的重新包装与深入开发,突破了封闭性的生产性空间布局,将原先仅仅作为创意者的工作空间转变为工作、消费、休闲功能兼备的开放式园区/街区,初步形成了具有创意生产、商业消费、文化休闲、产品体验等

---

① 厉无畏:《文化创意产业推进城市实现创新驱动和转型发展》,《福建论坛》2013年第2期。

功能的个性化生产消费休闲文化生态空间。

应该说，早期的第一代、第二代文化创意产业园区、基地，多数是对旧有厂房/区、楼宇进行置换，通过设计、展演、市集和办公功能的发挥，打造集创意设计、影音娱乐、动漫游戏和传媒艺术等各类主题为一体的空间形态，引导创新主体企业和人才相对集聚，"软化"同区域或相邻地界的工业制造厂区的"硬度"。应该说，这些空间响应的努力，为"后福特主义城市"注入了更多的创新元素，营造了具有包容性的人文空间，促进城市形成网络化的创新平台，满足和催生更多的个性化生产与消费的需求，并强化城市对先进要素的集聚力、整合力。

如果说前两代的园区比较注重的是空间改造与开发，第三代文化创意产业园区则更加注重创意社群与创意生态的营造，园区不仅仅是工作、生活、消费、休闲的空间，更要表现为在相应领域创意生态体形成和创意社群集聚中的功能服务。第三代文化创意产业园区则更加注重运用科技手段、信息网络来促进创意社群与创意生态的营造，使园区不仅仅是工作、生活、消费、休闲的空间，还要在相应领域创意生态体的形成和创意社群集聚的过程中，提供系统的功能性服务，实现从园区化、街区化到"社区化"的演进。王慧敏认为，"3.0集聚区表达了一种创意性的生活方式，多元的咖吧文化、活跃的创意社群、频繁的创意活动构成集聚区的主体单元，创意成为区域内一种普及性、开发式的、大众普遍参与的活动，创意人才的市民化、城市居民的创意化成为发展趋势，形成了园区、商区、社区'三区'联动的格局"[①]。

表1—2　　　　　文化创意产业园区（集聚区）的代际特征

	第一代文化创意园区	第二代文化创意园区	第三代文化创意园区
空间特征	厂房/区改造	厂/街区改造，楼宇置换	城市新型混合空间开发

---

① 王慧敏：《文化创意产业集聚区发展的3.0理论模型与能级提升——以上海文化创意产业集聚区为例》，《社会科学》2012年第7期。

续表

	第一代文化创意园区	第二代文化创意园区	第三代文化创意园区
产业形态	艺术家自然聚集，产业门类多杂	动漫、设计等主题性/主导性产业聚集	共生性、融合性的产业聚集，新型科创社区
功能服务	物业服务，租金管理，轻产业功能，二房东	产业招商运营，主题活动策划组办，生态初期营造	产业技术联盟、产学研合作平台，专业化服务，创意/创新网络搭建

如果说在产业的融合与演化上，文化创意产业侧重于创意与概念的引领，帮助其他产业寻找新兴市场和形成新的商业模式，发展带动产业升级与提供持续发展潜力；那么在空间的营造与演绎上，文化创意产业以其独特的生产·消费双重社会网络，通过无边界的产业融合与空间融合，在为城市带来多样化的经济形态同时，"构建多层次的社会网络体系，形成有效的外循环，促进创意要素的跨界融合，促进园区服务功能的社会化，为城市创造新的产业业态，"[①]塑造更广泛意义上的创意社会空间，促进创意城市的生成。

三 产业融合：创造多元城市经济形态

通过21世纪头十年大规模承接国际产业转移，中国城市实现了对全球生产网络的"镶嵌"，并谋求在"网络镶嵌"基础上的"能级跃升"。然而，基于跨国分工的生产国际化与全球商品链的国际贸易基础上的"网络镶嵌"有很强的"锁定效应"，无论在技术研发还是在商业模式方面，由于先发国家对核心技术溢出的壁垒和对商业网络的规则制定，都让后发国家距离微笑曲线两端的落差很大。要俘获全球价值链的高端环节，实现"能级跃升"，必须寻找新的路径和新的动力来源。从这个意义上来说，文化创意产业相对于其他传统产业有着更大的施展空间和跃升的可能。

在产品技术研发的跨度上，文化创意产业的关键在于原始创新或称元创意，元创意的来源并不完全依赖于前期的技术储备与研发，相反更有赖

---

① 孙洁：《文化创意产业的空间集聚促进城市转型》，《社会科学》2012年第7期。

于对未来的天才般想象，换句话说，起决定性的不是掌握过去而是掌握未来。以智能手机市场为例，撼动诺基亚近乎统治性的市场控制与技术研发并最终取而代之的苹果，依靠的更多的是乔布斯天才性的想象力和设计感，以及另辟蹊径的商业模式。苹果没有在技术研发上去追赶诺基亚，而是通过把握未来，真正以用户为中心，更便捷、更精准地把握用户需求走出了另一条道路。在商业模式的进入路径上，文化创意产业从来都是"蓝海市场"逻辑，也正因此文化创意产业最符合知识经济的本质属性。绝大多数基于元创意或者是新知识创造而形成的产品，不可能沿用既有的商业模式而一定会创造新的商业模式，尤其是在全球网络同步性的时代，既有的商业模式很难实现网络锁定，不停地自我颠覆或被颠覆是一种常态。文化创意产业本身的全球化生产、消费和传播属性是其他传统产业所不具备的。

　　由于文化创意产业的生产·消费双重网络属性，生产者与消费者的身份不停变换，具有极大复杂性的生产能力和消费需求，对于中国的文化创意产业而言是重要的战略资源，特别是数字内容经济领域的新生产、新需求将会不停造就新业态和新商业模式。正因如此，小米、HTC相比于诺基亚更容易借由中国市场在苹果的笼罩下快速突围。因而，依托快速全球化的文化创意产业，后发国家和城市能够在全球生产网络中寻找到新的升级空间和节点。

　　文化创意产业的核心是人的创新力及所表现出来的系统化的价值引领，但文化创意产业的无边界性，又会对所有的产业进行渗透和融合。文化创意产业以新兴的业态、组织方式与科技、金融和消费体验的结合，培育出城市新的经济增长点和支柱型的新产业，促进城市多元经济体系的形成与创新，为城市的转型发展、可持续发展，提供产业引领和产业优化的复合动力。城市发展取决于所集聚的资源或要素的数量和质量，主要包括土地、劳动、资本、技术、文化、知识六大要素。进入后工业社会的城市发展阶段，创意、创新、知识、人才成为城市发展的核心驱动力，城市经济发展的逻辑发生重要的转变，从传统工业文明的线性开发逻辑转变到后工业时代以"弹性化生产""跨界""专业分众"等主要特征的产业多元性成长逻辑，文化创意产业本身的多样性、跨界性，就在丰富城市的经济形态。同时文化创意产业的跨界特性，又对各个产业与空间的渗透与影响，有助于城市多样化经济体系的培育，增加城市多元经济的弹性，减轻产业和经济危机带来的冲击。

金融危机的冲击使得像纽约、东京等以全球高端生产者服务业集聚为特征的全球城市陷入困境,相反倚赖多元化经济体系的慕尼黑则表现出众,显示出强劲的持续繁荣能力。这也为城市经济发展带来新的反思:如何避免向单一经济形态的线性发展路径?特别是近年来曾经风靡一时的城市中央商务区CBD建设纷纷面临产业空心化与空间两极化的问题,产业融合与多样化产业形态的谋划成为如何破题的关键所在。文化创意产业作为内涵与形态最具多样性、开放性的产业,正在城市多样化经济体系形成中发挥着极其重要的作用。凭借文化创意产业与高科技产业的融合,产生新设计、新产品,与服务产业的碰撞,产生新的营销模式和商业模式,从而产生新产业、新业态和新型产业组织体系。以北京为例,早在2007年北京市就建立了贷款贴息工作机制和文化创意产业投融资信息平台,促进金融资本与文化产业的对接,国家开发银行北京分行推出"版权信托+收益权质押担保"的文化企业贷款融资模式,并积极与北京首创投资担保等担保机构合作。而在深圳的文化创意产业发展中,资本化运营更是其重要特色。深圳文化产权交易所,作为一个交易服务平台类企业,打造包括文化产权交易平台、文化产业投融资平台、文化企业孵化平台、文化产权登记托管平台四类平台。这样的专业化资本运作平台上,再辅以新兴技术的应用与集成,文化创意产业的新业态和新商业模式层出不穷地生长起来,从而带动生产性服务部门的多元化发展。

文化创意产业跨界后所具有的高增值力,这主要表现为创意赋予商品内容与观念价值。知识经济时代,技术交流与扩散的速度大大加快,商品日益丰富并趋向同质化,于是商品中"精神性"的观念价值所占比重就越来越大。因此,当创意产业向传统产业门类渗透时,便有利于推动传统产业向高增值产业升级。事实上,在生活性服务业领域,无论在实体空间还是在虚拟空间,与文化创意产业的融合都对生活性服务业的发展带来颠覆性的商业价值。电子商务对实体商业空间的冲击,以及消费领域的多元化、个性化需求对生活性服务业既带来极大的挑战,又带来极大的刺激。生活性服务业空间越来越向个性化、体验式、文化分众型消费文化靠拢,同时移动互联等虚拟空间功能应用的叠加,使得文化创意产业对生活性服务业的引导、整合、分化功能被越来越放大。

随着文化创意产业与各类产业的融合碰撞,城市经济形态将不再单一、不再割裂、不再对立,在有助于形成城市经济优化连续生态的同时,文化创意产业还带来新的组织形式和新的共生网络,从而使得城市经济在获得丰富性的同时,形成持续繁荣和共赢分享的能力。

四 社会融合:创造多样性的城市社会阶层

文化创意产业的集聚性及其对经济社会的多元影响与渗透,为"创意城市"提供了长效的动力机制,也为工业化向后工业化转型的城市培育出了一个新的"创意阶层",使发达国家的城市、大都市区从原来的制造中心、经济中心变身为创意中心、信息服务中心,孵化和集聚更多的创意企业,在丰富经济形态的同时,也为城市的社会阶层结构带来了更多具有创造力的社会群体。

在过去的 30 年里,美国的社会阶层结构在构成上发生了巨大的转变。1970 年,服务阶层首次超过劳工阶层,到 1999 年,劳工阶层、服务阶层和创意阶层在就业人口中的比重分别是 25%、43%、30%[①]。这种社会结构的演变来源于生产领域发生的巨大变革并扩展到整个社会,不仅影响到社会中所有的其他企业形式,而且通过竞争、效仿和渗透,重构企业之间、国家与微观主体之间的关系。

2011 年,英国的创意产业共有 897300 个从业人员。此外,还有 600900 个在其他非创意企业从事创意性工作的人员。伦敦作为英国创意产业最集中的城市,2010 年创意产业共有 429000 个从业人员,以及其他行业内 228900 个从事创意类工作的岗位。伦敦仍然是全球金融中心,但已经有 657000 个从事创意类工作的人员,占伦敦劳动力总数(4700000 人)的 14%。[②] 深圳自 2003 年以来文化创意产业以年均近 25% 的速度发展,2012 年突破 1100 亿元,占 GDP 比重达 9%。文化创意产业成为全市支柱产业、战略性新兴产业和带动经济快速健康发展的重要引擎,创意设计、动漫游戏、网络内容、数字电视、数字音乐、文化旅游、高端印刷等均占

---

① [美]理查德·佛罗里达:《创意阶层的崛起关于一个新阶层和城市的未来》,司徒爱勤译,中信出版社 2010 年版,第 86 页。

② 伍德珠:《中国"创意产业"的发展误区》,《社会观察》2013 年第 10 期。

全国较大份额。深圳的文化创意企业总数量达4万多家,从业人员90万人。数量日益聚集的创意阶层,越来越成为提升城市创新能力、优化城市社会结构的主体力量。

多样化的产业体系与弹性专精的创新网络,之所以在应对经济危机方面具备较强的抵御能力,其关键不仅在于扁平分工和弹性网络,更在于富有丰富性的社会网络以及社会资本所呈现出的应对变化的适应性。在2008年度的《台北市文化创意产业指标调查成果报告》中,台北市每5家企业,就有2家从事文创产业相关的事业;每10位工作者,就有1位从事文创产业的工作。另外,在全台湾每10家文创产业,就有3家设立在台北市;且文创产业总营业额中,台北市约占全台湾的60%。[1]即使是在2008年的全球金融海啸冲击下,台北市的文创产业发展,依然逆势上扬,优于总体产业成长率。台北"文创之都"发展与抗风险的动力,其中很大一部分就来自这些创意企业的创造力和由此生成的"文创阶层"。

第四节 基于创意产业驱动城市转型的治理思路

国际金融危机对世界城市体系的冲击,一方面改变了世界城市发展的单向度线性外推逻辑(即以单一追求发展高端金融产业为特征的"全球城市"目标逻辑);另一方面开启了世界城市转型发展的"文化取向"与"创意/新取向"(即更加注重文化多样性、多元创造性、多元经济体系的塑造,具有更强的发展弹性而有效应对风险)。城市转型升级的最高目标不再是"全球城市",以文化创意、创造性活力为主要标志的全球创意城市网络,正在成为全球生产网络中评判城市全球价值的新风向标。中国城市经济的转型、城市发展方式的转变,必须顺应世界城市转型的文化取向,尤其是在北京、上海、深圳等国际化程度比较高的大都市,理应将一般意义上的城市增长方式转变与中国的国际文化大都市建设两者结合叠加起来。而中国的国际文化大都市建设,关键是要打造面向世界的现代全球性的文化创意产业,探索城市转型与文化都市建设的"中国路径",从而提升中国城

---

[1] 台北市政府:《台北市文化创意产业指标调查成果报告》,研究报告,2008年。

市在全球创意/创新网络中的等级强度。面对文化创意产业发展的新特征和新趋势，针对文化创意产业驱动城市转型的作用机制，借鉴国际大都市的成功经验，在探索"中国路径"过程中，要将文化创意产业发展与城市转型多层次联动起来，助推城市空间、社会与产业的整体转型发展。

一 树立"文化生态观"：从"文化资源"到"文化生态"

文化创意产业的空间集聚、产业演化是一个复杂的立体生态系统，需要一个多样性、包容性强的"文化生态"环境。一个更开放、更包容的文化生态，更有助于城市集聚多样性的文化创意要素，并促进新的文化元素的产生和成长。从"文化资源"转变为"文化生态"，要摒弃文化资源和禀赋来看待文化创意产业发展的单一视角，塑造促进文化多样性生长繁荣的社会环境，是文化土壤的"再整理"和"新播种"。

旧金山、纽约等创意经济发达的地区，"成为高科技区域之前，都是创新和怪癖的收容所和培养基地"。因而，包容和产生多元文化群体的城市，更容易集聚和产生文化创意阶层的职业群体，这些人群青睐的往往是这座城市所营造出的文化场域。斯科特（Scott，2006）把一定区域内促进学习和创新效应的结构或者是引导创造性表达的互动关系称为"创意场域"（Creative field）。他认为，"创意场域一般由基础设施和地方大学、研究机构、设计中心等社会间接资本组成，是任何生产和工作的集聚结构中的文化、惯例和制度的一种表达"。在理论上，它包括"创新情境（Innovative milieu）、学习型区域（The learning region）、区域创新系统（Regional innovation systems）"[1]。

积极推进外来文化本土化与本土文化外向化发展，在多元对话、认知沟通的基础上形成共识、理解差异。2010年的"欧洲文化之都"德国鲁尔，之所以能实现从"煤都"到文化之都的转型，与生活在这里的来自全世界140个国家和民族的居民有很大的关系，特别是大批来自波兰、匈牙利的移民，移民的文化差异大，生活方式不同，但鲁尔区则把城市的多元文化特征作为资源要素加以开发利用，创造出了一个包容性的文化环境，让整个地区充满创意的活力。从目前中国许多发达城市的情况看，集聚创意阶

---

[1] Allen Scott. On Hollywood: The Place The Industry [M]. Princeton University Press, 2005.

层的主要约束并不在硬件基础和经济领域，而在非经济领域。因此，打造宽容、多元、开放的人文环境、社会环境非常重要。要积极促进城市内外部各类社会群体在更广泛的范围和平台上分享文化、创新和知识，特别是包容和促进社会不同亚文化群体的跨界碰撞与融合。而且这个社会环境不只是有对内宽容、开放的精神，还需要对外宽容、开放的精神，并细化为服务体系与政策机制，以应对全球化、市场经济以及国际人才流动竞争的大趋势。无论对国家还是各个城市来说，都必须站在国际化的高度，以世界的眼光营造"创意场域"，形成适合各类创新创业人群生活与创业的社会文化土壤与文化氛围，更加全球、开放、多元、时尚、冲突的城市社会文化生态，才能有效吸引、集聚全球的创意人才。

与此同时，要真正做到"以人为本，兼容并包"。根据西班牙电信巨头 Telefonica Digital 发布的最新《创业生态系统报告》，在全球排名前 20 位的城市创业生态系统中，排名靠前的城市，辍学后创业的比例最高，如硅谷辍学者与研究生（硕士、博士）的比例为 1:2.5，特拉维夫为 1:2.33。[①] 从中不难看出，只有更大胸怀的包容，才能形成更具广泛性的城市文化活力与创新氛围，带动社会整体性的文化复兴。

此外，还要鼓励人们通过创造性工作去创造财富，努力保护创意人才的知识、思想等作为产品的价值，多维借鉴文化生产的商业化经验，积极培育本土文化的商业化能力，在完善知识产权保护制度，在制度、机制、社会公共政策、文化传统、教育体系等多方面形成合力，逐步营造涵容内外部文化创意要素、包容文化多样性成长、适宜多形态文化创意产业发展的都市文化生态。

二 树立"文化规划观"：从"规划文化"到"文化规划"

文化的生命力不仅在于历史过程的累积和积淀，还在于持续不断成长和对话。要促进文化的繁荣和发展，关键在于文化土壤的改善和文化生态的建设，这需要政府的积极营造和民众的广泛参与。树立"文化规划观"，是要将文化的思维和思考从以往的部门化限定中解放出来，让文化的对话、

[①] 邓智团、屠启宇：《追求个性之美：创业生态系统构建的新方向》，载上海科技发展研究中心《科技发展研究》2013 年第 14 期。

思辨自由贯穿于城市规划、建设、发展、转型的全过程。文化是基于环境和生态自我成长起来的，文化是很难通过规划实现的，文化创意产业的发展更是如此。

因此，要改变以往文化发展从属于城市规划的思路，重新追问城市规划的逻辑、方向、目标与意义，避免城市规划的工程理性与市场原则通杀一切，必须将文化重新置于城市规划的先导地位。"文化规划"是秉承尊重文化生态的思维来引导其他各个领域的规划建设，并不是对已有文化资源的整理、分类和发展轨迹设计，而是规划一个复杂的互动过程，即由政府/民间、学界/企业界、体制内/体制外等各种关系交织而成的网络，通过这些组织结构结合起来并发生作用，更加侧重经济、社会、文化的整体发展，从"文化都市"理念和视角，来制定城市的中长期发展战略和规划，让文化的发展和文化创意产业的发展与城市规划建设、城市经济体系的建设有机融合，整体性构建文化都市。

"文化规划"应强调"以人为本"和"文化生态"原则，注重"自上而下"与"自下而上"两种路径的结合，修正纯粹的市场理性和科技理性原则，通过硬环境（物质层面）与软环境（精神层面）的并重建设和互补改造，将割裂的文脉机理和生态重新恢复和激活，促进"功能区"的"文化复兴"。同时，"文化规划"注重社区规划、社会网络的搭建与社会资本的营造，强调社区发展的公众参与，增强地区的文化凝聚力与文化认同感；通过公共交往与公共沟通空间的塑造，增加多样化具有景观价值的步行慢行与迟滞空间，吸纳多元文化主体的公共交往，形成文化包容性与空间兼容性。

以台北为例，立足多元文化元素和创意活力，台北面向未来十年提出了一整套的"文创之都"战略，其中包括台北亚太地区文化创意产业的"领导品牌城市"建设、推动建立"台北市文化建设发展基金"、营造文化消费环境推动台北市文化观光发展、整合资源提升文化艺术节庆质量及影响力、动员民众共同参与五个方面。其主要目的是透过都市更新再生，将更多元、更具活力的创意让市民共享，是另一种都市更新和转型计划的形态，或称为创意或文创都更[①]。

以文化为中心的角度来考虑和制定各类城市公共性规划与公共政策，把文化资源置于创新转型实践的中心来整合、培植城市的各种资源。在实践中，不能简单地将文化资源、要素、资本作为补充性动力投入推进城市转型的规划工作中。特别是在不改变既有的城市规划逻辑下，实践中往往会变成"规划文化"，从以"文化"为中心考虑"发展"转变为以"发展"为中心干预"文化"，这就容易使得"文化规划"沦为"添油战术"下的牺牲品，更会带来昙花一现、不可持续的文化创意产品，不仅没有成为城市转型的助推动力，更加成为未来城市转型的障碍。因此，一定要从文化创意产业自身持续发展作为出发点，把文化创意产业的发展与城市转型多元化、多层次联动起来。在产业规划与政策引导层面，以文化的视角，制定、出台引导和升级各类产业发展的文化战略，扩展文化创意产业与先进制造业、现代服务业融合的内容范畴，培育和促进各产业领域中文化相关的生产、技术、市场环节成熟化、产业化，带动城市产业发展的转型与创新。同时强化文化与城市商业空间、消费空间、社会空间的融合，以文化内容助推城市空间、产业空间与社会空间的转型发展，营造创意城市空间。

此外，"文化规划"也在特定的区域突出主题性，尤其是文化创意要素相对集聚和活跃的区域，强调城市文化资本的活化、体验，以文化塑造城市空间，增添城市商业与空间的文化元素，既为城市服务经济增添更大的附加值和消费向心力，又凝结新的文化创意要素。一个成功的文化功能区将给所在的城市带来繁荣与活力，例如北京奥林匹克场馆区、西安大唐芙蓉园等，都促使文化创意要素跨越空间、行业的边界，带动空间的混合化、综合化，产业形态的互融化、跨界化，为城市营造无边界的产业和空间立体生态，催化混合空间与创意产业的生成。

三 树立"文化创造观"：从"走出去"到"走进去"

文化创意产业本身就含有全球化的属性，世界范围的即时传播是产

[①] 谢明瑞：《文创产业与都市更新——URS》，中国台湾"国政研究报告"，"国家政策研究基金会"，财金（研）102-002号。

链中的关键环节之一。不仅要"走出去""卖出去",还要"走进去",更要值得"留下来"。目前而言,我国文化创意产业已经"走出去",但还未达到"走进去"的阶段。实质上,"走进去"的关键是文化认同,"大而不强,输出困难"的症结还是文化认同。

尽管我国的文化创意产业近年呈现出快速增长的势头,总的来看具有核心技术和新商业模式的不多,仍以追随、复制国外尤其是欧美的技术为主,主要表现为内容原创与技术更新不足,贴牌生产(OEM)较多,自主品牌(OBM)不强,在全球文化创意产业的生产与贸易网络中,仍然处在低端或末梢,不具备话语权和控制力。如《功夫熊猫》《人猿泰山》在我国深圳制作完成,但深圳的企业只赚取到微薄的加工费。文化创意产业的这种运行模式,无疑又陷入以往的"中国制造"困境中,与我国转变经济增长方式的新要求是不相符的。

目前,我国文化产业在"走出去"的过程中,大多是沿用对自身文化资源开发——适应国际市场规则——融合新技术——谋求成为国际文化消费主流产品的发展逻辑,这种思考逻辑在实践中推进很艰难,特别是在终端环节,大多情况只是场面上的热闹,形成共鸣、共识、认同的文化输出很困难。相反,iPhone,iPad,iTune 却融入了我们的日常生产生活,让消费者在深入使用其带来的各种功能应用过程中,潜移默化地接受新知识和新价值的传播。

如何实现从"为全球制造"到"为全球智造"的转变,关键在于如何创造引导或者满足全球化需求的文化创意产品／商品。能够获得市场成功并成为新知识和价值观载体的文化创意产品,在其设计理念上必须是基于用户需求核心。跨文化的全球性文化创意产品设计必须在充分挖掘自身文化资源的同时,更要深刻研究对方文化发展(需求)的时空感,甚至是全人类面对未来时空的共同想象和文化心理。苹果系列产品在全球范围内的成功,就在于其出色地把握了"未来"而不是"过去",秉承的是"全体异外"的产品研发——全球生产与全球市场——iPod+iTunes·iPhone+App Store·iPad 软硬服务的新商业模式——新技术＋新模式＝技术、艺术、战略的新知识与新价值的发展逻辑。

沿用"创异(创造差异化产品,获得市场生存可能,元创意的早期形态)——创益(通过产品创造市场效益获得盈利)——创艺(融合新技术创造新技艺或者创造新模式）——创义（创造新知识、新认同、新价值，元创意的最终表现）"四个层级来分析文化创意产业的全球生产网络（见图1—3）。目前在"走出去"的过程中，大多是沿用对自身文化资源开发（创异）——适应国际市场规则（创益）——融合新技术（创艺）——谋求成为国际文化消费主流产品（创义）的发展逻辑，这种思考逻辑在实践中走的很艰难，特别是在最后环节，大多情况是老外看个新奇，难以形成共鸣、共识、认同。

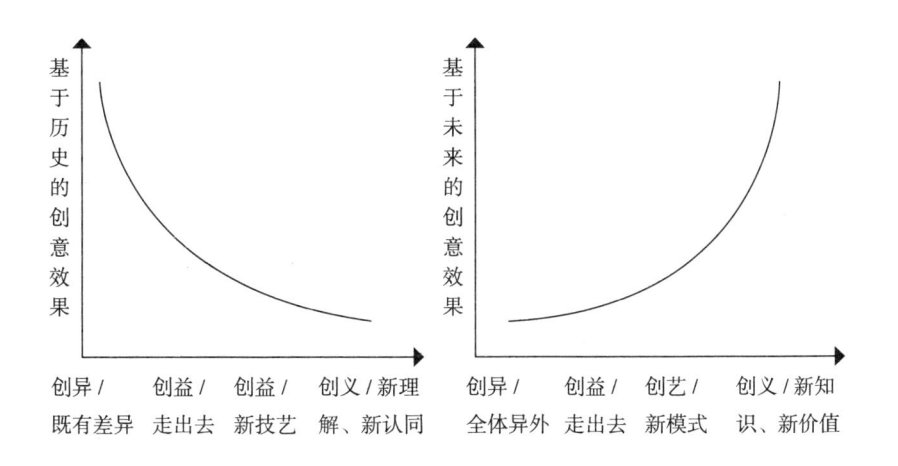

图1—3 基于历史／未来的创意生产的实现过程及效果

究其原因，核心在于我们的创意起点即"创异"环节，注重的是基于历史性的彼此文化差异性，希望以这种内涵差异性融合新技术和新规则，在适应国际市场规范被消费的同时，谋求双方或多方的跨文化交流与理解。但是，这种"创异"的起点更多的是基于对自己历史文化的理解，而非对方的消费诉求与心理感知。因而，这种对跨文化的交流与理解并不是双向的，异文化之间的共识和认同是建立在双方彼此在某些领域认识都较为深刻的基础上。这一点是我们"走出去"过程中亟须反思的。

如何实现从"走出去"到"走进去"的转变，关键要树立"文化创造观"，即在于如何创造满足全球化需求的文化创意内容／产品。立足过往但面向未来，而不仅仅是挖掘过去，创造出领引时代风格、"中国的·世界的"

新知识和新价值,"通过国际化的经济与'文化资本再生产场域'的建构,形成区域的'城市文化资本'再生产过程,最终实现在区域社会与城市在全球网络中从低价值生产向高价值生产的转移"[①]。文化创意产业的关键要义是用户需求核心。面向未来,我们不能仅限于挖掘过去,更要设计开发出真正符合当代审美、时代特色的原创产品,以创新商业模式获取全球市场成功,这样才能创造出引领时代的"中国版"新知识和新价值,并在全球范围内获得认同,从而实现真正的输出,彰显中国城市和国家的软实力/巧实力。

结 语

文化创意产业的新业态、新内容,与我国经济增长方式转变直接相关。未来20年,将是中国城市转型升级的关键期,一批中国城市将进入世界城市体系,催生出国际文化大都市。我们必须有系统的谋划,把政府的规划与市场资源的配置有效结合起来。一方面,应以开放的姿态,文化的包容、多元性,打造全球文化创意的"中国平台";另一方面,在城市的转型升级进程中,把文化创意产业的发展与创新型、服务型经济体系的建设实行有机融合,造就更多的"创意城市""文化都市"。文化创意产业的空间集聚、产业演化发展同样需要一个好的生态环境,如同自然界一样,这是一个复杂的立体生态系统,一个多样性、包容性强的"文化生态",会更有助于城市集聚多样性的文化创意要素,并促进新的文化元素的产生和成长。如果说传统意义上对既有文化资源的挖掘是文化创意产业发展的"物理变化",那么塑造适合文化多样性成长的"文化生态",则是文化创意产业发展"化学变化"的温床和催化剂,两者的根本区别在于,前者是形态、形式的变化,而后者是创造性、生长性的变化。因此,我国在城市更新和城市空间再造的进程中,在大力发展文化+创意、文化+科技、文化+金

---

① 张鸿雁:《全球城市价值链理论建构与实践创新论——强可持续发展的中国城市化理论重构战略》,《社会科学》2011年第10期。

融等新兴产业业态的同时，还应重点进行文化土壤的改善和文化生态的建设，以培育出生生不息的文化创新精神，以造就更多立足于全球城市体系中的"创意城市""文化都市"。

第二章

创新生态系统：
区域创新创业的网络治理

在经济全球化进程中，人才、知识、技术、信息等创新要素在区域产业结构优化升级、经济转型发展的作用日益突出，推动了中国城市从由土地等传统要素驱动的粗放型经济发展模式转向由技术、投资拉动的创新型经济发展模式，从以工业生产和加工功能为主的生产型经济转向以服务业提供和商务经济相结合的服务型经济。在转变发展方式、建设创新型国家的战略行动中，我国的城市空间集聚形态发生了新变化，表现为城市的产业和经济活动逐步向特定地域集聚分布，在城市中的一些特定区域逐步形成规模集聚的创新创业体系（政府、大学、科研院所、企业、社会组织、个体共同互动形成的创新创业社会网络），这些区域不仅成为城市信息、技术、人才等创新要素的集聚地，而且成为创业人才、创新型企业集聚的心平台，它们重构了城市的空间结构和创新体系，形成城市转型发展的新机制，成为创新驱动城市转型的新引擎。

大学（研究型大学、创业型大学）在知识经济时代是城市创新的重要动力源，本书借鉴并分析欧盟开放创新的经验，回应当代中国大学与城市创新互动发展的障碍，尝试性地提出"泛大学社区"营造的设想，希冀通过打通边界，推进社会化融合，在泛大学社区积累社会资本，演化知识创新社区和学习型组织，并通过培育知识创新中介服务，为各创新主体搭建网络，构建泛大学区域创新生态体，引导知识密集型产业集聚。

与此同时，科技人才创业对于区域自主创新、实现可持续发展起着至关重要的作用，但由于在体制层面科技管理制度的束缚、社会文化层面科技创业氛围的缺失、经济发展层面科技服务业发展的滞后，严重制约了当前科技人才创业的发展。本书指出，从重构制度环境、加速科技中介服务业发展、构筑科技人才的创业网络与社会资本、营造全社会"宽容失败、尊重创业"的文化氛围四个层面，构建区域科技人才创业服务体系。

此外，针对从大学基础研究——应用研发——产品化研发——商业模式形成——形成产业化的全过程，本书深度剖析了从应用研发——产品化——商业模式形成的关键环节，指出共性技术研发服务体系的构建在科技创业和区域创新创业网络中的关键作用，并在城市的层面尝试提出构建共性技术研发服务体系的战略思路。

第一节 欧盟开放创新生态系统建设的经验分析

2015年欧盟发布其研究部门最新的研究报告《欧盟开放创新生态系统建设行动纲领》，报告主要基于美国的角度，对欧洲如何建设一个可持续、有竞争力的开放创新生态系统进行研究并提出行动纲领。报告认为创新生态系统建设，可以成为欧洲未来塑造国际地位的重要工具，在这样一个全球创新网络正在构建的时代，政府必须学会创新和合作，科学评估创新效果、出台更为有效的开放创新支持政策，以重塑欧洲未来发展的竞争力。实际上在过去，当欧洲企业家陷入金融困境的时候才最终会发现问题所在。根据调查大约有50%的企业家都同意"如果有失败风险，那么就不该开始"这样的观点，他们并不能区分欺诈性的商业与创新创业的差异。但在创新经济学家看来，风险是创新一个关键要素，没有风险就没有创新，因此必须更好地理解如何更好地失败以支持企业家创业创新。

一 欧盟创新发展的主要挑战

在过去三年到五年内，欧盟许多城市在创新发展领域已经取得突出的成就，包括伦敦、南特、巴黎、布鲁塞尔、法兰克福、赫尔辛基、斯德哥尔摩等城市在培育创新企业和创新机构发展方面成功辉煌。作为世界上GDP第一大团体，欧盟28个国家丰富的文化和语言、多样化的历史形态和背景、混合的历史文化都可以推进欧洲创新创意发展更加繁荣,所以欧盟的创新发展绝不是复制硅谷,而是建设具有典型欧盟特色的创新谷并遍布欧盟几十个城市。但在当前仍然存在一些突出的问题,制约着欧盟在创新领域的进一步发展。

(一)风险与失败

美国特别是硅谷创新发展过程中最大的一个优势就是允许"尝试和犯错"的心态,这种对风险的认可让创新发展变得更加可行。但在欧盟当前的发展中并没有做好"尝试和犯错"的准备,因为当前政策包括税收、损失赔偿的规则(如终止支付)、不成功就负债累累等,这种对失败的不支持使得新生事物和新观念的尝试很难得到实现,特别是那些可能在金钱方面没有效益,但对于开发新想法、创造新企业及推进创新发展都有很大帮助的新事物和新思想。因此,欧盟需要"改变思维"而变得更具竞争力,成为全球创新发展的新标杆。欧盟具备很强但尚未解锁的创新潜力来推进世界级的创新发展,创新不仅需要金钱领域的支持,还需要更多方面的鼓励。欧盟需要克服封闭意识,更加开放地分享信息和知识来推进开放创新模式和创新更多岗位、推进经济增长和夯实未来创新的基础。

(二)企业家精神和"快速失败"概念

合格的企业家必须具备较高承担风险的能力,在为某风险工作一段时间后发现问题并接受和放弃,之后可以更快地开始新的冒险。在企业家看来一段失败的经营最大的机会成本是时间而不是资本,具备这种认识是企业家最有价值的财富。经验丰富的企业家会科学判读可以承受的最高风险而不是靠猜度最大盈利能力。失败不会一直是个贬义词。成功企业家总是从失败中找到成功,而谚语说"不冒险就没有收获",但如果冒险就肯定会在某一点产生失败。但失败是成功的一部分,人们总是从失败中一点点改正、调整和认识到更深层次的问题。从错误中学习意味着重新审视问题并能包容失败,这种包容性也是一种开放创新。

(三)缺乏尝试性的创业精神

创业并非一个从原始想法到成功创业的线性进程,而是一系列的重复过程,这取决于创业者的毅力和韧性,以及他们从失败中学习的能力。在这个前提下,我们认为那些能够帮助初创企业家实现快速增长的理想环境就是实验室的一种形式,在这样的社区创意产生、分享和提炼,不断尝试。

这个环境与传统的"孵化器"完全不同，后者很容易就会把传统的一些规则强加到这些新企业身上，而成为创新发展的桎梏。欧盟的企业普遍缺乏尝试精神，在这样一个不鼓励失败和尝试的环境中，创新发展受到很大挑战。

如上所述，创新或者任何商业上的成功都不是一个线性过程，不是以一定速度开始并持续上升的东西，更不是所有规则都已经设置好的固定进程。相反，创业是一系列共享的信息，付诸实施、测试，然后改良而成为更包容的理念，这个过程是一个开放的路径，不断融合更多新的建议而更加具体化，最终成为一件创新产品。这些成功创业的特点也适用于创新理念。

（四）为昨天做规划

规划即为实现某个目标思考和组织一些活动的过程，还包括创建和维护工作，然而规划并不总是建设性的，因为它会牵涉创新。创新允许新思想的发展演变，规划有时候影响这种演变，因为规划需要遵循"计划"而创新更多是自发的，因此相对于创新，规划始终是过时的东西。创新是一个思想演化、更好地创造和开发并成功实现的概念。然而，如果创新不断演化和变化并且规划要适应它，那么规划就得不断被修改。高水平的规划是规划创新的关键，技术总是不断演化，思想也不会跟上个月、上周乃至昨天一样。问题是规划总是过时的，如果要遵循规划，那么创新永远不会演化，思想也永远是思想而不会实现。解决办法是不要为一切都做规划，只做高水平的"开放"规划，尽管我同意在做的过程中可能学到比规划更多的东西，为你的长期目标和核心能力制定框架是重要的资产。

（五）欧盟"成长"问题

小企业法案反映出欧盟把中小企业作为欧盟经济体核心角色的政治意愿，并且首次制定了一个综合性中小企业政策框架。目标是提高创新的综合考虑，永远将"小企业优先考虑"的原则纳入政策框架和公共服务体系，推进中小企业的增长并帮他们克服各种成长的障碍。欧洲中小企业法案适用于所有独立的超越250名雇员的企业，而这样的企业大概占到欧洲总企业数的99%。根据报告的调研总结出"创业企业的欧洲模式是必要的，但并不存在"这样的结论。有企业家认为，有许多有才能和抱负的企业在欧洲取得成功如Spotify和Rovio，但这更多是因为这些公司与硅谷的企业有相似性，且受许多加利福尼亚创新企业的影响。

（六）欧盟安全网络

创新的障碍？欧洲的"安全网"已经广为人知，并且作为好的案例在许多国家和国际新闻媒体中出现。欧洲国家普遍执行高税收的政策，但这样的税收政策被社会广泛接受，因为可以保障高水平的社会效益，另外还包括教育和医疗保障，包括法定最低年假、带薪病假、12周—18周的带薪产假，医疗保障在欧盟可以覆盖到全社会人员，另外如大学学费、长期失业补偿等。当然，所有这些利益都得到政治家、政府、公务员及普通民众的广泛支持，保障欧盟多数国家在金融危机期间依然可以保持一定的生活标准。根据OECD的统计，在欧盟失业保障随国家而不同，但在大多数的西欧国家，在金融危机期间政府往往负担60%—80%的平均工人工资损失，但在美国基本只负责50%左右。欧盟安全网络在保持民众基本生活水准并且支持贫困家庭等方面发挥了重要作用，但当涉及创新动力探讨的时候，特别是在创业与企业增长阶段，安全网络就变成一个负面的影响。当然这并不是说安全网是消极的或者应该被淘汰，但从客观上分析，安全网络的确抑制了创新进一步发展、创业和企业成长。事实上，失业保险可以在很长时间内来保障大部分的失业者，因为政府提供的保障，这些失业者并不急于寻求工作，这种无风险的心态更加抑制了创新和创业。当劳动力市场混乱和失业福利能持续保持的时候，创新的激励机制就显得很薄弱。没有动力去尝试新想法和开发，也没必要去寻找替代收入源，因为福利收入已经足够保障存活，因此对新业务、创新产品以及服务的需求也减少。当然安全网络仍具有争议，但并不是讨论消除或者减少，只是想分析导致创新和创业减少的原因，或者创造新的激励措施，或者创造非盈利失业项目让失业者更多参与，鼓励他们的创新和创业精神。

二 创造一个欧盟特色的创新环境

根据美国商务部的统计，自"二战"结束以来美国GDP增长率的75%是靠技术创新支撑的，最近几年创新在美国得到政府的重点支持。这证明了政府对于创新的鼓励和支持的重要性，并形成四螺旋模型。美国政府已经意识到创新的重要性，支持风险、研究并将其作为激发未来创新和增长的潜力爆发点。理解创新的价值并理解尝试和失败并不是有害的，这只是将民众变得更有创新力的驱动措施的第一步。尝试是成功的必要工具，让思想家可以开发新思想、新工具、新技术、新系统以及新理念。通过冒险摸索新的发展思路，因为尝试和冒险得到的经验反馈可以丰富知识和提升能力，从而创造更多的思想并最终变为现实。

(一) 激活资源

提前规划是一个管理学概念，是为达到某个预定目标而思考并付诸行动的过程，规划还包括对规划发展予以维护的过程。那么提前规划对创新有什么影响呢？创新和规划是一对矛盾还是互补的概念？就创新的基本原则而言，提前规划是一个过时概念，创新则是打开思维、想象、创造、革新、提升的综合进程，规划则会远离创新过程的各个环节。欧洲需要从创新中获取竞争优势，欧洲现在的创新过程正处于"为昨天规划"的概念阶段，这种独特性很明显会减少创新的发展和可能性。由于创新与利益领域的先行者有直接联系，如果欧洲的规划文化继续盛行，创新就会一直过时，规划就会相当于"规划昨天"。解决办法就是开放规划或如一些创新领导者所讲的"资源激活"，资源激活要有一个初步规划（为了好的商业活动），但允许规划随着思想提升而调整，只要思想没有被最终定型，开放式的意见都会被采纳接受以适应外部环境的变化。当创新思想没有确定的时候，开放规划的规则和风险都是不确定的，这种方式的思想的创新没有任何障碍，没有任何附加的特定目标和计算思考，是一种真正的开放创新。

(二) 创新的速度和"接受"原则

欧盟历史上一直有非常强的科研产出和弱的创新响应，欧盟在研究、学术、卓越研发中心等领域有重要的合作，但问题是没有一个固定成规则的"接受"文化。欧盟的经济增长有很多重要机会，特别是欧盟委员会设立的一些研究项目的支持，包括"欧洲数字议程"及"地平线2020"等项目。为了更为积极地接受研究成果，欧盟需要从那些高创新的领域获取利益，积极鼓励风险和从接受的新业务领域获取更大的利益，不能像过去一样让别人拿走自己研究的竞争优势，时机至关重要。具体到项目，项目开发本身有一个周期，不同企业的不同项目也会有不同的开发进程，但在欧洲不管大公司还是中小企业通常都是待项目完成之后再予以开发和产业化。但是，当这个项目是创新项目后，时间就变得非常重要，以前所谓的新思想、新概念或者新创新都随着时间可能落伍，这时候项目开发最好交给一个开放式的团队来进行，创新方法、勇于承担风险，缩短项目开发周期，增加时间的竞争优势。

（三）创新政策指数与评价

根据 2012 年发布的《全球创新政策报告》，对国家创新政策的 84 个指标共 7 个领域进行评估。《全球创新政策评估报告》结果显示创新扶持政策特别是能够创造良好创新环境和条件的政策，可以获得良好的可持续创新回报，因此报告指出创业环境是鼓励创新的关键要素。报告还指出，信息通信技术是全球经济最强大的生产力和创新的推动者，只有通过有些的数字政策，鼓励数字信息和通信技术的应用才能创造真正的竞争优势，那些创新领导者国家正在享受经济的繁荣。创新政策包括所有影响创新进程的行为行动，创新政策受政治因素影响，因此又必须作为一个政治问题来考虑。政策引导的变化会推动或者阻碍创新，这在很多文献中都已经得到证实。政策影响知识产权、环境法规、税收减免、竞争性的公共研发费用、技术支持、特定行业补贴、津贴、创新贷款等，这对于创新的发展都有影响。对创新政策的研究表明，在创新全球化时代和高度竞争的市场背景下，政府在创新发展中必须发挥重要作用。

（四）欧洲创业模式的需要

在技术创新和商业模式创新发展方面，欧盟已经有成功的案例，但欧盟的企业仍然在仰望硅谷，因为他们有创新的最终标准，欧洲的企业家仍然要不断跑到旧金山去同他们的标准制定者会面。没有欧盟的创业身份、企业之间没有强力联系、没有好的创业支持政策、帮助，欧盟国家也没有制定统一的创新和风险承担模式，甚至没有任何的建议。欧盟当前仍然接受硅谷的创新模式，学习硅谷的模式仍然非常重要，包括学习成功的经验、分析商业模式、知道钱从哪里来、为什么风险资本家愿意支持他们。最重要的仍然是欧盟企业需要建立自己的地位，这种积极的地位可以推动欧盟成为创新基准，帮助大型企业和中小企业之间建立支持联系。欧洲的创新企业需要资本，从天使投资人、大企业、政府、私人企业以及私人投资者等获得并让他们相信有利可图。

欧盟创新的问题已经可以确定，包括巨大的市场、欧盟标准缺失、资金缺乏，然后解决这些问题短期的方案都可以执行，积极的欧洲创业文化和创业行动仍是最重要的。

1. 自信、自我认识和相互信任

当我们想到严密的分销渠道、风险资本家、完美商业环境、各种网络关系的时候，我们首先想到的必然是硅谷。即使以上这些是真的，这仍是从美国的角度并不精确地描述了一种理想环境。欧盟需要一个新的创业环境，帮助各种活动者紧密互动和克服如语言、国界、文化、政策和政府的限制。欧洲没有硅谷，但欧洲有巴黎、马德里、布鲁塞尔、伦敦和法兰克福，欧盟在门口就有机会，只是需要继续探索和开发并能成功实现目标。

2. 网络化环境、网络化机会和互动交流的机会

数字革命保证欧盟找到新的沟通渠道，距离不再是商务会议、见面以及网络化关系的障碍。尽管面对面的交流仍然重要，欧洲企业需要打破信任障碍并利用各种商务交往、会议、研讨会、论坛等各种好机会来与合作者、投资者会面。欧盟企业需要把握通信技术在现代商业运营中的重要性。

（五）从新思想到成长

1. 创新产生新企业，新企业创造新产业，新产业形成全球竞争力。

1980—2007年，平均每年有50万个新企业诞生，这些企业每年创造300万个就业机会。从长期来看，新思想、产品或者发明都会导致新产业的产生，新产业成为别人学习的基准并继续创新发展。

2. 竞争和创新企业扩张，创造新企业和岗位，推进经济增长繁荣。

1980—2007年，传统产业在薪水供应方面远低于创新型企业的薪水供给。

（六）中小企业在创新和增长中的角色

在欧洲，中小企业是创新和竞争发展中的发动机，推进经济增长和就业岗位增加。为了获得长期可持续增长，欧洲必须推进结构改革以更好地帮助中小企业发展。当前经济发展环境下智慧增长就意味着数字化增长，中小企业是欧洲经济的发动机，必须推进中小企业信息化发展。从统计数据到普通的经济测算，中小企业都已经成为欧洲经济发展中的重要组成部分。中小企业在资金、资源、规划、技术、税务和竞争对手方面都存在发展的困难，这也是为什么需要政府在政策包括技术投资、税政策等方面予以支持，鼓励他们与大企业一样发展。

三 欧盟的创新动力体系

(一) 试错驱动创新

苹果公司是一个典型的案例,挖掘苹果公司的秘密可以帮助社会和更多产业变得更有创新力。根据许多科研人员的思路,他们通常的做法是对新思路进行小试验,这些小测试一般成本较小、时间较短而又可以顺利进行。所以这些创新者最大的秘密是犯错,犯错是相对便宜的而又不能花太多时间,在错误中允许创新思维演化,这就是试错。市场研究从不会像一件真正的产品试错一样信息畅通,开发一个新的商铺概念或者推出一个新品牌,总是需要多更多的研究和调研。如果能做得又快又便宜,那么实践运作就不会那么痛苦了。所以这些非正式的方法就是降低成本和缩短时间的好办法。一般经验告诉我们错误都是糟糕的,但失败并不总是一个贬义词。从苹果公司这样的发展经验看,试错及其哲学基础又是合理的。创新企业家的刀刃是试错,尽管大多数的创新家也不会花费太多在试错过程。对于大多数的小企业家来说,他们在产品上市之前只会从事小规模、成本有限的测试,并收集反馈意见,这样一些错误的观点会不断发展演变,逐渐形成价值并能够产业化。

(二) 低成本的测试原则推动创新

专业创新家在推进创新发展或者产业化的进程中,其决定的依据主要是取决于其最大可以接受的风险和成本,而非他们预测可以赚到多少钱。负担得起的损失原则就是从现在的情况、义务、愿望及风险倾向等,有助于将风险分为两个步骤,第一步是需要多少钱来开始业务,创造多种方式将创意推向市场和减少风险;第二步是你是否真的愿意以损失来开始你的业务,就是想清楚自己有多少资源及风险偏好,能承受多大损失。这种损失包括不同的类别"时间、储蓄、家庭资产、信用卡账户、借贷等,这些都是你所能掌握的手段。第三步则是你愿意损失多少你掌握的资源,这个结果将决定你是否创业和决定花费多少来进行创业。负担得起损失的原则还建议通过多种方法的整合来推进创意进入市场。一般来说,最好的办法就是使用最便宜的选择,这是创意家和企业家的最爱。此外,对技术的创新应用也可以接受便宜的手段,不仅社会媒体包括思想的传播都要感谢技术,快速而简单地传播到各城市、国家和大洲,提高了创新思想的传播范围。

(三) 商业模式试验推动了创新

商业模式试验就是通过不一样的做法为商业模式创新提供更大的机会。商业模式试验就是假设其他的方式都是有风险的，通过这种新的模式试验工具来减少不确定性、风险，并提高成功率。商业模式试验的目的是在一个可控的方式下测试未知领域，得到结果、反馈及其他额外信息，这同样需要在一个开放的环境下进行探索、尝试和不断补充减少风险和成本。

(四) 开放创新 2.0 推动创新

开放创新 2.0 是一个基于集成协作机制的新模式，共享创新和风险价值，培育创新生态系统和释放潜力技术，并能够快速接受创新和创意。开放创新 2.0 是创新的全面开放，不拒改变而努力适应之。为了在欧盟建设开放创新 2.0，仍然有很多工作需要做。首先就是政策制定者需要评估创新并积极利用开放创新 2.0 带给欧洲的利益，欧盟开放创新战略和政策组将政府、私营机构、学术界、工商领袖及个人整合在一起来支持欧盟的开放创新政策。

表 2—1　　　　　　　　欧盟开放创新的 20 个方面

开放创新 2.0 的 20 个方面	基本内涵
1. 共享价值和远景	欧盟似乎在社会参与方面做得很好，然而现在情况是居民还是很少参与其中，也较少参与价值分配
2. 创新四螺旋模型	产业、政府和学术界慢慢在一起合作，网络组织日益复杂，社会参与深度也在增加。民众也开始参与其中并对螺旋互动更加支持，社会合作慢慢开始开花结果
3. 创新生态系统的业务流程和管理	创新生态系统变得日益有效率，改进之处主要在于组织边界的超越
4. 创新合作和参与平台	欧盟基于公共和私人领域的创新合作在不断增加，然后仍然缺少一个参与平台。例如有许多在产品原型和拥护经验直接的反馈机会，这可以让更多人参与以提升产品水平，但现实情况是仍然有许多阻力

续表

开放创新 2.0 的 20 个方面	基本内涵
5. 用户参与，用户为中心，用户体验	在该领域欧盟多数企业已经做得非常好，用户参与和体验已经在最近的许多创新活动中得以实施并将持续，因为这已经产生良好的效果
6. 开放创新	社会对于消费产品的创新一直持积极的态度，但对其他领域的创新仍然谨慎，这主要是人民缺乏参与和好奇心，对创新的好奇心没有超过他们消极和犹豫的倾向
7. 关注"接受"文化	欧盟并不存在成熟而固定的"接受"文化，但欧盟具有很大的发展空间来培育"接受"而变得更有竞争力。这里包括三个概念：试验、原型设计和失败，其中试验和原型设计容易被接受，失败的风险仍然在打击人们，普遍不能接受失败
8. 21 世纪的产业研发	21 世纪的产业研发包括理论、发明、验证和冒险。欧盟在理论、发明方面已经做得很好，但在验证和冒险方面仍有缺失，这将制约创新的发展
9. 可持续的智能生活	尽管许多欧洲城市已经采取了可持续发展的第一步，但欧盟离可持续的智能生活还很远。可持续的智能生活是欧盟 OI2 计划的一部分，因为离开可持续发展包括创新、合作、价值增加及效率提升都不可实施。可持续发展是价值增加的关键并保障许多利益的实现
10. 技术和社会的同步创新	欧盟在社会创新和技术创新方面实现了较好连接，在大多数国家社会保持着积极的进步，在其他一些国家里，由于文化和时代的挑战出现一些抗拒，但这些小问题都很容易被政策和国家的引导所解决
11. 商业模式创新	在当前慢速增长的背景下，资源紧张限制了世界经济的发展，商业模式创新就非常有意义。消费者需求和市场潜力在快速变化，欧盟发展的重点应该是通过商业模式试验提升商业模式创新的价值
12. 交叉创新	欧盟在交叉领域共享特别是研究机构和学术界之间已经取得较大的成就，跨领域的交叉创新将会更好地推动创新发展

续表

开放创新 2.0 的 20 个方面	基本内涵
13. 全谱系创新	在欧盟都柏林创新大会上提出了 10 种类型的创新分类,这种分类是基于 10 种不同特征的企业,可以用来诊断某一公司的问题所在和创造新的公司。欧盟将会通过分析自己的公司并寻求成功原因,为欧盟企业发展传播成功经验。全谱系创新背后的秘密在于介绍成功的实践方面,而非收入或利润
14. 利用混合模型创新方法	在欧盟大型企业中混合模型应用很多,如果中小企业也能够同时推进原型设计和试验,这种混合模型会非常成功和成为普遍应用的方式,因为可以对创新产生最大影响
15. 服务化	服务化作为商业模式试验的部分将会使欧洲的小企业受益。服务化让客户表达自己的诚恳意见和帮助企业的发展、演化甚至改变产品和服务。在创新发展模式中,利用户驱动的内容继续挖掘忠诚客户的需求、获得更多新客户和市场
16. 网络效应	网络作为一种社会经济过程,可以帮助人们互动和共享信息以推进创造和挖掘新商业机会。欧盟企业可以从开放网络和没有跨界障碍的网络中学习很多
17. 创新管理过程和能力	欧盟的管理系统应该在推动创新发展方面更加有效而非注重微观管理。欧盟的管理系统将不断提升,重点服务推动公共部门和中等企业发展
18. 高期望创业	在欧盟,高期望创业存在且不断增加,对他们更多支持和鼓励都可以使得他们创造更多就业机会。高期望创新是对高抱负和破坏性技术的融合,可以推动经济增长,此外还能节约成本、为发展的更好条件创新路径,包括就业增长和社会两个方面的角度
19. 社会创新	开放创新可以带来显著贡献,这种趋势又可以推动社会企业的演化并带来社会经济效益。欧盟需要新的、创新的理念来解决社会挑战,社会企业必须实现这个目标
20. 智力资本和结构资本	智慧资本是最宝贵的财富,尊重个人并让他们共享想法和信息,欧盟可以从智力资本中获得所有价值和受益并转化为竞争优势。结构资本与创新直接相关,欧盟将通过平衡智力资本和结构资本继续受益于演化的生态系统

第二节 泛大学社区营造与城市创新生态体构建

一 大学对于城市创新的价值

（一）城市创新中大学功能的认识

当代中国城市经济越来越向知识经济转型，而知识经济是以知识为基础的经济，是建立在知识和信息再生产、分配和使用基础上的经济。在知识创新时代，以大学为代表的知识创造者、传播者和应用者越来越从经济和社会发展舞台的边缘走向中心，大学的使命正是生产、传承、扩散和利用知识。以美国为例，美国大学经历了一个"教学—研究—创业"的线性发展过程，即从教学型院校发展到研究型大学再到创业型大学。[①] 以麻省理工学院和斯坦福大学为代表的一些研究型、创业型大学已摆脱了远离"世俗"的"象牙塔"形象，使大学从次要的社会支撑机构发展为促进产业乃至经济发展的社会主要机构。它们在知识经济中起着绝对重要的作用，它们是衍生新公司和新产业的母体，同时又是合作创新的主体，是推动经济与社会发展的不竭动力。从128高速公路技术园、"硅谷"、北卡三角研究园到德国的西柏林科学园区等，一大批以大学为载体而建设的大学科技园区，已经成为城市科技创新的引领者。

因而，大学的未来以及大学在未来的创新活动中的角色问题，已经引起世界各国的重视。作为重要的知识生产机构，一些大学在未来国家与地区的经济与社会发展中的作用将日益增强，以至于成为创新系统的领先性机构，具有组织创新活动的条件和能力。1999年，中国政府颁发了《中共中央、国务院关于加强技术创新，发展高科技，实现产业化的决定》，明确要求大学要充分发挥自身人才、技术、信息等方面的优势，在发展高科技、实现产业化方面发挥重要作用。我们必须认识到，现代大学（本书所指的大学主要针对研究型、创业型大学）的使命已经从最初以传播知识、培育人才为宗旨，拓展到用知识创新成果服务社会与区域发展。大学既是城市中"生产知识"的重要场所，也是城市经济发展的"动力源"、社会

[①] 季学军：《美国高校创业教育的动因及特点探析》，《外国教育研究》2007年第3期。

进步的"动力站"。大学不仅只是人才教育培养中心,还应成为区域的文化中心,向社会开放文化资源,兼具着提高城市品位、提升社会文明水准的都市功能。

(二) 大学与城市创新互动的理论经验

约瑟夫·熊彼特(Joseph A. Schumpeter)1928年在《资本主义的非稳定性》一文中首次提出"创新"是一个过程的观点。在1933年出版的《商业周期》一书中,他对创新理论进行了详尽的论述。熊彼特开创的创新理论主要停留在技术过程本身,属于"线性范式"的创新研究。但是后来越来越多的理论分析和实证研究发现,来自外部的信息交换及协调对于创新具有重要影响和作用,[1]它可以有效克服单个组织在从事复杂技术创新时的能力局限,降低创新活动中的技术和市场的不确定性。创新研究的视角逐渐从企业、组织内部转向企业、组织与外部环境的连续和互动上,从而导致创新研究"网络范式"兴起。20世纪90年代以后,区域创新系统(Regional Innovation System, RIS)得到了发展。英国的库克教授[2](cooke)(1996)在《区域创新系统:全球化背景下区域政府管理的作用》一书中,将区域创新系统定义为:由在地理上相互分工与关联的生产企业、研究机构和高等教育机构(大学)等构成的区域性组织体系,在这个体系内企业和其他组织通过根植性的制度环境相互学习并产生创新。而三重螺旋模型是区域创新系统理论的重要组成部分,由亨瑞·埃茨科瓦茨(Henry Etzkowitz)[3]首次提出,用以解释政府、企业和大学三者间在知识经济时代的新关系,描述了在知识商品化的不同阶段,不同创新机构(公共、私人和学术)之间的多重互反关系。雷德斯多夫(Leydesdoff)对此概念进行了发展并提供了该模型的理论系统。[4]他指出,在区域创新系统中,知识主要在三大范畴内流动:第一种是参与者各自的内部交流和变化。第二种是

---

[1] Freeman M. Networks of Innovations: A Synthesis of Research Issues [J]. Research Policy, 1991, 20 (4), PP. 499-514.

[2] Cooke P.N. Regional Innovation System: An Evolutionary Approach, Regional Innovation System [M], London: University of London Press, 1996.

[3] Leydesdorff L. and Henry E. The Triple Helix of University-Industry-Government Relations: A Laboratory for Knowledge-Based Economic Development [J], EASST Review, 1995,14(1):14-19.

[4] Leydesdorff L. The Non-linear Dynamics of Sociological Reflections [J], International Sociology, 1997(12):25-45.

一方对其他某方施加的影响，即两两产生的互动。第三种是三方的功能重叠形成的混合型组织，以满足技术创新和知识传输的要求。

三重螺旋模型在现实中有着不同的组织和架构模式（图2-1）。[①]第一类，政府包含了大学和业界，并在其中导致直接关系，这一模式又被称为官产学极权钳制模式；第二类，三者各自分离，带有严格边界的组织层面，并高度地限制了这些层面的联系，又称为官产学自由放任模式；第三类，预期产生一个知识基础构造层，并在其进一步发展着的交织重叠的制度体系下，每一者可以起到其他者的作用，并在交互作用界面创立杂交混生型组织，又称为官产学三重螺旋模式。在第三类模式中，三者分中有合，产生了交互作用地带，这时三者的创新主动性最大、创新的效果最好。这种螺旋的重叠和交互作用越来越受到学者的重视，政府、企业和大学的"交迭"是创新系统的核心单元，社会发展的动力逐步依赖于弹性的"交迭"系统，在不同制度领域之间不再有很强的界限。在创新过程中，为保证三重螺旋机制的有效运作，保持其要素之间高度的同步性，必须在组织和制度上加以保障。在彼此独立而又"你中有我"的相互交错中，"技术商业化"成为产业、大学、政府的共同目标和链接纽带。[②]

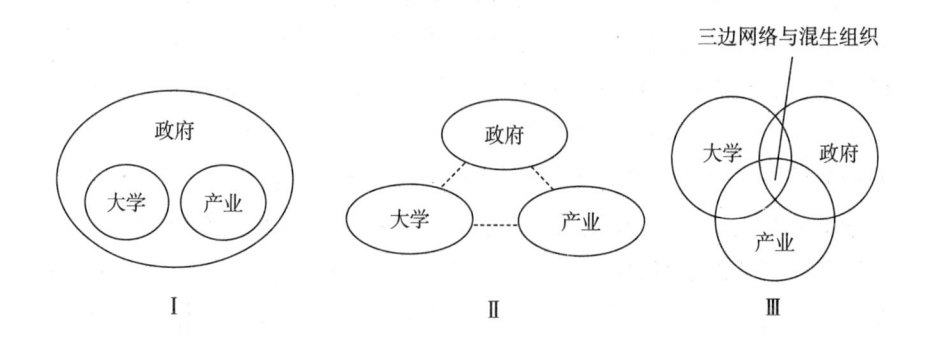

图2—1 三重螺旋模型的不同模式

[①] 王成军：《官产学三重螺旋研究——知识与选择》，社会科学文献出版社2005年版，第36页。
[②] 边伟军、罗公利：《基于三螺旋模型的官产学合作创新机制与模式》，《科技管理研究》2009年第2期。

然而在最新的研究中，有国内学者[①]指出这些模型在解释三重螺旋发生的环境（如社会、文化）与运作机制上，都在很大程度上忽视了社区的作用，关于校区与社区的联动、园区与社区的联动更是鲜有涉及。在解释这种依赖并充分利用社区的创新集群的成因时，已不能单单考虑传统经济学中关于降低交易成本、知识外溢等传统外部性因素的影响，地区社会文化网络和制度支持机制的作用更为重要。而真正促使各个创新主体发挥主观能动创新作用的，是有着浓厚创新热情、创新色彩和创新动力的创新型社区环境，这一影响与促进因素在研究三重螺旋模型时至关重要。在智力资源非常丰富的地区，特别是在产业园区以外的社区与城区特征明显的地区，丰富的社会资源使得知识和创新不再仅仅沿着产业链传递和扩散，而是一种由点及面的发散式扩散。

二 中国大学与城市创新融合发展的主要障碍

（一）大学的"单位空间属性"尚未褪去

中国现代意义上的大学建设比西方国家晚了几百年，新中国成立以后国家对大学实行中央和省级管理为主，除去4个直辖市外，大多数城市对所在地的大学并没有直接的管理权限，在人事任命、资金投入、课程设置等方面，地方政府都没有参与的权利和义务。大学作为事业单位，也被纳入国家制度框架内的科层制管理，在垂直行政级别序列中一般至少是厅局级的行政级别，甚至能与城市政府平起平坐。在行政架构上的自成体系，加之由于缺乏良好的沟通协调渠道和协调议事机制，在一定程度上限制了大学与城市相互间的交流，组织运行和管理上表现为"两张皮""两回事"，各做各的。同时在中国大学内部，组织结构也在很大程度上表现出"科层化"与"行政化"的色彩，校区运行和管理的社会化、市场化程度还不充分，"大学办社会"的现象还比较严重，大学正常运行的成本居高不下。而城市政府往往对旧有的经济管理职能恋恋不舍，而对新的社会服务职能却迟迟不能到位，"单位制"运行的惯性造成城市与大学资源的极大浪费。在社会空间层面上，大学校区硬质边界还没有打破或软化。近年来通过兴建

---

① 屠启宇、林兰：《创新型城区——社区驱动型区域创新体系建设模式探析》，《南京社会科学》2010年第5期。

大学园区创造城市,以"大学城"建设带动城市外围空间发展与人口疏散的做法很多,但是这种"规划建设型"的大学校区在很长时间内难以实现与城市功能的耦合,社区的形态建设(城市规划、基础设施、建筑)能够较快出效果,但是缺乏同知识辐射与技术扩散相符合的内涵形成和能力赋予,在校区之外没有形成范围更大、相互渗透的人文化社区。城市与大学在空间互动上缺乏弹性空间、模糊空间和混沌空间,则难达到"大学在城市中,城市在大学中",校外社区与校园社区融合共生的效果。

(二)"大学—城市"的互动主体缺位

从目前的发展而言,大学与城市创新的互动,涉及科研体制、经济发展、城市管理、社区建设等诸多领域,落实到具体的互动实践中,组织沟通中容易出现很多条块分割、纵向横向交错的状况。这种创新互动的主体能力失衡,主要体现在创新主体之间的对接上存在着机制体制和能力上的不对称,使得目前常见的领导联席会议机制还主要处于表态和形式的层面上,互动主体本身没有演变成适应创新互动的组织体系和运行机制,缺乏日常化、执行化、操作化工作机制。在资源共享互动机制建设上难度也较大,带有不同价值取向和利益追求的各方主体在互动合作中容易出现诉求分歧与利益争执,大学与城市之间在长期和短期效益实现上表现为不平衡、不同步。企业作为自负盈亏的经济主体,其追求的是经济利益的最大化,甚至受短期市场预期驱动,过分重视局部利益;大学追求的是国家考核体制下的学术地位,从更长远角度考虑如何提升自身的社会形象;而政府往往针对经济社会的现实问题出台许多卓有成效的政策举措,但对大学与城市互动中的深层次的体制机制问题可能缺乏更多的关注。在互动的维度上,突出的内容较为单一,以经济为主,侧重在大学的科技成果转化,但是企业受短期利益驱动反而表现相对缺位,城市政府与大学成为二元的互动主体。在经济以外,各方对在社会人文生态方面的合作重视不足,流于形式化和表面化,与大学空间最近的社区以及社区组织的功能没有凸显出来,社区市民结构松散也无法组织成具有一定对接和协作能力的机构去与大学和政府建立合作伙伴关系。

(三)"大学—企业"产学研合作机制尚不完善

大学近年来在科技成果转化、知识转化方面已形成共识,认识到科技园区、企业、社区在此方面能够担当一定支撑角色,并积极投身到"产学研"沟通发展中，但是大学运行逻辑中的传统惯性以及在产学研合作中的中介服务缺失，仍使得当代中国大学与企业之间产学研合作机制建设还很薄弱。这里既有大学研发成果相对市场需求还有较大距离的因素，也有大学科研评价体系中，长期以来没有这方面的评价的原因。大学对于成就的评价体系中，对研究成果的发表的重视远高于科技成果转化，导致教师很少选择全力投入科研转化，在实践中高校科技转化和校企项目运作成功率低于平均水平。以同济大学为例，2007年的科技成果转化率只有10%左右。[1] 大学是知识创新与技术创新的原发地，很多甚至是该技术领域最尖端的突破，但是企业需求的是当前直接可以进入市场化、产品化的技术创新成果，故而在大学和企业的产学研合作中，将产业链与学科链进行直接对接却是困难的。能够帮助大学和企业打通这种对接障碍的是当前继续发展的科技中介与知识服务业机构，它们担负着大学与企业之间技术扩散与知识中介服务的功能。科技中介与知识服务业是支撑美国波士顿128公路、加州硅谷先后成功实现科教优势转化的核心因素。128公路与硅谷的科技服务业发展类型，也分别代表了科教优势转化的两个历史阶段和类型：

第一，使大学研究与企业需求对接的技术扩散与学习、专业技术服务；

第二，通过科技中介提供咨询、策划、拟订商业计划，对接风投与资本，使大学的技术创新直接进入创业。当代中国大学的科技成果与知识转化目前两个阶段同时叠加，必须同步入手。

三 泛大学社区营造：构建城市创新生态体

鉴于大学与城市创新互动发展的障碍，我们提出营造"泛大学社区"的构想，试图消解大学与城市创新互动发展的壁垒，希冀通过大学校区、科技园区、公共社区"三区联动"打通边界，实现社会化融合，在泛大学社区的柔性空间中积累社会资本，渗透注入大学的知识创新平台与创新精神，演化知识创新社区和学习型组织。在此基础上，培育扶持知识创新创业的中介服务机构，为各创新主体搭建网络，构建泛大学区域创新生态体，

---

[1] 谭震威、张希胜：《大学的城市 城市的大学——"三区"联动之同济模式研究》，《高教发展与评估》2007年第3期。

引导知识密集型产业集聚。

(一)"三区联动":融合要素,打通边界

信息化社会就是一个弹性的全球社会、网络社会,流动的空间形态与组织结构才是常态。当前大学的组织结构与城市的组织结构都应从大型层级结构向平面的混合型的网络化组织转变。然而长期以来我们的社会结构与组织边界太明显了,边界明显,就是等级、计划、壁垒对社会和组织的划分。然而社会结构作为一个生态体,结构的张力和活力的实现,则非常需要连续统的区域。边界内外确定的是既有秩序与资源分割,是各个部门、组织基于自身运行考量的资源获得、分配与使用,实现的是各个子系统的目标和价值。但是,社会整体价值的实现必须从价值创造潜力的角度重新考虑,不能仅仅依据成本考量来决定分配给教育、卫生、社会服务和社区公共基础设施的资源,而是应该依据通过知识创造价值的潜力。面对现有的边界,只有跨界才有新形态、新行为、新动力,而创新活力的产生往往就在于越界行为。

"三区联动"是一个具有中国特色的概念,最早是在2002年6月由上海紫竹科学园区、上海交通大学及其所在的闵行区委、区政府根据发展实践提出的,复旦大学及其所在的杨浦区委、区政府随后不久也提出了类似的理念并倡导建立了杨浦知识创新园区。"三区联动"是大学(特指研究型大学)校区、科技园区与公共社区(特指市的直属行政单位——区)三者紧密结合、互动发展,以大学校区为依托,以科技园区为平台,以资源在公共社区的集聚、共享、融合为抓手,形成强有力的区域创新集聚氛围的区域创新网络(见图2-2)。[①] "三区联动"指出了当代社会发展条件下,大学功能延伸的新方式和大学能量释放的新机制,对于推动城市经济发展、产业结构调整、社区文化水平提高,乃至城市功能的重新定位,都有着深远影响。

[①] 夏光、屠梅曾:《"三区联动"的内涵、机制剖析及理论演进脉络》,《科学学与科学技术管理》2007年第9期。

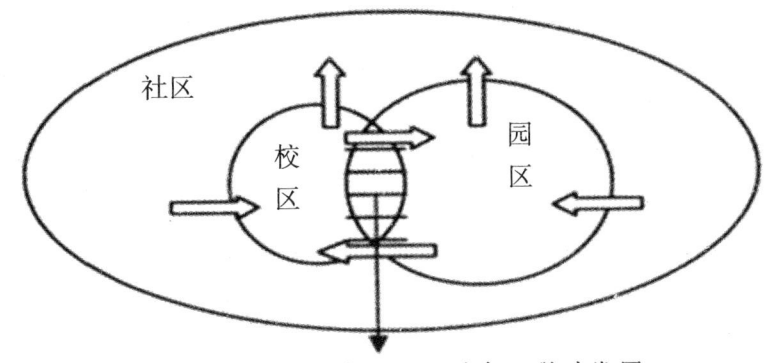

"三区联动"创新网络：三区融合，联动发展

图 2-2 "三区联动"结构图

当前的"三区联动"主要体现在对地理上紧邻的大学校区和科技园区与二者所在的公共社区之间在资源和功能上互动整合，这种整合主要通过制度性安排（如互相参股、成立管理委员会等）以及非制度性安排（如文化环境）达到，继而在三者达成的共同目标的指导下，通过资源共享、功能分工、协同发展，形成强有力的区域创新集聚，从而强化和提高各自以及整体的创新能力。但是这种融合还仅仅在于资源的整合，更加长远的考虑，应该更加注重深化"三区"的社会融合。只有大学、园区与社区（行政单位）共同融入社会，创新主体的社会活动性及其相互之间的互动，才能真正交织而成平面的、网状的创新元集合。进而创新网络与创新环境处于一种联体发展的互动状态，二者的交融共同构成区域创新的大系统。[①]

（二）社会资本积累：演绎知识创新社区与学习型组织

营造泛大学社区的过程，一方面是在资源共享上表现为大学校区与科技（产业）园区、公共社区融合发展的过程，另一方面则是一个全新的区域社会资本的积累和创造过程。林南教授在《社会资本——关于社会结构与行动的理论》一书中，将社会资本定义为"在目的性行动（Purposive action）中获取的和/或被动员的、嵌入社会结构中的资源"[②]，是一种通过

---

① 王缉慈等：《创新的空间企业集群与区域发展》，北京大学出版社2001年版，第7页。
② 林南：《社会资本——关于社会结构与行动的理论》，世纪出版集团、上海人民出版社2005年版，第28页。

社会关系获得的社会资源，包含其他个体行动者的资源（如财富、权力、声望和社会网络等），个体行动者可以通过直接或间接的社会关系获取它们。从经济社会学的视角来看，知识经济与知识资本的概念直接涉及"嵌入式"的概念（基于 Granovetter 的提出的概念），知识与创新活动并不是在缺乏社会联系的真空中被创造、培育和传播的，而在本质上与特殊的、适当的社会资本相联系，与新的组织形式的出现相联系。一个网络社会或者网络组织中的联系、关系以及相互作用越多，将要出现的潜在价值就越高。

大学在城市区域创新体系中的功能，表现在对区域知识创新发展提供创新源和人力资本支撑上，这是大学对于区域创新的技术支持层面，更为重要的是通过大学尤其是营造泛大学社区来积累区域社会资本，社会资本通过社会网络可以促进技术创新中的隐含知识的传播，同时创新追随新智力集聚，从而改造区域的社会文化发展，引导学习气氛和知识创新意识，让大学的知识创新精神对于区域创新文化、创新氛围的建设的作用进一步显性化。而被大学知识资源注入活力的社区将不再是简单的热闹的街区，而是富有创意和知识底蕴、具有极高商业价值和广阔创业空间的社区。打通文化隔离和文化孤岛局面的泛大学社区，不仅提供区域知识传播组织与技术交流的公共设施，为区域内各种创新主体提供一个更广泛的共享技术平台、知识平台。更为重要的是，泛大学社区的营造还为区域知识创新、科技创新、管理创新人才互动搭建社会网络，凭借师生关系、同学关系、同辈群体、校友关系等他们更加容易开展各种创新合作。此外，泛大学社区的营造还有助于为区域的创新活动提供一个社会交往的载体，让区域内的技术人员通过参与大学举办的各类讲座、论坛、工作小组、专题项目组甚至正式的基金研究课题，形成不同组织内部、组织之间的"研究型学习 + 参与式科研 + 团队化实践"。

快速发展的集体学习活动，在不同行为主体之间建立正式学习关系和非正式学习关系，将有助于打破企业内部学习的组织边界，扩展学习的维度，促进区域内知识技术的流动、传播和扩散，加速了新产品的开发，提升了学习的广度，同时，不同行为主体之间的合作，随时间逐渐形成相互依赖、相互信任的社会关系，专业化分工使得不同行为主体专注于某一特定的研究领域，提升了集体学习的深度。总之，集体学习是在不同行为主体互动的过程中进行的，但反过来又通过学习过程和效果改善了不同行为主体之间的互动关系，推动形成更紧密、高效的网络关系；集体学习加速了创新网络中知识的流动与整合，知识在网络内的迅速扩散和新思想、新观念的迅速采用，使创新网络内部的合作更紧密。

（三）中介服务与网络搭建：培育知识密集型的产业集聚

泛大学社区的营造与社会资本的积累，为区域的社会组织结构发展带来更多扁平化、混合化因素。这种社会组织的网络化、弹性化，对于知识创新与知识资本的形成有着重要的潜在价值。知识密集型产业的基本特征是生产过程的非线性、资源利用的混合性以及价值的深度不确定性。因而，发展强有力的无形资源对大学、城市来说是一个核心问题，它对于社会组织、公共组织来说也是至关重要的。

知识密集型企业的创业与成长除了来源于大学的知识溢出，还依赖于各类专业中介服务机构的介入。而这些中介服务与网络搭建的内容，恰恰是大学校区所在的社区或园区可以为大学知识创新与知识溢出转化所提供的最重要的服务工作。因此，社区和园区不能局囿于提供外围支撑（后勤保障、社会化服务、创业空间），必须转变"物管""房东"的角色，瞄准对大学知识创新的增值服务内容。在知识资产开发的过程中，相对于有形硬件的配套，知识服务的过程将使知识价值得到更大的提高，与此同时还将极大提升物业的价值。从这个意义上说，泛大学社区营造中的社区、园区，必须大力发展和引进科技中介服务组织，重点培育和支持一批民间科技服务中介机构，加快发展各类风险投资咨询机构、各类信息服务机构和各类评估机构等，尤其是要发展促进科技成果转化的中介机构，鼓励各种服务与科技、教育和经济互动的经纪人组织的发展。

专业的机构、大学、企业、中介组织、政府、社区尤其是泛大学化的社区联动成长起来之后，在泛大学社区将形成区域知识资本，经由产学研结合形成创新生态体，会形成相应的知识密集型中小企业网络，再经过竞争、分工、重组，甚至形成基于优势知识创新资源的产业集群。如此，泛大学社区的营造与区域创新生态体的演化，将成为城市创新网络上的重要节点，通过与城市创新系统中其他子系统的交流和合作而紧密结网，使创新思想在城市创新系统内更广泛的地域发生聚变和裂变，进一步增强城市的知识、人才、技术和文化储备，增强城市的知识运用能力和创新氛围的形成。

第三节 区域科技人才创业创新服务体系的搭建

一 科技人才创业与区域发展

（一）科技人才创业有助于区域转变经济增长方式，实现可持续发展的要求

经济发展方式，是指推动经济发展的各种生产要素投入及其组合方式，其实质是依赖什么要素、借助什么手段、通过什么途径、怎样实现发展。[①]一般将主要依赖于土地、劳动、资本投入的方式称为粗放型经济，其主要特征是规模扩张；而将主要依赖于技术进步、结构优化、制度创新的发展称为集约型经济，主要特征是效益最大化。当前传统的经济发展方式面临严峻挑战，经济发展方式转变势在必行，区域转变经济增长方式就是要实现由粗放型向集约型转变，以实现可持续发展的目标。要使经济结构调整取得明显进展，就必须加快产业结构优化升级，完善现代产业体系。要完善现代产业体系，就必须加快科技成果向现实生产力转化，运用高新技术加快改造传统产业，大幅度提高传统产业的科技含量，同时瞄准国际科技和产业前沿，加快发展战略性新兴产业。在知识经济时代，科技人才是知识技术扩散的最重要途径，在推动一国或某一地区新兴产业发展和产业结构的优化升级中起着重要作用。推进高层次科技人才创新创业，是带动产业转型和技术升级、支撑重点产业振兴和经济长远发展的战略性举措，是促进经济增长方式转变、构建区域发展新优势的必然要求。

（二）科技人才创业对区域自主创新，实现创新驱动的重要性

改革开放三十多年来，国家虽然在经济建设和科技发展方面取得了长足进步，东部先发的区域由于承接国际产业转移，在发展水平上已经开始接近中等发达国家水平。通过成为"世界工厂"，东部区域快速推进产业化与工业化进程，在技术转移与扩散的路径上，大多秉承了"市场换技术"

[①] 肖林、马海倩：《"十二五"上海要全面推进结构调整和发展方式转变》，《科学发展》2010年第1期。

的逻辑。但是出让市场只是提供了获得某项技术的可能，而且即使获得某项技术也不等于能获得该项技术的开发能力，指望通过出让市场换来本土企业技术创新能力的根本性提高，这在某种意义上只是一厢情愿，而且用市场永远是换不来核心技术的。在核心技术方面我们与欧美发达国家相比还有相当大的差距，还缺乏真正意义上的核心竞争力。真正的核心技术只能依靠自主创新，自主创新能力才是竞争力的核心。党的十八大报告强调："提高自主创新能力，建设创新型国家"，并明确要求坚持走中国特色自主创新道路，把增强自主创新能力贯彻到现代化建设各个方面。自主创新能力决定一个国家、一个地区的核心竞争力。而科技进步和创新离不开高水平的科技人才和科研团队，科技人才是科技进步和创新的主体力量，是提高自主创新能力的关键所在。因此，发挥科技人才在推进自主创新过程中的主导性作用至关重要。国家、城市、区域要实现自主创新能力的提升与高新技术产业高速度、大规模、跨越式发展，就必须打破当前科技人才引进与流动的传统模式，制定与未来发展战略相适应的科技人才培养规划，优化创业政策环境，最终实现科技人才创业与自主创新的互动效应。

（三）科技人才回流创业，有助于区域发展实现网络能级跃升

欧美发达国家长期以来一直是科技人才的主要迁入地，但是近年来的全球金融危机以及金融危机带来的经济形势的持续不稳定，全球人力、知识等要素流动缓慢，区域化、地方化趋势增强，全球人力资源流动（劳工、科技人才）等因为保护本国就业而萎缩。受就业机会、生活质量和移民入籍等问题的影响，许多前往国外寻梦的科技人才开始选择回国创业。国内大城市开始成为国际科技人才（同时也是高水平人力资源）回流的主要承接地，这对于跨越式提升人力资源结构，乃至技术开发升级，都是重要的机遇。这些城市和区域拥有了营造面向全球生产网络的"K链接"（K-linkages）的可能性，逐步形成国际性科技创新活动集聚地特征。[1]这种由全球化所引发的人才流动，将导致科技人才在全球化—区域化—地方化形成新的相互竞合的共生关系。而其中关键在于通过知识产权保护和科技人才发展环境营造，使得科技人才以及附着其上的知识回流稳定化。当前空间的集聚力正在更多地受到"K链接"即知识链接的影响，"K链接"

---

[1] 周蜀秦：《基于特色竞争优势的城市国际化路径》，《南京社会科学》2010年第11期。

不仅能够带来知识和信息的外溢，而且还能够通过不同人群之间的知识联系而产生创新，并生产具有区域特色的科技创新产品，参与全球市场的竞争，形成一个全球—区域—地方的联结体系。事实证明，区域竞争中愈是知识密集的产业愈会留在特定区域，而可标准化大量生产及生产要素、易被取代的产业则成为首要外移产业。美国硅谷为全球科技人才构建了一个区域创新创业的天堂，全球科技人才趋之若鹜，台湾新竹工业园区的建设导致大量科技人才汇聚。因此，通过建立区域科技人才、知识可持续发展战略框架，出台专项的国际化人才链接、吸附、营销政策，整合政府、企业和社会资源，制定和完善有利于引进国际化高层次创新创业人才的配套政策，将是区域联结至全球，并获得网络能级跃升的关键所在。

二　区域科技人才创业的现状

（一）体制与政策层面，科技管理体制机制惯性的束缚

长期以来我们的科技管理体制与单位组织边界划分很明显，边界明显，就是等级、计划、壁垒对社会和组织的划分。边界内外确定的是既有秩序与资源分割，是各个部门、组织基于自身运行考量的资源获得、分配与使用，实现的是各个子系统的目标和价值。科技创新的主体集中在大学与科研部门，企业发展、市场经济长期与科技管理工作相互割裂。这导致目前科技创业型企业数量和规模都不大，科技创新与产业发展、市场互动呈现二元格局。大学与科研部门是知识创新与技术创新的传统原发地，很多甚至是该技术领域最尖端的突破，但是如果要创办企业，企业需求的则是当前直接可以进入市场化、产品化的技术创新成果，要将市场产业链与科研学科链进行直接对接是非常困难，也是不现实的。大学、科研机构往往是"自己什么强就研究什么"，而市场则关注科研成果能否带来市场前景和收益，两者之间缺少共同价值取向。面对体制性的边界，科技创新与创业作为新生的社会生态体，必须实现跨界生长，才能突破制度束缚。

（二）社会文化层面，科技人才创业氛围不浓

创业氛围是创业环境的重要组成部分，一般所谓创业环境指的是影响创业活动的文化因素、政治因素、体制因素、政策因素以及其他经济社会关系的因素，其中又可以划分为直接由显在和潜在创业者自身因素决定的内生环境和不直接受创业者行为影响的外生环境。可以把创业氛围理解为特定区域范围内人们的创业意愿、创业冲动和创业行为的整体状态。具体到科技人才创业氛围上，目前导致科技人才创业氛围不够浓厚的原因有两个方面。一方面是科技人才的创业志向与创业意愿不强。长期以来知识分子作为一个特定的社会阶层而存在，与商人或是企业家群体有着相对明确的阶层差异。科学家与企业家之间有着不同的身份认同，科技企业家群体往往既不被视为科学家典型也很难被划入商界大鳄。因而在科技人才的价值导向上，"做老板"还是"做教授""学界认可"还是"市场认可"一直没有处于一个平等的关系上，"下海"通常被认为是无奈之举，带来大学和科研部门的气质是学究气重、商业性弱，重学术价值、轻商业价值。另一方面是社会整体环境的知识产权意识不强与知识产权保护缺位，这往往导致技术创新、知识创新与市场价值的实现并不对应。通过抄袭、剽窃、恶性模仿别人的知识产权，牟取市场利益的行为，不仅直接伤害了科技人才创业创新的市场利益，更恶劣的是对市场秩序的破坏，极大地伤害了那些埋头苦干积极创新创业的科技人才的热情。从这个意义上说，我们不仅要认识科技创业的重要性，更要保护科技人才创业的积极性，必须加强保护知识产权的宣传力度与法制建设。只有加强对知识产权的法律保护力度，才能使科技人才安心创业，才能进一步激发各类科技人才的创业激情。

（三）经济与产业层面，科技创业的专业化服务缺失

从目前的发展情况来看，在城市和区域整体统筹层面的科技与产业互动的完整体系尚未建立。大多数地区的区域科技创新体系仅仅停留在产业链条转移，或者培育和发展区域特色优势产业之上，未能形成统一的科技与产业良性互动体系。区域科技产出与产业分布的空间竞合关系尚未形成，大区域范畴下的区域创新体系仍处于萌芽阶段。如此一来，则无法体现整合性的科技竞争力，产业分布零散，科技创业仍然处于粗放、散乱，甚至带有主体恶性竞争的状态。如何将区域的产业体系与科研实力优势整合统筹、优化组合是能否形成促进科技创业经济环境的关键所在。在当前的各个区域的经济比重中，支撑科技人才创业的功能性服务业比重都很低，这将很难满足科技人才创业在科技金融服务、商业咨询、营销策划、评估鉴定等方面的服务需求。以科技金融服务为例，对于当前绝大多数的科技创业企业而言，融资渠道单一、政府扶持门槛高、银行贷款难度高、程序复杂，以及资本市场不成熟，缺乏正规的实力雄厚的风险投资公司均导致了

科技创新型企业融资难的问题。融资环境与渠道的不健全直接影响到科技创业企业的进一步成长，甚至会影响到其正常发展。由于帮助和支持科技人才创业的市场服务功能不充分，还形成了科技创业企业"技术创新强、市场营销弱"的现状。大多数科技创业企业在起步期和成长期一般均呈现出技术主导的特征，重视技术改进创新和产品开发，与之相应的技术商业化、营销、公关能力等则很难得到应有的发展，速度与能力的差距容易使企业陷入盲目追求产品开发速度，其成长曲线呈过山车式，没有足够的后备力量以支撑企业高速发展，往往造成企业在急速发展之中失衡失控，偏离营销目标，营销资源枯竭，资金链断裂，没有风险规避能力。

三 区域科技人才创业服务体系的建设战略

（一）重构制度环境，出台适合并促进科技人才创业的政策设计

制度环境是指对提升地区竞争力有影响的一系列制度或制度安排所构成的有机整体。围绕区域科技人才创业，应当营造科技人才资源市场化配置的制度环境，充分发挥价格机制、竞争机制和供求机制的基础性配置作用，在市场竞争秩序、人力资本参股、知识产权维护、商业机密保护、创业融资渠道、人才诚信流动六个方面强化制度建设，形成有利于科技人才创业创新的良好制度环境。鼓励地方政府尝试建设科技人才创业特区，旨在冲破制度惯性，在永久居留制度、技术移民制度、国际薪酬定价机制、国资投资退出机制等方面先行先试，大胆探索建设适合国际性科技人才，尤其是吸引海外高层次科技创业人才创业的制度环境，构建区域科技人才创业生态体，并形成示范效应。在科技人才创业政策设计上，政府要树立开放性和竞争性原则。既考虑区域内部科技人才状况，也要把握国际科技人才竞争的态势，了解发达国家科技人才政策状况，使政策设计具有国际竞争力。在促进科技人才创业上，政府必须以公共产品和服务提供者的身份出面协调和整合科技创业创新资源。围绕科技创新创业优势而产生的创业企业集群在初始阶段往往具有自发性特征，随着进一步发展，在物理空间拓展和创新政策完善方面，市场失灵开始显现，需要政府以公共产品和服务提供者的身份出面协调和整合创新资源。例如上海杨浦区就做到了"三个舍得"：舍得腾出最好的土地支持大学就近就地拓展；舍得把好的商业和地产项目让出来建设大学科技园；舍得投入人力、物力整治和美化大学周边环境。在持续的公共政策与服务体系建设上,政府必须建立完善面向科技人才创业创新的持续性完备化政策体系与服务体系。这是一个不断发展、不断优化、不断完善的公共政策体系,只有构建形成城市公共创业服务体系,才能持续服务科技创业企业,解决企业发展中的各种困难,让科技人才的创业实践事半功倍。

(二)加速科技中介服务业发展,尤其是科技金融,搭建科技创新成果与产品市场桥梁,创新创造科技人才创业的商业模式

科技中介是市场经济条件下合理调配科技资源、整合各类专业知识、在市场各主体之间、要素市场之间建立沟通桥梁,帮助科技人才创业,促进科学技术转化为生产力的重要机构。科技中介服务机构的功能作用体现在:①从科技人才创业的需要出发,在更大的范围内获取信息、通过筛选、加工等操作帮助用户实现创新要素的优化配置,以提高其创业能力。为科技型中小企业提供经营策划、管理咨询、融资渠道、人员培训、形象设计等专业化服务,以减少信息不对称对小企业造成的经营风险。②建立中间转化渠道,有助于对产业技术创新进行筛选、促进科技成果转化、帮助孵化出更多具有发展潜力的新企业。③建立专业性或综合性的要素市场(如技术市场、人才市场、风险资本市场、产权交易市场),实现生产要素的优化配置。④科技中介服务中的评估机构、资格认定机构和行业协会、商会组织除了代表自己职业协会和机构的利益外,还承担了由国家认可的资格审查和对市场监督与调节的任务。

借鉴西方发达国家的经验,我们在构建科技中介平台时,要抓住以下五种科技中介服务机构组织形式:①建立官方科技中介组织。②建立半官方性质的联盟和协会组织。③建设特定领域的专业服务机构。④设立大学里的技术转移办公室。⑤推动科技企业孵化器的形成。通过五个方面的建设,逐步构建区域风险投资中介、技术转化中介和行业联系中介三位一体的科技中介服务体系,搭建适合区域科技人才创业的服务平台。[1]

---

[1] 曾刚、丰志勇、林兰:《科技中介与技术扩散研究》,华东师范大学出版社2008年版,第38页。

表 2—2　　　　　　　不同类型科技中介运行模式比较[1]

类型	功能	服务内容	利润来源	典型代表
交易平台	沟通	信息交流与洽谈所需的硬件设施；信息的收集、处理与发布、信息咨询等	中介报酬	技术市场
转移代理	评估、协调	法律咨询服务；管理咨询服务；技术评估服务；技术咨询服务等	转移代理的差额利润	生产力促进中心
技术孵化	协助实施、经营	提供硬件设施与政策优惠；提供信息交流、人才交流和管理咨询；提供技术咨询、法律咨询以及融资渠道	房租、各种服务费、资本收益、品牌收益	孵化器

（三）加强对科技型中小企业的创业辅导，构筑科技人才的创业网络与社会资本

科技人才创业型企业的特点是高管团队往往呈现出明显的技术导向型，因而必须要有针对性地对科技人才进行创业辅导，促进科技创业企业的成熟。由于科技创业企业起步时绝大多数为中小规模，专职雇用职业经理人，特别是高层次的职业经理人才，投入成本较高，经济上并不划算。针对这部分科技创业企业，可考虑提供更有针对性的辅导。这种辅导不是以学科教育为主要目的，而应特别注意专业化与职业性辅导的完整效果，尤其包括战略思维能力、市场分析技能、投融资技能。此外，通过特定环节的辅导，还能在创业者的社会资源、人际关系资源等方面提供帮助，这对于中小规模的创业企业来讲，创业网络的构筑，其重要性将非常关键。科技创业企业的"弹性专业化"（弹性专精）特征则决定了为他们构建中小企业网络的重要性。弹性专业化要求科技企业之间能够形成合作、信任和社会整合的网络关系，以此构建具有创新能力的优质空间。所谓创新，

---

[1] 曾刚、丰志勇、林兰：《科技中介与技术扩散研究》，华东师范大学出版社2008年版，第38页。

是一种企业与基础科技公共建设、企业内部不同部门、生产者与使用者等的内部互动成果，各方之间交换信息，通过知识密集的研发，使产品的成本降低功能提升，创造新的高附加价值。美国硅谷的兴起与128公路的没落，关键就在于生产与组织是否能够在一个固定有形的空间场域，配合当地社会制度文化以及未来科技产业的发展，形塑出一个具有代表性的创新区域形态。企业通过社会网络分享共性知识，不仅可避免单枪匹马的风险，也可使研发更具效率。在区域性科技创业企业的社会网络内部，应特别强调学习机制的交流及知识载体的流动，强化企业、政府、高校科技人才之间的互动与学习，模糊化企业与实验室的界限。同时，社会网络必须具备开放性，才能具有创新形态，并有助于创新创业企业获取产业、市场、相关技术领域、商业模式优化、创新创业管理等方面的信息与资讯，同时减少企业间存在的信息不对称，加强企业间信息交流与共享，促进企业通过建立新的合作模式达到降低成本、提高产品质量、加速技术开发、优化商业模式等目的。

（四）营造全社会"宽容失败、尊重创业"的文化氛围，扭转城市与区域的文化属性与品格调性

科技创业往往与风险相伴而行，需要营造一种鼓励创业创新、尊重失败、积极向上的开拓性区域社会文化，以形成不畏风险、勇猛精进的良好氛围。宣传各层各级、各行业科技人才创业的成功经验和典型案例，重点关注和扶持国际化高层次科技创新创业人才中涌现的典型代表，积极打造适宜科技人才创业成长的环境和氛围，营造全社会关心、支持科技人才创业的舆论环境。硅谷的重要特色就在于它具有鼓励冒险、宽容失败的价值观念，崇尚"It is OK to fail"（败又何妨）的理念，没有创新就没有硅谷。只有在这样的文化环境中，科技人才才能放开手脚地开拓工作，从而使得潜力得以最大限度的发挥。在全球化时代，区域本身应成为知识创造和学习、创业尝试与体验的焦点，因而文化氛围必然是该区域的关键要素。同时，创业意识、创新学习并不只是包括研究机构、产业以及政府配套服务人员，任何一个在此区域中的人们，都可以成为创业创新的知识来源与动力来源。应充分利用大众传媒，大力宣传创业精神，传播创业文化，大力宣传创业者的事迹，使更多的人从身边人创业故事和成长经历中受到启迪和激励。在整个区域范围内，营造"人人能创业、人人能成才"的社会文

化属性，形成"创业光荣、宽容失败"的社会氛围。

第四节 城市共性技术研发服务体系的建设思路

随着全球新一轮技术革命的兴起，共性技术研发已成为世界各国科技竞争的焦点。我国在提升自主创新能力、建设创新型国家的过程中，也将提高共性技术研发能力放在十分突出的地位。胡锦涛在2011年3月参观"十一五"国家重大科技成就展时强调，要着力突破我国产业升级的核心技术、关键技术、共性技术。2011年工信部出台的《产业关键共性技术发展指南》，从国家战略层面将共性技术研发放在更为突出的位置。在此背景下，国内各省市也纷纷把加快推进共性技术研发作为加快科技创新的重要抓手，其中一个重要举措，就是建立以共性技术研究和服务为核心的产业技术研究院，推动官产学研结合。例如，北京市政府与清华大学共建北京清华工业技术开发研究院；陕西省政府牵头，依托西安交通大学、西北工业大学、陕西科技大学等高校，组建了陕西工业技术研究院、西北工业技术研究院等6个产业技术研究院；广州市分别与教育部和中科院共建了广州现代产业技术研究院和广州中科院工程技术研究院；江苏省政府通过政府出资，建立了包括昆山工业技术研究院在内的9个产业技术研究院等。

目前国内外对共性技术尚未有统一的定义，但对其在创新链中的地位和作用却有着基本共识：一是共性技术是处于基础技术与应用技术之间的技术环节，是技术基础设施的组成部分，在技术创新链中具有承上启下的作用，是将基础科学推向市场应用的第一步；二是共性技术是具有潜在市场应用价值的技术，其本身并不表现出较强的市场价值，但具有广泛用于产品和生产过程的潜力；三是共性技术是在标准化、测量技术方面的基础性研究，可以为技术研发提供标准化、测量等方面的保障和支撑。从共性技术的内涵及其在技术创新链中的地位来看，共性技术具有三个明显的特性：一是基础性；二是共享性；三是超前性。这些特性决定了共性技术研发具有外部性、公益性和高风险性的特征。因此，共性技术的研发服务具有"准公共物品"的性质,如果单纯依靠自发的市场力量,产业共性技术的研发投入将严重不足。共性技术的上述特征决定了其研究与服务离不开政府的推动和支持。因此,建设共性技术研发服务体系成为政府公共科技政策的核心之一。

2012年8月22日,前后酝酿近十年的上海产业技术研究院成立。作为上海加快建设共性技术研发服务体系的重中之重,组建上海产业技术研究院,是上海弥补创新体系短板的关键之举。虽成立没有几年,但上海产业技术研究院在应用技术创新体系建设中发挥了重大的作用,从战略规划、联合研发、成果转化、政府决策咨询,到聚焦产业共性技术以及产业链缺失环节关键环节建设创新平台,极大地促进了上海共性技术研发资源的优化配置,突破一批共性技术和关键技术,推动一批新兴产业加快发展。共性技术的研发服务具有"准公共物品"的性质,建设共性技术研发服务体系是政府公共科技政策的核心之一。

在实施创新驱动战略的大背景下,创新型城市的建设以及城市内部创新创业网络的搭建,必须加快建设共性技术研发服务体系。加快建设共性技术研发服务体系,不仅是城市提高科技竞争力和技术创新优势的迫切需要,同时也是实现创新转型与产业升级的关键所在,更是进一步深化科研体制改革必须破题的症结。

一 当期共性技术研发服务体系建设的现状与不足

(一)研发平台体系初步形成,但尚缺乏核心主体

目前许多城市已初步形成由政府、企业、大学、国家实验室及专门的共性技术研究机构等共同组成的共性技术研发平台系统,多主体、多样化的产业技术研发平台推进了城市产业共性技术发展,构成了共性技术研发服务体系的核心支撑。但现有的共性技术研发平台往往分散在各部门、系统和大企业中,条块分割、各自封闭,尚缺乏由政府设立的城市层面的公共产业技术研究院作为核心主体,将各种技术创新资源整合起来开展合作研究和跨领域研究。由于无法对整个城市的共性技术研发和应用进行统筹和协调,容易造成重复立项和重复投入,不利于重大产业共性技术的整体突破,也不利于产业技术链的协同创新。

（二）研发成果转化体系初步建立，但创新成果的产出和扩散效率不高

目前不少城市已初步形成由成果扩散、转让、企业孵化等构成的共性技术研发成果转化体系。如通过产学研一体化，由高校、研究机构围绕国家战略性新兴产业，与行业优势企业共建研发机构开发共性技术；通过共性技术成果专利转让、授权、入股、订单式开发等，促进共性技术研发成果转化、扩散；通过技术和产权交易市场促进共性技术成果交易转让等。但目前的共性技术研发服务平台，自身持续发展能力不强，再投入的能力有限，在科技成果转化中的服务模式有待改善。同时共性技术成果转化和扩散缺少合理完善的共享机制、考核方式、分配机制、激励措施，使得中小企业很难通过共性技术研发服务平台获得技术支持。

（三）研发服务政策体系正在完善，但还缺少持续稳定的资金支持

为了确保产业共性技术研发的不断提升，很多城市在不断强化人才、平台、企业等方面的政策环境营造，初步形成了从要素投入到成果转化的全流程扶持。然而，产业共性技术涉及多个技术领域，开发周期长，需要长期的数据积累和大规模的经费投入。当前，各级财政对技术创新的投入力度虽然在加大，但用于共性技术的投入不多。特别是应用型科研院所转制后，政府对共性技术研发的资金投入明显不足。同时，目前产业共性技术项目的组织往往采取项目（课题）制的形式，缺乏连贯性和稳定性，不利于产业共性技术研发能力的积累和提高。

（四）研发服务缺乏明确的产业导向，对产业技术创新支撑不够

一方面，目前无论是北京、上海乃至全国都缺乏明确的共性技术产业政策和发展战略，没有在科技战略层面上安排共性技术的研发和推广体系，造成共性技术研究目标不明确、重点不突出、导向不清晰。另一方面，产业共性技术研发的市场需求导向不明确。项目是否列入国家计划、支持力度多大，主要由政府相关人员和高校、科研机构内的科技人员评判确定，一些来自对市场预期判断的项目往往得不到支持，导致许多研究脱离企业现实需求，成果扩散面临很大障碍。

二 共性技术研发服务体系建设的国内外经验借鉴

(一) 建设公共产业技术研究机构,发挥核心主体功能

公共产业技术研究院是由政府建立,集管理、组织、研发于一体的公共机构,负责组织共性技术的研发与推广,并以之为龙头,联合各平台主体,形成共性技术研发的基本构架。例如,日本政府在21世纪初将原属于日本工业技术院的15个具有独立法人资格的国立研究机构合并为产业技术综合研究院(AIST),重点进行从基础研究到新产品开发应用之间的中间过程(即共性技术阶段)研究。

(二) 市场需求为导向,有选择地发展重点共性技术

各个国家和地区的政府在致力于共性技术平台建设过程中,均采取了非均衡的发展思路。例如中国台湾的工研院将咨讯与通信、电子与光电、先进制造与系统、材料化工与纳米、生技与医药、能源与环境六大重点领域作为主攻方向。同时为了提高研发效率,形成了主要基于市场需求和未来走向决定发展方向和重点的机制。如德国弗朗霍夫协会则通过"合同科研"合作机制来保证研究项目符合市场需求。企业就具体的技术改进、产品开发或者生产管理的需求委托研究所开展有针对性地研究开发工作,并支付费用。通过"合同科研"的方式,企业可直接、迅速地得到为其"量身定做"的解决方案和科研成果。

(三) 对共性技术研发服务平台提供持续稳定的投入支持

各个国家和地区政府普遍为公共产业技术研究院提供持续稳定的投入支持,财政定向资金支持的平均比率约占产业技术研究院年收入的1/3。通过法律对产业技术研究院的定位进行明确界定,并制定相应的政策法规,保障共性技术平台的组织形式、资金投入、成果产业化和扩散推广、后续服务等持续有效。同时普遍建立分层次绩效评估机制,将绩效评价结果与财政资助挂钩,确保财政支持的效率和公益目标的实现。

(四) 积极引导非政府组织和企业参与共性技术研发服务平台的建设

首先,根据共性技术平台研发成果的外部化程度和距离市场的远近,采取政府承担和非政府组织、民间组织分担的基本资金筹集思路。共性技术的公共品程度越高,政府资助的额度就越大;离市场应用越远、基础性越强的共性技术研究，政府承担的资金比例也越高。其次，大力引进非政府机构和风险资本，如美国加州地区的医药产业和信息产业共性技术平台建设就是主要借助于风险资本市场的支持实现的。最后，充分调动企业共建共性技术平台的积极性，如中国台湾地区在工业技术研究院的组织下，引导许多大企业进入研发平台，鼓励其对共性技术平台建设出资出力。

三　当前构建共性技术研发服务体系的战略思路

加快建设城市共性技术研发服务体系，必须进一步创新思路，大胆突破体制障碍，着力构建"多元开放、机制灵活"的国际化共性技术研发服务体系，加速形成具有持续性国际竞争力的城市创新体系。重点要坚持"四个原则"，突出"四个重点"，强化"六种保障"。

（一）坚持"四个原则"

1. 坚持顶层设计、系统改革

共性技术研发服务体系涉及多个领域，是一个庞大的系统，必须强化顶层设计和系统改革，着力构建全流程、全系统服务体系，打造形成共性技术研发服务的产业创新体制。要全面推进组织体系、决策体制、管理体制、评价机制等多项配套改革，并在组织体系和平台建设上进行重点突破。

2. 坚持政府主导、社会推进

针对共性技术研发服务容易出现"市场失灵"的情况，必须强化政府的主导地位，加大政府投入，在技术导向、政策环境、技术保护以及要素聚集等方面凸显政府的支撑作用。与此同时，要进一步强化企业作为共性技术研发主体的地位，充分发挥市场在创新资源配置中的基础性作用，鼓励多方参与，充分调动社会各方面的积极性。

3. 坚持资源整合、优化共享

针对当前共性技术研发平台封闭分散、各自为政的状况，要突破传统体制对创新资源的束缚，构建共性技术研发的统筹机制，整合共性技术研发资源，强化创新资源的聚焦、创新活动的互动以及创新成果的共享，在城市层面构建形成共性技术研发服务统筹管理、互动支撑的平台。

4. 坚持行业兼顾、重点突破

在共性技术研发与平台建设上，既要采取非均衡的发展思路，根据城市产业升级的方向和科研优势，聚焦力量重点支持关键平台建设，突破关键技术领域；又要在行业和技术领域上覆盖到南京战略性新兴产业的各重点行业和重点领域，为战略性新兴产业发展和产业升级调整提供坚实的基础。

(二) 着力突出"四个重点"

根据北京、上海、南京等城市科教创新资源丰富、高校与科研院所云集的优势特征，尝试推动多种形式的共性技术研发组织并存，建立多元化的共性技术研发服务体系。

1. 建设多层次、开放式共性技术研发服务平台体系

（1）在市级层面，重点建设由政府主导的"城市先进产业技术研究院"，以市级公共产业技术研究机构为载体的公共研发平台系统，进一步针对关系城市未来发展的支柱产业、关系经济新增长点的新兴产业和关系产业结构优化升级的高技术产业，担负起组织和推进跨领域产业共性技术和关键技术研发与推广的管理和协调职能。

（2）以高校和国家重点实验室、国家工程技术(研究)中心为载体的基础性研发平台系统，主要从事基础共性技术研发。建设制定开放实验室建设评审标准，推进高等院校、科研院所、龙头企业的重点实验室、工程技术研究中心、专业测试服务中心等科技基础设施向企业及社会开放，建设一批与城市产业应用结合紧密的开放实验室，提高科技资源整合共享的能力和水平。

（3）以企业技术中心、研发基地为代表的企业性研发平台系统，主要从事一般共性技术研发。引导建立一批有助于提升产业技术水平的产业共性技术研发联盟，通过产业技术联盟建设带动产业创新能力的提升和产业技术进步。在已建的专业技术平台中，选择建设和发展较好，并且拥有稳定的客户群的部分平台，在各自保留相应功能的前提下，以研发项目和科技服务为纽带，通过资源的整合和共享，成为产业创新链条的一个个环节，形成面向产业、既独立又联合的产学研技术联盟体系。

（4）依托转制行业科研院所组建一批代表国家级水平的产业技术研究机构，探索建立重大产业共性技术和关键技术供给的组织保障体系，以行业性科研机构、产学研平台、企业创新联盟等为代表的行业性研发平台系统，主要从事行业关键共性技术研发。结合城市产业规划布局，根据新兴产业的发展及园区分布，加大专项投入，支持重点区县（园区）建设运营

机制、建设模式科学的重大产业共性技术服务平台。

2. 建立协同化的共性技术研发组织协调方式

进一步明确共性技术的研发导向，大力推进高校、企业、科研院所、技术中心等创新组织的资源整合和优势互补。统筹协调共性技术研发相关组织部门，形成共性技术研发的推进共识和合力。争取国家和省市在共性技术研发政策和资源等方面的支持，构建部省市合作平台。强化产业共性技术研发平台的考核与督察机制，推进产业共性技术研发平台的动态调整与完善。

3. 开展市场导向的共性技术研发服务战略设计

按照城市共性技术研发的产业导向进一步明晰产业共性技术研发的领域，针对城市技术研发的重大项目进行共性技术分解、热点筛查和统筹布局。采集国内外大型或龙头企业以及重点行业在共性技术上的诉求和焦点，统筹规划相关共性技术的研发。针对共性技术研发成果的应用性研究以及提供行业检测、标准制定等服务，开展相关政策研究。

4. 建设和完善多维的服务支撑体系

建立多元化的投入支撑体系，包括政府财政资金的支持、引导体系和集聚投资机构、银行、PE、VC和风投等机构金融资源的科技金融体系。完善复合性的人才保障体系，包括共性技术研发人才、团队培养机制和共性技术研发人才奖励机制。完善系统化的公共服务体系，包括建立共性技术研发的公共实验室、中试基地等基础设施和形成激发共性技术研发的财政、税收、金融等方面的政策环境，并形成有效的奖罚机制。形成高效化的成果转化推广体系，包括技术标准推广和服务检测体系、行业技术信息服务体系、知识产权保护体系和共性技术研发成果推广体系，形成网络化的共性技术研发配套服务体系。

（三）强化"六种保障"，在以下方面采取充分的保障举措

1. 编制年度产业共性技术发展指南

建议由城市科技及产业主管部门牵头，结合城市战略性新兴产业和传统基础产业转型升级需要，在深入梳理共性技术的需要和瓶颈的基础上，联合编制和发布《城市产业关键共性技术发展指南》和《年度共性技术研发项目指南》，明确城市共性技术发展导向。

2. 加大产业共性技术研发服务的资金投入

（1）探索政府投入的新方式。对于重点共性技术研发平台，政府在一定时期内给予相对稳定的财政支持。同时，整合市级主管部门掌控的共性技术研发创新的投入资源，构建有利于协同创新的资源配置机制，提高共性技术研发的资源投入效率。

（2）扩大政府对于共性技术研发服务的投入规模。建议整合现有科技专项、科技产业化资金，并增加市、区两级财政投入，设立共性技术研发专项资金，用于支持全市共性技术研发服务体系建设。

（3）探索筹建关键共性技术研发基金。建议由政府、各共性技术研发平台、金融机构和企业等共同出资，筹建"城市产业共性技术发展基金"，用于购买"城市先进产业技术研究院"及各层次共性技术研发服务机构项目成果、信息服务、项目论证与管理服务、成果转化融资以及管理运行经费补贴等。

3. 创新产业共性技术研发服务的投入机制

探索技术风险基金模式，鼓励以大企业为主体，政府支持，联合中小企业及其他私人机构共同出资建立一定规模的研发风险基金，对预先确定的研发项目进行公开招标选择执行单位，通过专家评审确定执行单位，基金管理机构负责组织项目的评审和后评估，成果所有权归基金董事会，成果有偿使用，收益由基金组成单位分享；探索技术联合体共享模式，鼓励不同学科、不同企业、不同研究机构以及大学联合，通过专业化分工，协作进行共性技术研发，各方共担成本和风险，并共享成果。

4. 制定和完善产业共性技术研发服务的支持政策

优化市级财政资金对产业共性技术研发服务支持的统筹方式。加强协调和统筹使用各部门目前相应的专项资金，集中支持重点公共共性技术研发平台和重大共性技术研发项目。加大对产业共性技术研发成果的政府采购支持力度，实施对产业共性技术研发服务的税收抵扣减免政策。

5. 大力促进产业共性技术成果应用与扩散，实施学术成果和科技成果转化的双重评估机制

改革和完善共性技术科研项目立项和招投标方式，要求重大共性技术研发项目在立项前必须广泛征询企业意见，项目招投标必须要有企业参加。建设城市科技信息服务平台，将全市各大学、研发机构、实验室、政府部

门连为一体，形成包括信息共享、设备共享和网络共享的重要共性技术平台设施。进一步促进产学研合作，鼓励高校和企业、科研院所建立各种形式的产业研究院和联合研究中心，尝试建立"高校院所·城市产业技术研究院"，以市场为导向确定选题和立项,探索民办、公助、非营利的运作方式，加速科技成果产业化，孵化高新技术企业。

6. 完善产业共性技术研发服务的制度和法律保障

由政府相关部门对共性技术研发与服务体系中涉及的各机构组建、成立、运行提供相应的指导，对共性技术研发的经费支持与管理、研发费用使用等提出相应规范。探索制定"城市共性技术研发服务条例"，从共性技术界定、共性技术研发服务体系的定位、相关机构性质、成果扩散转化、技术政策、政府服务与管理等方面做出规定，将相关政策和举措用地方立法形式固定下来，为加快建设共性技术研发服务体系提供制度性法律保证。

第五节　大都市中心区创新生态系统的治理实践
——以南京市"智慧新街口"为案例

一　"互联、跨界、激活"：共生性社会网络的编织

如何让一个地区能够具备一种持续的繁荣能力，最重要的是如何营造一个持续创新发展的秩序。进入 21 世纪第一个十年，中国绝大多数的都市中心区的发展逻辑通常是，一般都是先靠卖地，然后商业升级、技术升级等。政府通过这种方式短期可以获得很大的利润，但再往后怎么办，这是一个很大的问题,尤其地价特别高的攀升之后。在都市中心区的商业区，出现了很不好的倾向，就是两极化。一方面是非常高端的商业，因为租金过高，带有一些文化性、公共性的商业消费无法形成。另一方面社区的商业空间，最后往往变成很小空间的、大流量、批发性、快餐性的商业入驻，整体商区环境其实是在恶化。与此同时，在都市中心区的区域，如何去重新建设新的社会秩序，是都市中心区面临的一个共性的问题。以南京市新街口街道为例，随着产业结构的变迁，该区域社会结构出现了较严重的两极化表现：社会阶层的两极化，职业分类的两极化。这里既居住着高端的生产型服务业的人员，500强的高级白领在这里，也居住着低收入的低技术劳工与临时雇佣等阶层，还有国际的，以及本地居民迁出去之后外来临时居住的居民。内与外，高与低，贫与富，黑与白，在同一片区域重新聚集。但是，其实人们的生活状态都是碎片化的，甚至互相之间文化有疏离感的，这跟原先的社会有机体和共同体解体有很大的关系。

为此，南京市新街口街道立足区域创新创业网络的搭建，尝试在社会秩序重构的过程中，重新找到区域性社会认同的焦点，即把区域内所有群体或者企业，大的小的，各种社会阶层进行排查，寻找各类主体之间是否有本地化的意义节点或者兴趣节点，并对这些点进行分类。从最迫切最有意义的点进行挖掘工作可能，采取织网的方式，通过这些点重新编制一个社会网。其实这个过程就是重新寻找社会群体共生性的过程，重建一个共生性的网络。

新街口街道地处南京主城与核心区，占地 2.0 平方公里，人口近 12 万，每天流动人口多达 20 万人次，纳税企业 12000 家，经济发展与社会治理任务艰巨。在经济社会加速转型背景之下，特别是全市大力推进创业创新主题的进程中，街道究竟该如何更有效作为？新街口街道结合自身发展的优势与特点，确立"高端、智汇、幸福"三大定位，即打造高端商贸商务，推动智汇发展，建设幸福街区；构建"激活、跨界、互联"三大机制，即激发社会活力、整合跨界资源、实现互联互通。充分发挥街道对企服务功能、创新驱动功能、人才集聚功能、幸福谋划功能，以创新工作的思路，积极推动企业发展"与产业升级结合、与区域资源禀赋结合、与市场运作结合"，全力打造"人才发现、人才交流、人才汇集"平台，着力构建"居民、企业、虚拟"三大社区，在实践中探索构建都市中心区创新创业网络的路径。

二 新街口智造：区域创业创新网络体系的治理实践

为营造街道创新创业的氛围，吸引、培育、服务并保留街道创业人才，打造有利于街道企业发展的和谐生态圈，培育发展企业，新街口街道在经济持续下滑，前所未有的困难中，全力攻坚，通过一系列生动的创新创业实践，构建了一个全新的"新街口智造：创业创新集成服务网络"。

(一) 商圈党建：开放服务凝聚企业共识

2012年3月，经中共南京市委组织部批准同意，玄武区中山路国际名品街区党委宣告成立。中山路国际名品街区是南京市高端商务商贸集聚区，云集了众多世界顶级品牌和高端服务人才。这个国际名品街区，同时也是玄武区"十二五"期间努力打造"四纵四横"特色街区的核心区域。该区域内共有1500家非公企业，还有德基广场、凯润金城、珠江壹号、汇杰广场等23幢高端楼宇，现有18家非公企业党组织，在册党员110余名。新街口街道党工委的中山路街区党委成立后，分别在德基广场、凯润金城、华利国际、汇杰广场设立党建服务站或服务中心，引导企业党组织开展项目化、菜单式活动，为企业提供常态化的党务、政务服务，让党建工作与经济发展实现互动双赢。

通过成立街区党委，将生产、企业、党员有机结合，更好地服务党员群众，用统筹的方法提高有效性，整合力量加强了基层党组织建设，用合作的精神促进了基层党建工作高效发展。在具体的实践中，一是立足"大党委"，扩大基层党组织的覆盖面。以"一委多站、一街多区"工作模式统筹整个街区党建，参与楼宇招商招租、企业招工招聘，实现楼宇、企业、党员的大覆盖。二是立足"大服务"，提升影响力，提高向心力。确保人员、场地、经费三个到位，对党员提供标准化服务、对党组织提供菜单式服务、对企业和员工提供个性化服务，将楼宇党建服务站做实做强。三是立足"大合作"，提高竞争力，推进基层党组织上新台阶。由街区党委牵头，充分发挥楼宇社区管理服务议事会、行业人才联盟等自治组织的桥梁纽带作用，促进员工凝聚起来、企业联合起来、楼宇发展起来，实现党建工作与经济发展的良性互动。

(二) 新街口智造·玄武321科技人才创业大赛

借鉴杨浦科创的经验，新街口街道将所持有的智汇大厦物业，打造成为新街口街道环东大创意设计产业带其中一环，由新街口智造企业发展公司具体运作，包含VC/PE窗口、人才银行、人才联盟、321人才申报、创业辅导、科技银行等创新创业服务平台。智汇大厦创新创业系统由创业家、创新企业、科创特区三大主体组成，集资本、智业、人才、资源于一体，深入挖掘街区金融服务业的发展优势，搭建为企业服务的创新平台，充分整合好市场、社会和政府的各自优势，成为创业家、创新企业、科技特区创业发展所需综合服务的提供者。

为更好地为人才创业服务，新街口街道利用资本、智业、人才、资源优势成功举办了两届321高层次人才创业大赛即"智造玄武·321创业大赛"。参赛人员学历层次高，参赛项目科技含量高，参赛成果转化效率高，参赛团队组成形式多样化，省市各级领导先后出席并对大赛给予了高度赞赏和充分肯定。创业大赛的举办更好地将区域科教和人才资源转化为创业发展优势；更好地使科教优势与优势创业产业良好对接；更好地发挥市场"无形之手"的作用，建立健全科技创业投融资体系；更好地将高端人才的引进、使用、安置与创业结合起来，在大开放、大融合的环境下加快推进自主创新创业。

(三) 杨廷宝故居的修缮与杨廷宝创意公社

杨廷宝先生是我国杰出的建筑学家和建筑教育学家，是中国近现代建筑设计的开拓者之一，与另一位建筑学家梁思成并称"南杨北梁"。杨老一生主持和参与了众多的建筑项目的规划设计，在中国的建筑历史上留下了深深的笔墨。杨廷宝故居位于新街口街道成贤街，由先生自行设计建造，为了更好地保护先生的设计成果，彰显故居的建筑魅力，也为进一步宣扬先生的生平事迹、学术成就和建筑学教育思想，新街口街道以故居修缮为契机，成立杨廷宝创意公社。创意公社发挥街道"东大以南，南大以东"的区位优势，联合东大和南大的建筑设计、规划设计专业和研究院，不定期邀请国际知名建筑事务所、建筑界院士名人，开展高端设计师沙龙、青年设计师公社等活动，把杨廷宝故居建设成为创意设计行业的标杆。杨廷宝创意公社发挥了大师的旗帜效应，集聚了大批创意设计人才，成为环东大创新创业孵化服务平台，加快了环东大创意设计产业发展，推动了青年企业家创业。

(四) 321创业投资主题咖啡、321人才俱乐部

为提高高层次人才的集聚度，聚焦重点产业发展，加强产业人才组织建设，尽快形成现代服务业人才高度集聚的比较优势，新街口街道牵头组建了321科技创业·投资文化主题咖啡（南京第一家创业投资主题的咖啡馆，众创空间的前身）、人才俱乐部。"321咖啡"是新街口街道为高端人才打造的交流服务平台，集科技创业与投资文化主题交流于一体。"321咖啡"致力于实现领军型科技创业人才向科技创业家的加速转变，致力于

整合政府、企业、高校、人才等多方资源。通过政府服务、咨询辅导、投资对接、创意展示、集约经营、宣传推广六大平台，为科技创业人才、风险投资人、专业化创新服务业企业提供一个O2O形式的对接、交流的场所，更好地为创新创业人才提供全方位的优质服务。在"321咖啡"，321人才可以总结创业得失，交流创业经验，学习提高公司运作、管理能力；准321人才可以获得创业咨询服务和申报指导；科技创业者和基金资本投资人可以享受休闲、娱乐、交流，让大家在音乐、咖啡和聊天中迸发创意的灵感，创业的激情。

（五）从楼宇经济到楼宇社区：新街口企业社区服务中心

新街口街道坚持"政府为基、企业为魂、社会为助"的理念，全力打造"政务、事务、党务进楼宇"的"三位一体"企业社区综合服务中心。新街口企业社区以政府的公共服务为企业社区基础服务，街道所有科室参与并协调工商税务等部门融入企业社区建设，更好地拓宽本职工作；社区企业参与自发活动，以辖区内所有企业为参与和服务主体，使得企业融入社区，共同建设社区；以专业机构完善配套项目，社区拥有TED、爱德基金等社会公益组织，德勤（中国）、法德永横等专业服务机构，为街道企业社区建设配套。新街口企业社区现有TED、MAERSK、天泉投资、金鹰等企业，世界500强企业众多。

（六）A·Xinjiekou新街口公共区域Wi-Fi免费全覆盖

为增添新街口核心圈的高端商务氛围与现代化生活品质的时尚元素，把新街口打造成"智汇街区"，更好地为企业创业服务，南京首个室外免费无线网络在新街口街道开通，核心区Wi-Fi全覆盖，真正实现了无限新街口。南京很多大商场和写字楼内部已有无线网络覆盖，可室外基本没有无线网络信号,但置身新街口网络之中,可以实现人在任何时间、任何地点，使用任何网络与任何人与物的信息交换。新街口街道以"数字惠民"为理念，致力于为居民提供便利的网络接入服务，提升公众信息化水平，提高新街口城市中心地位和品质，强化新街口街道品牌。新街口免费Wi-Fi覆盖项目对营造良好的创业商务环境，提升新街口创业商圈的现代化、国际化功能品质具有突出的作用。

（七）新·TV：新街口老百姓自己的电视台

新·TV是新街口虚拟社区的新媒体，是与江苏有线云媒体电视平台合作运行的一个"定制频道",面向新街口街道范围内居民免费收看,节目不仅包含群众喜闻乐见的社区活动,更包含了群众需要的生活信息和服务信息。新·TV 作为虚拟社区新媒体,以"说老百姓自己的事"为主题,以打造"熟人社区"为宗旨,为企业对居民宣传,企业为居民服务,企业与居民互动了一个全新的平台。在新·TV 项目中,街道与江苏广电、神州数码等更多的智慧型企业合作,在联系居民与企业的同时,也为企业提供了更多的创业发展机会、更高的创业发展平台、更优化的创业发展环境。

(八)品质·新街口 APP:基于移动互联网与商圈 O_2O

APP 是现代生活不可或缺的时尚元素,新街口 APP 移动互联网主要包括信息公告、公众出行、互动新街口、玩转新街口等板块,使用新街口 APP 移动互联网,居民可以了解新街口商圈企业商家的信息,如查找写字楼、寻找停车位,甚至预订餐饮座位。新街口 APP 的推出,提升了新街口商圈网络应用的智能化水平,加快推动了信息技术产业发展与街道发展的全面深入融合,打造了新街口核心区的"智能岛",为企业提供了智能化、高端化、品质化的创业服务环境,也为企业发展带来了更多的商机。

三 区域创业创新网络搭建的实践成效

对资源进行优化整合,创造出更大经济或社会价值是创新创业的宗旨。面对新的形势与新的任务,新街口街道挖掘资源、推动转型、实施创新驱动战略,通过创新创业人才交流服务平台、创新创业人才发现平台、创新创业人才汇集平台的打造,以高端、品质、时尚、生动的创业实践形式取得了一定的经济与社会效益。

(一)街区商务环境优化升级

在科技创业特别社区建设、科技创业家培养、科技创业企业上市辅导、科技创新创业平台共建、科技创业投融资体系建设等计划的引领下,新街口街道开创了技术新路径、商业新模式、产业新质态,引进了一批世界 500 强和中国 500 强企业及研发机构。新街口紧盯"高端、高新"两大主攻方向,突出发展高品质服务经济和高知化创意产业,商圈版图加速催变。随着德基二期的开业,国际一流品牌纷纷集聚,新街口东北象限正成长为品牌集聚度最高、地均集约度最强的"第一商圈"新旗标,一个全新的高端新街口以其品质化、国际化的商务环境正吸引着越来越多的高知化企业集聚。

（二）街区发展要素全面激活

"新街口智造"依托人才交流服务平台、人才发现平台、人才汇集平台，使街区企业实现智慧型增长。尽管近年来经济形势不景气，房地产、外贸类企业普遍大幅下滑，但金融投资、物流中介等高端现代服务业以及科技信息、文化创意等高知化产业仍然逆势上扬。2012年1—9月，新街口街道全口径前200户共产生税收9.86亿，约占企业总税收的81%，同比增长10%。其中，商贸业税收占27%，同比增长20%；文化创意业税收占19%，同比增长22%；科技信息业税收占8%，同比增长21%，街道企业自身得以发展。街道以新街口智造企业社区为平台，深化与德勤、毕马威等从事金融投资、人力资源服务的世界一流专业机构的合作，探索构建了政府搭台引导、企业服务企业的市场化新模式，企业—企业相互通融。新街口街道成立中山路国际名品街区党委，为街区企业提供政策指引，打造亲商服务型政府形象，加强社区—企业联动。整个街区社会得以激活，实现了新街口街道智慧型增长，社会满意度提升。

（三）街区封闭运行模式打破

新街口街道以"互联、跨界、激活"为目标，打破传统社区封闭模式，中山路国际名品街以敞开式、步入式街区为定位，打造分散化、体验化、个性化、小众化的公共文化休闲街区。原有封闭社区熟悉的陌生人互联到一起，成为高品质熟人社会的居民；街区企业跨界服务，满足不同层次、多层价值居民的需求；居民、企业、政府、社会激活，封闭社区被完全打破。同时，街区封闭模式打破使企业得以进驻。街道创新设立"企业社区"，以经济型楼宇为依托，使聚集在一定区域范围内的企事业单位和利益相关者共同组成经济社会共同体，将传统社区服务理念移植到楼宇经济，把单位员工变成"居民"，把"企业找服务"变成"政府送服务"。

（四）区居民幸福感提升

新街口街道以高端品质的国际街区、时尚前沿的现代生活、休闲惬意的文化氛围、全心全意的政府服务、无微不至的大管家服务让街道居民幸福感油然而生，也让来此的居民感受到新街口居民的幸福。即使是这样一个现代化街道，弱势群体同样存在，街道加强居民社区和企业社区的互动建设，积聚和发动驻区企事业单位力量，扶持社区弱势群体。先后启动了"慈善一日捐、济困送温暖"和"迎新春·送温暖"等系列活动,得到江苏省粮食集团、江苏省保险大厦、南京市邮政局等40余家企事业单位的大力支持,共募集善款128860元以及价值45750元的爱心物资,救助了辖区的千余户困难家庭,让社区的弱势群体也同样感受到温暖,感受到幸福。

结　语

新街口街道创新创业模式是提升生活品质、加快发展的实践,更是挖掘资源、推动转型的探索,创新发展了"新街口智造"府校合作的全新模式,全力打造了高校科技成果与企业对接的全新平台,探索走出了亲商、务民的街道发展道路,对处于徘徊中的全国街道发展具有积极的借鉴意义。

结合街道经济状况,创新提出了创业人才"服务、发现、汇聚"三大平台,创业环境"产业升级、企业升级、片区升级"三大目标,创业载体"高端、高新"两大方向。

结合街道文化状况,创新提出了打造符合创业文化的国际名品街区、新·TV、新街口APP等文化元素。结合街道社会状况,创新构建为创业服务的"环东大创意设计产业带"、企业社区。结合街道综合状况,创新提出"互联、跨界、激活""高端、智慧、幸福"的科学定位,致力于走出一条创新、文化、品质、绿色、幸福的街道创业发展之路。

多方联动,重在机制。新街口街道在创业发展过程中,通过政府、企业、社区多方联动,形成了良好的互动型创业发展机制,机制以"互联、跨界、激活"为灵魂,将政府、企业、社区、居民联系到一起。在联动机制作用下,政府为企业创业提供发展平台,社区为企业进驻打开封闭模式,居民为企业发展提供动力,共同形成"政—企—社"多方联动机制,使区域的创新创业发展更具稳定性。

第三章

国家中心城市：
战略目标定位与创建路径

国家中心城市是一国内发展水平最高、联系国内外的重要门户，代表国家参与国际竞争与合作的最高端城市或核心城市。随着我国工业化、城镇化的推进和国际化程度的不断加深，在我国的新一轮区域发展中，"国家中心城市"的地位和作用受到广泛关注。"国家中心城市"的规划和建设被提到国家战略层面，和国家主体功能区的建设、区域一体化进程是紧密相关的。从国际视角来看，中国在成为世界第二大经济体之后，作为现代服务业和先进制造业重要载体的大城市、大都市区的核心竞争力的提升，正在提上日程。我国要在全球城市体系中具有控制力和话语权，必须打造具有全球性的、国际性的国家中心城市。南京作为中国东部地区重要的门户城市，是"长三角核心区"与"中西部片区"的衔接点，也是沿海经济带和长江经济带"T"形发展战略构架的重要支撑点。在国家层面的"一带一路"、长江经济带战略背景下，区域的协调发展、大中城市的协同发展、城乡一体化的进程，都需要国家级、大区域性和地区性的国家中心城市来带动和辐射。本章研究通过对国家中心城市内涵的界定与类型划分，在广泛借鉴国内外重要国家中心城市成长的经验基础之上，以南京为案例，研究南京作为国家中心城市的国家战略定位可能，并结合南京自身的发展特色，提出南京构建国家中心城市的战略路径与战略举措。

第一节 "国家中心城市"内涵界定与功能认知

国家中心城市,是指某一国内发展水平最高,联系国内外的重要门户,能代表国家参与国际竞争与合作的高端城市或核心城市。对内,国家中心城市要能引领国家、区域发展,它是一国城市最高发展水平的代表,在经济发展、社会进步、文化繁荣等方面引领国家发展;对外,国家中心城市是国家参与世界竞争的核心载体,是一国参与全球竞争与合作的主要载体,起着衔接国家其他城市和地区与世界联系的桥梁、纽带作用。从发达国家的发展历程看,发达国家都很重视国家中心城市建设,如美国有纽约、旧金山等十多个"国家级城市",并把全国划分为300余个都市区;法国、英国、德国、意大利,基本上把人口在30万—50万的城市作为"国家中心城市"建设,并给予相应的授权或资源配置。如德国法兰克福是金融与交通中心,慕尼黑是工业中心,汉诺威是会展中心;美国的亚特兰大、路易维尔、洛杉矶、底特律等都各有分工,国家资源分别进行相应配置。

我国国家中心城市概念的首次提出是在2007年。2007年,当时的建设部上报国务院的《全国城镇体系规划(2006—2020年)》中,首次提出"国家中心城市"的概念。该规划中提出我国城镇化水平到2020年将达到56%—58%,城镇总人口将达到8.1亿—8.4亿人。在"多元、多极、网络化"的全国城镇空间结构中,"多极"指不同类型、不同层次的城镇群和中心城市,由国家中心城市、区域中心城市、地区中心城市、县域中心城市(镇)构成的中心城市体系是"多极"的直接载体。按规划定义,国家中心城市的基本特征有两个:一是其在全国层次的中心性;二是在一定范围的国际性。从"国家中心城市"的外延来看,象征性、标杆性、示范性等是其外延特征,从其内涵来看,国家中心城市涉及更多的是城市职能(功能)、城市在区域中的地位和作用等城市发展核心要义。国家中心城市的职能作用主要体现在以下六个方面:国际经济贸易与交流合作、全国性市场建设、城镇化发展、交通与信息网络中心组织、文化事业发展和全国体制改革。国家中心城市功能和竞争实力主要表现在综合经济能力、科技创新能力、国际竞争能力、辐射带动能力、交通通达能力、信息交流能力、可持续发展能力七个方面。

从国家中心城市的基本职能看，国家中心城市具有内、外两项基本职能。对内，它是一国城市最高发展水平的代表，在经济发达、社会进步、文化繁荣等方面引领国家发展，是一国的"首善之区"。对外，它是一国参与全球经济循环的主要载体，是国家和地区经济全球化过程的重要平台，起着衔接国家其他城市和地区与世界联系的桥梁、纽带作用。从国家中心城市的概念内涵来看，"国家中心城市"带有一定的行政色彩，是一国范围内主导国家经济社会发展的核心城市。国家中心城市是全国城镇体系中的核心城市，是我国金融、贸易、管理、文化中心和交通枢纽，也是发展外向型经济和推动国际文化交流的对外门户，已经成为或将要成为亚洲乃至世界的金融、贸易、管理、文化中心城市。

2007年的《全国城镇体系规划（2006—2020年）》（上报稿）提出，北京、上海、天津、广州四个城市为国家中心城市，这些城市对应我国经济社会最发达的京津冀、长三角、珠三角三个城镇密集地区，对所在区域具有广泛的辐射影响力，同时也是我国参与全球竞争的核心空间地域，是国际交往的门户。此后，2010年出版的《全国城镇体系规划（2006—2020年）》，根据我国加快中西部地区发展的实际需求，将重庆纳入国家中心城市。重庆作为内陆地区的国际化门户和新兴市场中心，在推动西部地区工业化、促进城镇化平稳健康发展方面发挥重要作用。至此，我国确立了五大国家中心城市。

表 3—1   五大国家中心城市发展优势及特色

中心城市	区域位置	城市优势
上海	东部的中心	中国第一大城市，是中国大陆的经济、金融、贸易和航运中心，拥有中国最大的工业基地、最大的外贸港口
北京	北方地区和环渤海地区的中心	全国政治、经济、交通和文化中心，全球拥有世界文化遗产最多的城市
天津	北方地区和环渤海地区的中心	我国北方的经济中心，国际港口城市，位于环渤海经济圈的中心，我国北方最大的沿海开放城市，我国北方的海运与工业中心，天津滨海新区被誉为"中国经济未来第三增长极"

续表

中心城市	区域位置	城市优势
广州	珠三角地区的中心	我国华南地区第一大城市，华南地区政治、经济、科技、文化中心，是我国最重要的交通枢纽之一
重庆	中西部的中心	我国长江上游地区经济和金融中心，内陆出口商品加工基地和扩大对外开放的先行区，我国重要的现代制造业基地，长江上游科研成果产业化基地，中西部地区发展循环经济示范区，国家高技术产业基地，长江上游航运中心，中央实行西部大开发的开发地区以及国家统筹城乡综合配套改革试验区

资料来源：2010年2月住房和城乡建设部发布的《全国城镇体系规划》（草案）。

第二节 谋划新的"国家中心城市"：需求与空间

在2010年住房和城乡建设部编制的《全国城镇体系规划》中，北京、天津、上海、广州、重庆被确定为国家五大中心城市。五个中心城市中，上海是东部的中心，北京是全国的首都，与天津一起又是北方地区和环渤海地区的中心，广州是珠三角地区的中心，重庆则是中西部的中心。在谋划创建国家中心城市的工作中，南京发展起步较晚，在全国的经济地位仍较弱，长三角门户城市和国家中心城市的功能尚未真正地形成，研究南京构建国家中心城市战略路径恰逢其时，对南京"十三五"及面向2030的城市中长期规划有着重要意义。

一 国家当前的发展阶段决定了国家空间格局的变化

改革开放三十多年，我国经历了从南到北逐步开发的过程，珠三角、长三角和京津冀三大沿海大都市圈的崛起，推动我国经济快速扩张，使我国迈入大国行列。与此同时，也带来了发展差距拉大、区域格局失衡的问题，制约我国全面、可持续的发展。而且，2008年以来席卷全球的世界金融危机对我国经济的冲击，也凸显出我国经济尤其是沿海地区经济过度依赖出口的潜在风险，加快内陆地区发展，启动内需市场，推动我国经济转型迫在眉睫。进入 21 世纪后，为推动我国区域经济整体协调发展，中央政府陆续提出了西部大开发、中部崛起、东北振兴等区域政策，经过多年的发展，当前我国经济正处于从沿海向内陆延伸发展的新阶段。南京作为长三角面向中西部内陆的门户城市，可望成为我国纵深最密集、规模最大、基础最优越的人口和产业集聚地区——泛长三角区域带的核心城市、地理中心城市，在我国的区域统筹中占有举足轻重的地位，肩负着带动长江中下游地区、辐射中西部，推动国家空间统筹和发展转型，走向全面繁荣的重要使命。

二 国家的区域发展战略推动政策改革重心的转移

政策改革的路径是国家引导空间发展的有效手段，国家政策改革重心的演变也体现出了从沿海向内陆的延伸过程：从改革开放初期直到"十五"时期，特殊政策改革地区都集中在沿海，从"十一五"时期开始，内陆地区在国家政策改革中的重要性逐步提高。以成渝城乡统筹综合配套改革试验区与武汉城市圈、长株潭两型综合社会配套改革试验区为代表，国家政策改革的重心正在向内陆地区转移。考虑到上海浦东、天津滨海新区、深圳三个沿海综合配套改革试验区，我国已形成沿海与内陆兼顾、东中西统筹的综合配套改革试点版图。南京作为单体城市也获批国家综合改革示范城市，在全面统筹东中部地区的综合改革中将更多承担落实国家政策改革的任务：从统筹苏南现代化示范区建设再到国家级江北新区的建设，南京将成为新时期国家政策改革重要的热点地区之一，担负着为我国经济发展探索新路径、为统筹江海经济与内陆经济发展提供示范的政治使命。

三 区域中心城市的等级跃升需求与战略目标构建

国家中心城市作为国家城镇体系设计的顶端节点，其中蕴藏着巨大的政策和机制体制创新机遇，极大的发展空间，超强的影响力、号召力和凝聚力，因此创建国家中心城市已经成为一些区域中心城市长期发展战略和近期发展目标，其中沈阳和武汉还把这一目标写入"十二五"规划。而另外一些区域中心城市如南京、成都、郑州、西安、长沙等市也把该目标作为"十二五"期间及未来的城市重点发展目标，或写入空间规划，或向两会提议等。区域中心城市的概念范围在 2010 年 2 月的《全国城镇体系规划（2010—2020年）（草案）》中被调整为中国地理大区的区域中心，而非省级区域的区域中心。它们分别是：沈阳（东北）、南京（华东）、武汉（华中）、深圳（华南）、成都（西南）、西安（西北）。在当今世界经济增长重心向亚太地区转移的重要历史机遇期，在我国创建若干个国家中心城市，对中国的未来发展至关重要。

表3—2　　　　　　　谋求国家中心城市的若干城市

区域中心	国家中心城市的谋划
沈阳	"十二五"规划中明确表示要建成国家中心城市
武汉	"十二五"规划提出要用十年时间建设成为国家中心城市
西安	《关中—天水经济区发展规划》中提出要打造国际化大都市，构建全国内陆型经济开发开放战略高地
南京	积极争取上升为"国家中心城市"
长沙	"十二五"期间将目标直接指向国家中心城市
郑州	《郑州都市区空间发展战略规划》将郑州定位为国家中心城市，与武汉构筑中部双中心

四　谋划国家中心城市：南京的特殊使命

（一）推动形成新的国家空间支点

作为国家中心城市，北京、上海和天津都在推动国家空间格局发展中发挥着不可或缺的作用。在我国沿海的三大增长极中，珠三角、长三角和京津冀都是以国家中心城市为增长核心的。而在迈向全面繁荣的新阶段，南京则肩负着追赶一线先发地区，推动沿海地区与内陆地区联动发展的新使命，肩负着实现国家区域的统筹协调，统筹南京都市圈、带动长江中下游地区，辐射中西部发展的空间支点任务。同时，国家中心城市也是国家基础科学研发中心，是国家自主创新的源头，是"国之重器"的承载空间，承担着决定国家产业核心竞争力的关键设备制造业。作为传统科研重镇和国防科工基地，南京应当准确定向、积极争取，担负国家中心城市应该承担的中心地位使命。

（二）建设成为"江海连接内陆"的改革开放高地

改革开放以来，国家在上海、北京、天津和重庆等国家中心城市开展了一系列的改革试验，并取得了辉煌的成绩。但相对而言，南京这一时期的改革重心在于消化内部问题，而不是像另外三大国家中心城市一样对全国改革发挥示范带动作用。在新的历史起点上，国家又赋予了国家中心城市以新的历史使命，南京在改革中也担负了更加艰巨的探索试验任务，将在推进跨行政区大都市圈建设与城乡统筹、带动实现中西部地区内陆开放等众多难点问题上发挥国家中心城市应有的标杆作用。

（三）加速成长为长三角面向中西部地区的国际性开放门户

由于在我国城市体系中特殊的政治地位，国家中心城市在国家开放战略中也具有其他城市无法比拟的特殊的优势和地位。由于发展条件的差异，上海的城市功能重点围绕四大国际中心建设展开，代表我国全面参与国际竞争；北京的功能重点以首都职能为出发点，突出服务国家发展、服务国际交往、展示国家形象的功能；广州和天津的功能重点则涵盖国际——国家——区域的多个层面，在通过优势领域参与国际竞争的同时，更要带动区域发展。由于南京在面向国际开放中处于先天的区位劣势，并加之上海国际大都市建设的挤压，而且在城市性质中缺乏明确的国际化职能，因此，南京更应该通过开放尤其是国际开放，加速成为长三角面向中西部地区的国际性开放门户，带动中西部地区发展，形成统筹沿海开放经济与内陆开放经济"双轮发展"的"中枢效应"，推动我国全面崛起。

第三节 谋划"国家中心城市"的战略可能分析

一 南京与泛长三角及中西部潜在竞争城市的优势

城市核心竞争力侧重考察能为城市带来特殊利益和超级发展效应的独有能力，价值性、稀缺性、不可替代性和难以模仿性是核心竞争力的主要识别标准。基于与泛长三角及中西部潜在竞争城市的比较分析，南京的核心竞争力可总结为：政策、产业基础、交通区位、创新基础和人力资源五个方面。

(一) 政策优势

2009年5月，南京市建设国家科技体制综合改革试点城市工作得到科技部的正式批准，由此成为当时全国唯一一个科技体制综合改革试点城市。2013年11月，国家发改委正式印发《苏南现代化建设示范区规划》，这个以南京为核心城市的国家级战略规划，标志着中国第一个以现代化建设为主题的区域规划正式颁布实施。2014年，在科技部、中宣部、文化部、国家新闻出版广电总局四部门联合公布的第二批"国家级文化和科技融合示范基地"名单，南京市成功上榜，并在29个申报城市和18个入选城市中总分排名第一。2015年国家级南京江北新区正式获批运行，根据国务院《苏南现代化建设示范区规划》和南京市委、市政府《关于成立江北新区筹备机构的通知》精神，南京市江北新区管理委员会(筹)与中共南京市委江北新区工作委员会(筹)实行合署办公。这些政策构成了南京作为长三角面向中西部门户城市独特的政策优势。

(二) 产业基础优势

通过区位商分析，从工业行业构成情况看，南京已经建立了门类配套比较齐全、技术设备比较先进和大中型工业企业为骨干的完善的工业体系。仅2013年，就新增世界500强和中国500强企业研发机构21家，集聚科技型企业1400家；专利申请总量超过4万件。产业结构持续优化，三次产业比例调整为2.3∶43.3∶54.4。软件、金融、广告创意、电子商务、服务外包等现代服务业保持良好发展态势，服务业增加值占地区生产总值比重提高1个百分点。工业加速转型升级，规模以上工业企业利税增长20%以上，战略性新兴产业增速超过规模工业增速一倍以上，产值首次超过石化、钢铁、建材三大传统产业。以科技创新为主要驱动力的战略性新兴产业优势非常明显，有着更长和更广的产业深度，将推动南京产业竞争力和拓展能力进一步提升。

(三) 交通区位优势

南京承东启西、沟通南北，连接沿海经济带、长江经济带、中部经济区三大经济带，辐射我国华东整个长江中下游地区，自古就是长江下游地区最大的商业重镇和物资集散中心之一。随着国家级综合交通枢纽名城的加速建设，南京正在强化国家级综合交通枢纽功能，统筹推进禄口航空港、高铁枢纽港和江海联运港建设。在城市内部和都市圈范围的城市快速道路改造以及轨道交通建设正处于高速发展期，2014年有地铁3号线、宁高城际一期、宁天城际一期等4条轨道交通线路通车，2015年还将新通车120公里轨道交通，预计2015年年底，南京轨道交通的总里程数将接近400公里。

（四）创新基础优势

南京是科教创新资源最丰富的三大城市之一，仅次于北京、上海。截至2014年年底，在宁普通高等院校53所，在校大学生、研究生80万人；在宁两院院士79人。各级工程技术研究中心600家，其中国家级17家，省级309家，市级274家。全市出台鼓励科技创新创业"1+8"、科技九条、创业七策系列政策文件，极大地推进了科技创新创业载体建设。在新产品销售收入占产品销售收入比重、高新技术产业开发区技术性收入占总收入比重以及开展创新活动的企业占比等方面，远高于泛长三角及中西部地区的城市。与上海相比，南京具有人力资源的商务成本优势；与泛长三角及中西部区域相比，南京又具有极大人力资源的创新、价值优势。

二　目前南京与国家中心城市的差距

与北京、上海、天津、广州、重庆五大国家中心城市相比，南京离真正国家中心城市的差距还是比较明显。其差距主要体现在以下五个方面：①经济总量小、地方可支配财政收入少、人均收入水平较低。②城市核心功能区规模小，产业规模不够大，城市功能还不够完善。③进出口水平低，开放水平不高，与国际市场连接通道环节多、成本高，缺乏与国际市场直接连接的大通道。④城市整体环境发展水平有待进一步提升，生态承载的压力较大。⑤文化软实力较弱，文化影响力还有待提升。南京虽然是文化资源大市，但还不是文化产业强市，尚没有国家级或国际性的文化产业品牌。

三　南京创建国家中心城市的战略定位

国家中心城市的建设状况，不仅直接关系城市自身地位的巩固和提升以及区域的协调发展，而且影响着国家经济社会发展大局、国家的国际竞争力和国际地位。简而言之，国家中心城市具有内、外两项基本职能：

对内，它是一国城市最高发展水平的代表，在经济发展、社会进步、文化繁荣等方面引领国家发展；对外，它是一国参与全球竞争与合作的主要载体，是国家和地区经济全球化过程的重要平台，起着衔接国家其他城市和地区与世界联系的桥梁、纽带作用。

（一）南京建设国家中心城市的国家战略要求

国家中心城市是国家推动区域发展的重要推动力，是实现经济社会全面协调可持续发展的基础，也代表了国家参与国际竞争的能力、水平。地处长三角西部、泛长三角中心的南京作为长三角辐射带动中西部的门户城市，承担了明显的国家战略责任：一是，推动国家全方位整体崛起；二是，成为我国长三角带动内陆经济对外开放的新"中枢"；三是，引领我国泛长三角跨行政区沿江城市密集区——南京都市圈·皖江城市带的快速发展；四是，成为世界城市网络体系中的重要节点，成为国家内陆经济的国际开放门户参与世界竞争（见图3—1）。

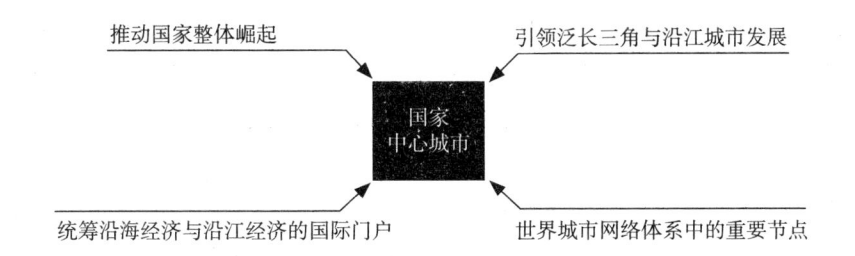

```
    推动国家整体崛起              引领泛长三角与沿江城市发展
              ↘              ↙
              ┌─────────┐
              │  国家   │
              │ 中心城市 │
              └─────────┘
              ↗              ↖
统筹沿海经济与沿江经济的国际门户    世界城市网络体系中的重要节点
```

图3—1 南京"国家中心城市"定位的考量

一是推动国家全方位整体崛起。根据相关研究，我国经济总量最快将在2019年超过美国，位居世界第一[①]，即使最悲观的预测我国的经济水平也将在21世纪中叶超过美国。由于我国经济发展水平从东部沿海地区最高到中部再到西部逐渐递减，南京创建国家中心城市，体现了对我国经济发展战略的宏观思考。通过创建国家中心城市，南京承担起构建国家发展

---

① 中国社会科学院2011年4月7日发布的《新兴经济体蓝皮书》预测，中国经济总量到2020年将位居世界第一。国际货币基金组织(IMF)在2011年4月预测，中国经济预计将在2019年超过美国。

战略纵深的重任，肩负相较其他城市更重要的产业职能和经济职能，必须具备与国家发展水平相匹配的经济实力。

二是引领泛长三角区域与长江中下游城市经济带。长三角、珠三角、环渤海三大经济增长极，均落在东南沿海，中部崛起战略使"中部经济塌陷"的发展趋势开始接近拐点，而在中部崛起战略区域与长三角区域之间，急迫需要新的增长极来支撑和连接。在这样一个十分关键的发展时期，以南京为核心城市的"南京都市圈＋皖江城市带"应真正承担起引领国家区域经济发展的新增长极，发挥国家中心城市的引领、聚集、辐射作用，协助和推动中西部地区实现又好又快发展的历史使命。

三是作为统筹我国沿海经济与沿江内陆经济对外开放的国际门户。我国沿江内陆地区，无论是在开放的条件、层级，还是在开放度方面，与沿海地区都存在较大的差距。改革开放以来，从深圳到浦东新区、滨海新区，再到重庆市的"两江新区"，都是国家战略的步步推进。南京创建国家中心城市，提升了南京在国家开放战略中的地位，必须担负起沿江内陆地区最重要的对外开放的门户和中枢职能，即通过国家中心城市的平台和巨大影响力，构筑起我国对内对外开放新的门户和高地，真正实现长江经济带与沿海经济带"T"形结构的耦合，这个关键的耦合节点就是南京。

四是世界城市网络体系中的重要节点。南京的使命之一，就是要利用良好的区位优势，承担新时期长江内陆地区对外交通运输、资源流动和信息交流的枢纽职能，代表我国长江中下游沿江城市群参与世界竞争，成为世界城市网络体系中的重要节点。

（二）南京创建国家中心城市的国家战略功能

城市功能是城市综合竞争力的集中体现，反映了一个城市在区域经济社会发展中所起的作用、地位和分工状况，体现着一个城市的辐射力和影响力。南京的战略定位：紧紧围绕建设"一带一路"节点城市、长江经济带门户城市、长三角区域中心城市和国家创新型城市的目标，深入实施创新驱动发展战略，以改革开放为动力，发展创新型、服务型、枢纽型、开放型、生态型"五型经济"。融入新战略新布局，拓展开放发展新空间，强化基础设施对接，提升南京综合枢纽功能；强化经济人文交流，扩大对外开放合作空间；强化区域协作融合，充分发挥辐射带动作用，为南京加快转型升级创造更好条件，为"一带一路"和长江经济带建设做出更多贡献。

其战略功能可以划分为以下六类：城市功能、产业功能、创新功能、交通功能、区域功能和开放功能（见表3—3）。

表3—3　　　　　南京创建国家中心城市战略功能及其体现

战略功能	具体体现
城市功能	"一带一路"节点城市、长江经济带门户城市、长三角区域中心城市和国际竞争力的国家创新型城市
产业功能	长江经济中枢（国家重要的先进装备制造业、高新技术产业基地、生产性服务业基地、泛长三角金融中心）
创新功能	国家科技创新中心（国家科技创新中心、东部文化中心、全国科技综合配套改革试验区）
交通功能	国家重要综合交通枢纽（铁路交通枢纽、航空枢纽、江海联运枢纽）
区域功能	苏南现代化示范区·南京都市圈·皖江城市带·泛长三角区域引领城市
开放功能	国家枢纽开放门户（通江、达海的国家枢纽）

第四节　构建"国家中心城市"的多重路径设计

一　夯实创建国家中心城市的基础：对苏南现代化示范区核心城市功能放大的设计路径

通过对南京在苏南现代化示范区核心城市功能的放大，将南京对苏南区域乃至苏中、苏北部分区域的集聚和带动效应深入强化，强化南京不仅作为省会的政治中心功能，更表现在对苏南以及整个江苏这个全国第二大经济体的核心价值，增加南京创建国家中心城市的基本厚度。

（一）放大"江海门户—通道城市"功能——基于南京在苏南示范区中的港口腹地关系分析

在长三角区域规划中，作为沿长江黄金水道与沿海的"T"形交汇地带，上海的功能定位是长三角、中国面向亚洲太平洋区域的门户，而南京是长三角向中西部辐射的门户。同时南京港升格为海港,这意味着南京不仅是内河交通运输、铁路空港的枢纽,更是江海联运的门户与节点。根据这个定位,南京兼具国家沿江发展轴与沿海发展轴中的通道城市功能,特别是新近南京建设长江国际航运中心规划的批复,伴随着长江航运主航道疏浚与新生圩12.5米深水港建设,南京作为"江海门户—通道城市"功能将进一步得到加强。在整个江苏省域经济中,实质上一直缺乏一个与江苏经济特别是江苏开放型经济实力相匹配的港口功能,无论是连云港、洋口港还是张家港,都受到自然和地缘因素的限制,难以形成对全省经济的全局作用。在苏南现代化示范区中,南京应放大南京港的枢纽功能,整合南京港口资源,广泛扩展腹地,不仅要形成与周边镇江出口加工区、扬州出口加工区、淮安出口加工区等外向型园区的港口—腹地关系,更要向苏锡常都市圈、皖江城市带扩展,通过港口带动,重新构筑南京与苏州无锡产业经济的竞合关系、苏南示范区与皖江城市带的竞合关系,做实南京作为长江国际航运中心的功能,成为苏南现代化示范区中的江海门户。

(二)放大"创新中心"功能——基于南京在苏南示范区中的自主创新能力分析

在整个苏南经济板块,南京相较于苏州、无锡、常州、镇江,最大的不同也是最大的优势在于南京的科教资源与技术创新能力,特别是自主创新能力。苏州经济的崛起依赖于苏州工业园区、苏州新区、昆山开发区等外向型程度高的园区经济,主要通过承接发达国家产业转移来完成区域经济的工业化进程。无锡、常州作为传统苏南模式的主要发源地,脱胎于早期乡镇企业的生产体系与市场体系,地方性生产网络与中小企业集群一直具有较强的竞争力。镇江由于受到自然地貌的影响,工业化布局一直难以展开,产业竞争力相对较弱。南京作为国内三大科教城市之一,与北京、上海鼎足而立,同时在国家重大科技发展项目布局中占据重要地位,无论是"共和国长子——十四研究所",还是勇夺国家自然科学一等奖的南京大学,苏州、无锡、常州、镇江这些城市都是无法企及的。自2008年以来,由于受到国际金融危机的影响,外向型经济受到的冲击与面临的风险越来越大,自主创新是应对风险、走出危机的唯一出路。整个苏南现代化示范区面临的一个最大问题,就是如何加速提高自主创新能力,提升产业的国际竞争力。从产业形态上看,苏锡常的高新技术产业门类较为齐全,南京的高新技术产业技术研发与创新较为全面,从具体的产业发展实践来看,"研在南京,发在苏锡常"已经成为一个普遍现象。从这个意义上来说,在苏南现代化示范区中,南京应进一步发挥出"创新中心"的功能,不要因为担心产业化过程落在苏锡常而因小失大,从更长远的塑造苏南现代化示范区整体竞争力出发,继续强化"创新中心"建设,扬长避短,当南京出现越来越多的国家级、世界级技术创新成果,带动苏南整体产业竞争力提升时,南京的产业化问题就不再是问题,而是自然形成的分工关系。

(三)放大"共性服务"功能——基于南京在苏南示范区中的共性服务能力分析

共性技术服务对于企业技术创新具有极其重要的影响,中国台湾著名的新竹科技园、工研院以其强大的共性技术服务能力,支撑起台湾在20世纪90年代以来集成电路与平板显示产业的大发展。在苏南示范区,目前尚缺乏提供共性技术服务的强大主体。借助共性技术,首先能够在避免重复开发研究的同时,为众多的企业构筑技术平台;其次,通过低成本获取共性技术,结合企业的实际创新,可解决低水平能力过剩、高水平能力不足的问题;最后,依靠共性技术,可促进产学联合,加速创新进程。为此,南京不仅要提升自身"创新中心"功能,而且要加强南京对苏南示范区的"共性服务"功能,主要表现在以下五个方面:第一,提供技术指导。包括:接受电话咨询和当面咨询;举办各种技术普及的讲座;为苏南示范区的技术人员举办各类短期和长期的技术研修活动;深入当地企业进行现场指导。第二,提供工业试验服务。即为那些没有试验设备的中小企业提供材料分析、品质分析、产品检测的服务。第三,从事研究与开发。提高试验精度和提高指导能力的研究;解决苏南示范区的企业普遍遇到的技术难题的研究;为苏南示范区企业今后发展进行先期研究。第四,提供技术情报服务。收集全球及国内各地研发机构的研究成果;为苏南示范区企业提供检索和复印服务;出版信息刊物;提供政府各项资助的信息;上门服务;等等。第五,其他如资格认证、标准化体系建设、技能竞赛、举办各种展览会和演讲会等。

(四)放大"公教服务"功能——基于南京在苏南示范区中的公教服务资源分析

从公共人文资源上来看,在苏南示范区内,南京是最重要的历史文化名城，拥有着"山、水、城、林"完备的城市自然与人文景观元素，是适合人类诗意栖居的生活空间，2008年南京获得联合国人居特别奖。与此同时，南京不仅具备为居民提供一个舒服生活环境的空间资源，还拥有要为他们创造一个幸福感高的社会生活的教育、医疗等公共服务资源。在苏南示范区内，南京拥有最多的三甲综合、专科医院，拥有最多的大学……整个示范区内要联手发展基于民生的幸福产业，必须放大南京的"公教服务"功能，让南京作为综合性大都市的公共服务功能为整个苏南示范区所共享。

目前正在快速推进的宁镇同城化进程，正在加速放大南京在苏南示范区中的"公教服务"功能，仙林·宝华国际科教城的建设，汤山·黄梅国际休闲城的建设，逐步将把南京优质的公共服务资源进一步向外溢出，当南京大学、南京理工大学等越来越多的高校到句容建设分校区，南京的知识要素将进一步向整个苏南示范区辐射和扩散，带动整体区域知识氛围、人文素质与公共服务能力的提升。

同时随着苏南示范区在城际重大基础设施建设方面的持续进展，特别是交通、通信网络等基础设施建设的同城化，还有实现公共服务和商业性服务的同城化，将使南京、镇江、常州、无锡、苏州实现通勤化的无障碍通达。在社会民生各方面体制机制逐步的无缝对接，将会让苏南示范区内各城市市民感受到"同城化"带来的便捷。客运公交化发展，社保卡异地双向结算，南京、镇江、常州、无锡、苏州将共享优质医疗公共卫生资源，这些通过社会事业的同城化，一方面将不断增加居民的福祉，另一方面将进一步扩大南京在苏南示范区中的"公教服务"功能定位。

（五）放大"创意文化"功能——基于南京世界历史文化名城的国际化分析

在苏南示范区内，南京具有最多的世界性、国家性、区域性历史文化资源，在打造整体区域的国际化竞争优势的过程中，应注重梳理、挖掘、创造具有国际传播价值的文化资源，并将文化资源向文化资本转化，形成具有广泛影响和文化外部效应输出的文化产品。从这个意义上来说，南京基于丰富的创意文化资源，完全可以在世界历史文化名城的基础上，谋划在文化象征意义上率先具备"世界城市"的功能。在每两年一届的"名城会"基础上，策划形式多样的国际性文化交流活动。在每年的不同时段，举办面向全球层级、华人世界层级、国家层级、区域层级的城市文化传播活动，制造外部传播价值的国际性事件，搭建系列化、梯度化、连续化的世界历史文化名城展示平台。苏南示范区是国内目前创意文化产业发展最为聚集的区域之一，未来将构建面向国际的文化产业集聚区，开发国际化文化产品，创造和推广国际化文化事件。南京的文化资源优势加上苏锡常的文化产业发展优势，完全有条件把苏南示范区打造成为具有国际竞争力的全球创意区域。同时在创意文化产业、产品的传播中，南京由于"南北兼容、内涵丰富"的中国元素效应，将引导苏南示范区在文化创意产业的发展中逐步凸显"世界之中国印象"。同时借助2013年亚青会、2014年青奥会在南京举办的国际大事件，南京将助推国际化的文化产业与国际性文化事件在苏南示范区的集聚和传播。

（六）放大"轴承指挥（传动）"功能——基于南京对苏锡常先进制造业带、皖江承接产业带的起承转合服务功能分析

从产业梯度与区域经济关系上看，南京以及南京都市圈对苏锡常都市圈和皖江城市带具有较好的产业链接能力，如何使皖江城市带成为苏南示范区的附属经济区，实质上取决于南京以及南京都市圈所应发挥的"轴承指挥（传动）"功能。长江流域承接产业转移已经为南京带来相对稳定的服务需求和产业腹地。劳动密集型产业、基础性产业正逐步由沿海地区向内陆转移，长江中上游地区以其优越的自然条件成为承接产业转移的主要地区，流域内原材料、产成品和能源运输的需求快速增长，对航运物流发展和南京长江国际航运物流中心建设带来难得的机遇。与此同时，长江中上游腹地还在不断获得政策支持。在"中部崛起、西部大开发"的总体战略布局下，在批准了成渝城乡统筹试验区、武汉城市圈和长株潭城市群"两型社会"试验区等之后，又出台了皖江城市带、鄱阳湖生态经济区等国家级区域规划。目前，长江中上游省市已成为承接长江三角洲经济辐射和产业转移的主阵地，长江中上游腹地经济社会发展不断提速为南京这个泛长三角的地理几何中心带来重大契机。除了国家级规划中对南京的区域服务功能高等级定位，南京以及南京都市圈还直接面临两个国家级区域发展规划（国家级苏南自主创新示范区与国家级产业转移皖江城市带）实施所带来的区域服务需求。南京，既是国家级苏南自主创新示范区规划中仅有的跨江区块，又是皖江城市带沿江而下的"首站门户"，天然成为两大国家

级区域发展规划的"核心接口"。

二 集中资源加速形成国家中心城市价值点：江北新区建设沿江自由贸易园区的设计路径

（一）自由贸易（园）区：当前我国保税区转型发展的趋势

1. 中国特色保税区的未来：自由贸易园区

1990年我国设立了第一个保税区——上海外高桥保税区以来，设立保税区成为我国政府自设立经济特区、确定沿海开放城市和设立经济技术开发区之后的重大对外开放决策。保税区作为我国对外开放程度最高的特殊区域，在吸引外资、提高企业国际竞争力、促进整个国家市场化水平的提高等方面都发挥了重大的作用，为整个国家的对外开放和经济体制改革做出了积极的贡献。中国的保税区是海关监管的特殊区域，实际上它类似于其他国家在港口划出一块并用铁丝网围起来的自由区（Free Zone）或者自由港（Free Port）；保税区具有三项基本功能：出口加工、转口贸易、保税仓储和商品展示。在我国加入WTO和21世纪近十年来改革开放向纵深发展的大背景下，保税区面临着新的挑战，同时也伴随着新的发展机遇。过去的十几年，在取得重大发展的同时，我国的保税区建设在管理体制、优惠政策、监管制度等方面尚存在许多问题。这些问题的存在，制约了保税区功能的发挥，使得国家设立保税区的真正意图并没有得到完全实现。为了顺应国际自由贸易的发展趋势，借鉴国外的通行做法，在我国已有相关立法的基础上，将我国已存在的保税区转型为自由贸易区，使其对国民经济和社会发展做出更大的贡献，将成为我们未来的主要选择。事实上，作为国内第一个海关特殊监管区，上海外高桥保税区在1990年成立之初，其所侧重的税收优惠和贸易便利化政策就具备了自由贸易园区的基本特点。特别值得注意的一个细节是：外高桥保税区从成立时的英文译名就是"Free Trade Zone"（自由贸易园区），而不是"Bonded Area"（保税区）。

2. 加速转型：上海等城市已先行先试

近两年来，国内城市推进自身保税区向自由贸易园区转型发展的势头越来越高涨，上海、深圳、青岛等城市纷纷紧跟国家重大国际经贸政策发展，围绕自身优势加速转型。以上海为例，作为上海建设国际航运中心的核心功能区、国际贸易中心的重要平台、国际金融中心的重要突破点，上海综保区贸易功能不断拓展，口岸环境继续优化，从外高桥港区到洋山深水港的100多公里黄金海岸线上，新一轮的先行先试改革浪潮正在涌动，向自由贸易园区转型的开拓步伐正在坚实迈进。中国（上海）自由贸易试验区，2013年8月22日经国务院正式批准设立，是中国政府设立在上海的区域性自由贸易园区，属中国自由贸易区范畴。青岛则抓住中日韩自由贸易区建设的宏观政策机遇，不仅密切关注谈判进程，而且已经围绕中日韩自贸区框架下的机遇和挑战进行了全方位、深层次的探讨。2012年4月，商务部专题调研组到青岛就中日韩自贸区建设进行产业调研，双方建立了不定期的专项调研工作机制，并将青岛确定为中日韩自贸区谈判调研基地。上海自贸区试验运行了一年多，2014年天津、广东、福建获批第二轮自贸区。正是在这样的转型背景下，我们试图将自由贸易园区建设的视角，切回到中国外向型经济最发达、国际贸易总量位居前列的省份——江苏，切回这个省份唯一拥有海港且作为国家枢纽中心城市的南京，切回这个城市刚刚获批的国家级新区——江北新区。

（二）江北新区建设沿江自由贸易园区的战略价值

1. 江苏外向型经济转型发展的中枢

江苏是中国外向型经济发展的最前沿，从十四个沿海开放城市到全国第一家出口加工区，江苏一直是中国对外开放的先行区和示范区，全省获批的出口加工区、保税园区、保税物流园区等外向型经济标志性空间，广泛而密集地分布在苏南、苏中、苏北，分布之密集为全国翘楚，承接发达国家产业转移的梯队已经从苏南转向苏北。然而2008年席卷全球的金融危机对外向型经济发达的地区产生了强烈的冲击，江苏省的外向型经济面临转型发展的严峻挑战，传统意义上的出口加工区模式必须向自主创新和商业模式创新的微笑曲线两端延伸。事实上，早在2003年年底，时任全国人大常委会副委员长成思危曾提出全国保税区分化发展的建议，提出试点成功的保税区向以国际物流业为主的自由贸易（园）区转型，不具备条件的改为出口加工区或经济开发区。2005年之后，包括上海、深圳、天津、成渝地区都向国务院及各部委提交了关于保税区转型自由贸易（园）区的建议，准备向香港看齐。2008年以来，国家发改委、国务院发展研究中心已经先后多次到上海、深圳、天津等地进行课题调研，各地的保税区都在争取成为首批"自由贸易园区"。不同于浙江、广东、山东、辽宁等其他外向型经济发达的省份，江苏在外向型经济发展方面长期以来有一个关键节点也是一个难以突破的瓶颈，就是一直没有一个与江苏外向型经济地位相应、对全省外向型经济具有整合与集聚服务功能的海港。然而随着国务院对南京港江海联运港的海港地位确认，这个局面将得到改变。特别是近年来镇江出口加工区的建设，以及扬州出口加工区、泰州出口加工区、淮安出口加工区等苏中、苏北区域外向型经济空间的成长，针对江苏省域范围内外向型经济布局的变化，在地处江苏外向型经济格局中心位置的江北新区，尤其是在江北新区即将获得国家级战略政策支持条件下，应超前谋划建设南京沿江自由贸易园区，不仅对南京跨江联动发展进行要素整合，同时将直接整合提升南京港、镇江港、扬州港、南京出口加工区（南、北两区）、南京保税物流园区、镇江出口加工区、扬州出口加工区、淮安出口加工区等宁镇扬板块与南京都市圈外向型经济空间价值，对江苏全省尤其是苏中、苏北的外向型经济转型发展起到中枢价值。

2. 南京长江国际航运中心建设的关键

2010年，国务院批准的《长江三角洲地区区域规划》提出南京要发挥沿江港口、历史文化和科教人才资源优势，建设先进制造业基地、现代服务业基地和长江航运物流中心、科技创新中心，加快南京都市圈建设，促进皖江城市带发展，成为长三角辐射带动中西部地区发展的重要门户。2010年南京都市圈地区生产总值近1.35万亿元，是"十五"末的2.5倍；长江流域六省一市地区生产总值12万亿元，占全国的30%。南京作为区域中心城市、全国性物流节点城市、长三角承东启西门户城市和全国交通枢纽城市，发展基础较好，综合实力较强、功能较为完善，具备建设区域性国际航运物流中心的基础和潜力。根据新近出台的《南京长江国际航运物流中心规划》，南京将依托国家中心城市和综合交通枢纽，面向国际、服务全国、辐射长江流域和中西部地区，全面建设航运物流要素聚集、航运物流服务完善、综合转运功能突出、辐射带动效应显著，具有国际资源配置能力的长江国际航运物流中心，打造"中国航运(空)与综合枢纽名城"。谋划建设南京沿江自由贸易园区，将对南京长江国际航运中心的地位进一步加强，尤其在长三角核心区域产业向中西部特别是皖江城市带转移的大背景下，南京的江海联运功能将面临更为广泛的服务腹地。皖江城市带在承接产业转移过程中，越来越需要新的大宗物流中转、资源运筹与配置的服务功能节点。在长三角核心区与皖江城市带之间,在长江货运与海运物流之间,谋划建设南京沿江自由贸易园区将有效提速南京作为长江国际航运中心地位的获得,牢牢控制皖江城市带、南京都市圈及苏中苏北地区的产业腹地,巩固和加强长三角面向中西部增压辐射的门户城市地位。

(三)江北新区建设沿江自由贸易园区的条件

1.宏观层面的政策条件分析

国家级战略性规划的布局与实施,为南京谋求带来宏观机遇。《物流业调整与振兴规划》和《长三角地区区域规划》等国家层面规划,将南京定位为区域中心城市、全国性物流节点城市、泛长三角承东启西门户城市和交通枢纽城市,并明确南京为科技创新中心和长江航运物流中心,有利于促进长江国际航运物流中心加快发展。从这个意义上可以说,国家层面给予南京很高的功能定位,为南京实现相应的区域服务能力提供了政策空间。除了国家级规划中对南京的区域服务功能高等级定位,南京以及南京都市圈还直接面临两个国家级区域发展规划(国家级苏南自主创新示范区与国家级产业转移皖江城市带)实施所带来的区域服务需求。特别是江北新区,既是国家级苏南自主创新示范区规划中仅有的"江北板块",又是皖江城市带沿江而下的"首站门户",天然成为两大国家级区域发展规划的"核心接口"。特别是在已经上报的苏南自主创新国家级示范区规划中,不同于产业体系相对稳定的苏锡常都市圈,新规划带有认定和确认成分,江北新区不仅是规划中的重要板块,更是可塑性最大的区域,加之沿江港口岸线的天然优势,江北新区是规划中可以相对更大程度应用该国家级战略政策空间的区域。从这个意义上,谋划沿江自由贸易园区的政策空间是有可能的。整个苏南自主创新示范区中,仅有的保税港区也是江苏省唯一的保税港区仍然是2008年11月国务院批复的张家港。然而张家港作为内河港口的功能定位,很难承担起面向整个苏南示范区更不用说全省外向型经济的区域服务功能。这样的区域服务功能无论是面向苏南示范区、全省还是皖江城市带,只有通过谋划建设南京沿江自由贸易园区才能实现。尽管南京港尚未获批保税港区,正如前文所述,无论保税区还是保税港区的未来趋势就是自由贸易区,我们应抓住苏南示范区国家级战略、国家级江北新区获批的政策机遇,不能把迈向自由贸易区的建设历程,仍然按部就班地重复保税区—保税港区—自由贸易园区的一般性过程,应把国家级战略的政策空间运作最大化,将保税港区与自由贸易园区两个政策的认定阶段合并为"一步走"。

2. 中观层面的区域功能需求分析

长江流域承接产业转移已经为南京建设沿江自由贸易园区带来相对稳定的服务需求和产业腹地。劳动密集型产业、基础性产业正逐步由沿海地区向内陆转移,长江中上游地区以其优越的自然条件成为承接产业转移的主要地区,流域内原材料、产成品和能源运输的需求快速增长,对航运物流发展和南京长江国际航运物流中心建设带来难得的机遇。长江中上游腹地还在不断获得政策支持。在"中部崛起、西部大开发"的总体战略布局下,在批准了成渝城乡统筹试验区、武汉城市圈和长株潭城市群"两型社会"试验区等之后,又出台了皖江城市带、鄱阳湖生态经济区等国家级区域规划。目前,长江中上游省市已成为承接长江三角洲经济辐射和产业转移的主阵地,长江中上游腹地经济社会发展不断提速对沿江自由贸易园区的建设带来重大契机。在重大交通基础设施建设方面,随着京沪高速铁路、沪宁城际等一批客运专线建成通车,既有京沪铁路等实现客货分离后将逐步释放大量货运能力,既有京沪铁路年货物输送能力增加近一倍,达1亿吨以上,这为南京沿江港口发展物流联运、交易服务等带来了极为有利的条件。但是随着城市港口管理权下放到地方后,利用港口资源进行以城市为单元的竞争也在加剧。长江深水航道疏浚工程的建设,镇江港、江阴港、太仓港、南通港等将带来最为直接的近距离同质化竞争;皖江城市带正在兴建的和县港、扩建的芜湖港、新投产的合肥港等将有可能分散南京航运物流中心的要素集聚能力,从而面临周边分散化趋势的严峻挑战。正是在这样严峻的区域竞争格局下,南京尤其是江北新区必须率先在国家政策框架与区域服务能力两个方面同时突破,越早获得沿江自由贸易园区的政策认定、越早形成面向更大区域范围的服务能力,才能避免"中枢"定位、"中输"结局。

3. 微观层面的南京自身条件分析

南京作为长江流域最大的综合性口岸城市,目前有国家一类水运口岸1个、国家一类空运口岸1个、出口加工区1个(分南、北两区)、保税物流中心1个,南京港已有对外开放泊位45个。为进一步整合优化南京地区海关监管资源、实质性提高长江国际航运物流效率,2010年12月,国务院批准成立金陵海关。2010年，南京市对外贸易总额为456亿美元，占全国外贸总额的1.5%。此外，港政、海事、航道等部门在长江水运安全保障、水运执法和水运信息化建设方面提供了良好的服务，巡航救助一体化基地等建设成效显著。具体而言，南京港口岸（一类口岸），1986年经全国人大常委会批准正式对外国籍船舶开放。禄口机场口岸（一类口岸），1997年11月18日经国务院批准正式对外国籍飞机开放。南京出口加工区（北区）2003年3月经国务院批准设立，封关面积1.5平方公里。南京出口加工区（南区）2003年3月经国务院批准设立，封关面积1.2平方公里。南京龙潭港保税物流中心（B型）2005年8月经海关总署批准设立，2006年5月通过国家四部委验收正式封关运营，封关面积0.76平方公里，2007年8月具备出口退税功能。新港海关监管点和江宁海关监管点2008年1月1日经南京海关验收正式开通营运。南京铁路西站海关监管点1988年设立，现开通南京至阿拉山口国际集装箱班列。近年来长江深水航道建设等工程建设为南京沿江港口服务功能提升带来重大机遇。长江12.5米深水航道2015年通达南京，5万吨级海轮可全天候直达南京、10万吨级散货船乘潮通航至南京，使远洋运输向长江深入400公里，南京港将真正实现由江港向海港的跨越。禄口机场二期工程、中邮航空速递物流中心等重大项目的建设，有效支撑全国性航空货运集散枢纽。高速公路及干线公路建设提速，将增强南京的物流集疏运能力。与此同时，沿江集聚多家国家及省级开发区和南钢、梅钢、金陵石化和扬子石化等大型工业企业，以钢铁、汽车、石化等为基础工业的世界级产业集群正在逐步形成，大运量、外向型的产业群基本成形。

（四）江北新区建设沿江自由贸易区的战略思路

1. 夯实基础·加速集聚·航运转型

大力发展高端航运服务，加速实现由"生产型"·"转运型"航运中心向"服务型"·"知识型"长江国际航运中心转型。以建设航运知识集聚地、航运组织和区域性决策制定所在地、航运创新能力所在地为核心，加快南京沿江港口与航运建设从生产型向服务型、知识型转型，建成具有较强经纪服务功能和辐射能力的长江国际航运中心。超前认识和探索全球资源配置能力的内涵与南京对接全球航运网络的路径，加快形成一定的全球航运运力及相关资源配置能力、全球航运交易市场资源配置能力、航运软实力核心资源配置能力和全球航运物流资源配置能力。积极完善南京长江国际航运中心的配套支持政策，研究制定具有国际竞争力的航运税费政策，加强口岸退税政策研究落实，积极探索股权投资基金等多种航运融资方式，营造便利、高效的现代国际航运服务环境，增强国际航运资源整合能力，提高综合竞争力和服务能力。在近期形成若干突破重点，包括：以船舶登记注册制度为突破口，加快第二船籍港政策实施，吸引挂方便旗的中国船只来宁登记注册。积极发展船东保赔市场。积极引进国际知名的船东保赔协会，壮大我国和南京自己的船东保赔协会，增强在国际航运保险市场上的话语权和资源配置权。大力发展邮轮产业，打造江海邮轮母港。允许境外国际邮轮公司在南京注册设立经营性机构，开展经批准的国际航线邮轮服务业务，鼓励境外中型邮轮公司挂靠南京及其他有条件的沿江港口，简化通关，完善船供，试点进行多点挂靠，逐步形成江海邮轮经济雏形。切实提高南京港服务信息化水平，加快建立南京长江国际航运中心综合信息共享平台，推动长江航运市场联动发展。

2.资源整合·政策集成·港区联动

形成沿江自由贸易园区制度框架与政策体系。谋划建设沿江自由贸易园区，不是指划出具体的某一空间特区，而是基于这一总体战略概念集成南京沿江港区的一整套政策体系。目前南京各口岸的环境还有待改善。口岸查验部门服务窗口分散，没有统一的政务大厅和信息平台，各单位缺乏紧密配合的协调机制，给企业带来很大不便。目前南京口岸监管部门主要依靠人力实施监管，制约了通关效率的进一步提高，查验机构的服务能力与港口物流快速通关的服务要求之间存在较大矛盾。现有口岸条块分割、效率不高、配套查验设施建设滞后，查验保障人员编制、经费和配套条件不足等状况不能满足港口快速发展需要。总体而言南京的口岸环境弱于大连、宁波等沿海城市和苏州等内陆城市。为了推动沿江自由贸易园区的发展，海关、检验检疫、外汇等政府职能部门必须分别推出多项具有突破性的扶持政策和措施。在这方面的政策突破与集成上，应该说上海自贸区提供了一个可供南京参照的样本。

3.内外一体·全球网络·开放营运

以内外贸一体化为核心，增强贸易营运和控制力，构建沟通全球的交易网络，加快向开放式的现代国际化贸易中心转型。在人民币国际化、贸易便利化、产业流通、服务贸易等方面争取更多政策先行先试,争取在江北新区建设沿江自由贸易园区,全面实施自由贸易区政策体系和管理运作体制。建设多功能、强辐射的市场交易体系,着力发展以贵金属、能源、化工等商品为主的期货市场,大力发展电子商务交易,促进贸易营销网络从实体向虚拟发展,从市域、都市圈、省域、泛长三角、皖江城市带向更大区域乃至全球延伸,形成辐射长江沿线和全国的商品运转中心。以西坝港区为载体,通过高端化工项目为产业支撑,借助南京化工交易所电子商务交易平台,规划建设仓储库区、保税仓库、化工交易所、南京亚太化工电子交易中心及口岸综合服务中心、现代化工物流信息系统平台;打造化工产品物流中心、交易中心与定价中心,现代化大型化工第三方交易市场,形成集口岸、仓储、配送、保税、交易功能于一体的长江流域最大的化学品集散流通基地。围绕七坝区块,发展南京及周边地区汽车机车装备运输枢纽,江北地区物资转运主要枢纽。以建材物流为主导、兼有装备物流和面向皖江经济带江北片区和苏北地区的集装箱物流,规划成为华东地区规模最大、信息快捷,集仓储、加工、配送、信息、交易市场和金融服务为一体的现代载运工具和专业金属建材物流园区。加快发展离岸贸易,积极推进沿江国际贸易示范区建设,拓展分拨、采购、配送等保税增值服务功能,探索与贸易相结合的维修和供应链管理功能,积极培养以保税交易为核心的专业化市场,着力发展与国际著名贸易中心接轨,以分拨、采购、转口和中转为基本方式的离岸贸易。

三 强化独特价值理念的概念塑造:以建设"美丽中国标志性城市"价值引领的路径设计

"美丽中国标志性城市"的概念设想,是将生态文明的核心要义融入经济社会政治、文化生活的各个领域和环节,倡导一种人与自然有机秩序的系统结构建设。在城市发展顶层设计层面建构一个具有东方审美、世界胸怀的主流意识形态,重视城市生命多样性、成长性(活性、弹性)、可持续发展机会等基本价值理念,建构具有独立审美(各美其美)的价值观、美丽的心灵追求、美好的生活方式、美妙的空间呈现、美人之美的包容性、美美与共的和合共生网络(社会、产业、文化等)。建设"美丽中国标志区"的目标,落实在南京层面,可以理解为如何构建一个"美丽的南京梦"(只要是在这座城市生活的人们,无论你是南京人还是外来者,还是从南京走出去的人,都正在实现或者曾经有过美丽的南京梦),或者理解为是在南京实现一个"美丽的中国梦"。建设"美丽中国标志区"不仅是一个政治目标,更是一个城市全员参与的行动过程,是挖掘升华南京这座城市在若干领域体现"美丽中国"、面向世界的战略行为,在这个过程中在若干领域塑造南京创建国家中心城市的概念感觉与价值主张,在若干领域创造和放大南京建设"美丽中国标志性城市"的影响。

(一)绿色交通·美丽都会——"公交都市"建设瞄准世界前十

首先,在地铁建设方面,南京力争在"十二五"末挤进全国前三,并持续保持在国内第一方阵。2014年,南京确定开通地铁三号线、十号线、宁天城际一期和宁高城际一期(机场线),新建线路运营里程147.4公里,新增车站63座;2015年年底,地铁四号线、宁和城际一期、宁高城际二期和宁溧城际也开通运营,届时,新增运营里程155.5公里,新增车站49座。加上目前投入运营的86公里,南京地铁在"十二五"末将接近400公里,预计里程数将超越广州、深圳,仅次于北京、上海而位居全国第三,在世界范围内预计将位列前十。其次,基于地铁交通网络,进一步放大当前公交都市建设的范围和深度。与地铁网络相配合,进一步优化城市公交网络,保证主城公交地铁换乘距离不超过120米,真正做到零距离换乘。大力推进公交枢纽站和配套设施建设,按照建设公交都市的要求,统一建设一批城市公共交通停车场、保养场、首末站、调度中心、换乘枢纽、港湾式停靠站等设施。最后,关注当前汽车社会中的交通排斥现象,超前进行政策设计与空间规划。发挥南京"山水城林"的城市空间禀赋,把美丽的公共景观和对生态(自然)的保护,融入"公交都市"的深度建设。通过立体化的交通体系格局建设,规划设计城市绿道、公共自行车专用道等,结合城市绿脉、水脉、步行/慢行空间建设,形成独特的南京公共交通文化和公共交通(人群、空间、自然)景观特征,构建"轨道交通为骨架、地面公交为网络、出租车为补充、慢行交通为延伸"的一体化公交都市体系。

(二)消融隔阂·美丽共生——探索"两岸合作框架实践区"

随着海峡两岸紫金山峰会的常设化、台湾名品城的建设与运营等两岸合作形式和实践在南京的逐步深入,南京理应在两岸经贸合作方面持续深化,并应在具体的产业领域取得重大实质性突破,特别是双方都具有竞争优势的电子和数字经济、文化创意产业等领域，避免恶性竞争，寻求共同利益，形成良性竞合关系。同时在两岸政治合作的进程中，南京无论从形式上还是在实践上，都应做出更富建设性、更具创造性的尝试。即使在理论研究和学术探讨层面，南京也应成为两岸政治合作研究成果的讨论、沟通、交流、发布的首选地。两岸目前的经贸合作将持续深入，但涉及政治合作层面的讨论努力不够、亟须破题。在政治、经济领域以外，社会、文化等领域的两岸合作也亟待开发，南京应抓住自身在两岸合作框架中的重要禀赋，在社会、文化领域大胆尝试。台湾整体的教育水平已属上乘，但社会经济发展的纵深受限，在大陆特别是南京，台湾民众其实可以很好地实现寻求生产生活的新增长点、新丰富点的目标。对于南京而言，无论是生产性服务业、生活性服务业，还是技术创新与创业，台湾应该成为"新南京人"一个重要来源地。"321"人才计划完全可以出台一个专门面向台湾的版本，加速台湾岛内向大陆地区特别是南京的技术移民，甚至在此基础上，探索打造"两岸合作框架实践区"。

（三）文化之都·美丽多元——构建"东方文化之都"或"亚洲文化之都"

从 2004 年开始，南京已经举办了多届"世界历史文化名城博览会"，以文化古都作为名片，南京在全球范围内的城市形象得到了一定的传播和推介。当前我们还应放大这一有一定基础的工作效应，进一步以人类共享的文化价值传播为载体，展现"美丽中国"的城市文化主张。南京不仅是世界古都，具有其特有的城市历史文化。同时，南京在近代以来所经历和呈现的，更多是具有广泛认同的价值追求。南京是近代以来人类最大规模的民众反帝反封建斗争——太平天国运动建立政权的首都城市、创建亚洲第一个共和政体国家的首都城市，与当时北京代表的帝国文化不同，南京代表新兴的共和民主文化，是全亚洲范围内现代国家建设的起点之一。同时，南京作为中国走向半殖民地的起点（《南京条约》）、战争与和平中最惨绝人寰的悲剧城市——首都民众的被屠城（南京大屠杀），虽然历史上国仇家恨累累血债，但是南京恰恰因为在战争中所受的创伤如此之重，所以更加珍爱和平。当代的南京是亚洲和世界"和平"价值主张的发起城市。此外，佛顶骨舍利在南京的供奉，金陵刻经处在佛教文化传播领域的重要地位，使得南京以"佛顶舍利""祖庭文化""世界名寺""佛学首府"等为内涵的世界佛教文化圣地形象雏形初现。因而，在文化传播层面，南京有助于"美丽中国"世界印象的形成，完全可以在名城会的基础上，在南京特色的城市历史文化资源之外，进一步融入当前人类共享的文化价值内涵，秉持对历史的尊重，在更加广泛的范围和更加深远的层次，从美丽中国和亚洲发展的人文反思层面，思考南京以及中国在亚洲发展的现在和未来中的时代责任。塑造南京"东方文化之都"或"亚洲文化之都"的城市形象，成为"美丽中国"和中国主导的重塑"亚洲认同"的重要载体。

（四）春之都·美丽未来——基于"亚青会""青奥会"效应创建"全球青年文化之都"

借助 2013 年亚青会、2014 年青奥会的连续性国际大事件营销效应，以及后续的亚洲体育中心城市和世界体育名城建设，按照南京举办青奥会的"办赛事、建城市、惠民生"的理念，发挥举办青奥会的优势，与国际奥委会及专业委员会合作，赛后举办国际级体育赛事。以筹办青奥会为契机，南京大力开展国际文化体育交流，青奥会后不仅要吸引一批有国际影响力的体育赛事，提高体育场馆使用率，还要吸引和策划成立一批具有国际影响力的体育机构总部入驻南京，力争在国际性体育赛事新闻、城市形象传播和推广层面跻身国内一线城市和亚洲乃至世界著名城市之列。在城市国际化功能强化方面，进一步打造一个国际化的城市语言环境，逐步完成公共场所的双语标识的改造。依托 12345 市民服务热线，开发利用一体的多语种服务系统，设立触摸式中英双语信息导航系统和电话服务热线，建立多语种政府服务网站，在重点区域设立面向境外旅客的旅游咨询中心。此外，还要充分利用青奥会交流平台，规划建设以南京友好城市为主题的国际风情街，展示各国文化、风土人情及物产。延伸和演绎亚青会、青奥会的青年文化主题，为南京的城市发展注入美丽的青春活力。积极打造"南京——世界的青年城"，通过具体的青年文化主题事件策划（如世界青年微电影节、世界青年公益组织南京汇、世界青年创意设计双年展等）、项目建设（青年主题社会空间、世界青年音乐会会址等）牵引南京成为世界青年最向往（或目的地）城市。

第四章

"大事件"驱动：
大都市国际化治理策略

伴随着21世纪初叶中国经济的崛起，作为支撑中国经济的主要生产与消费空间，中国城市的快速成长也成为世界瞩目的现象。诺贝尔经济学奖获得者斯蒂格利茨很早就敏锐地指出：在21世纪初期，影响世界最大的两件事，一是新技术革命；二是中国的城市化。当前的中国城市越来越融入全球城市网络中，参与全球生产网络的分工与协作，中国城市的国际竞争力正在与日俱增，以北京、上海为代表的国内一线城市已经逐步迈入国际化大都市的行列。发达国家的经验表明，一个走向国际化的大都市，不仅要有国际化的城市经济服务功能、国际化的城市社会发展水平，还要具备国际化的城市软实力、国际化的城市传播力。

然而，国际化的城市软实力甚至是城市巧实力的构建，不同于传统意义上国际化的城市硬实力建设。国际化的城市硬实力主要表现在城市参与全球经济分工、城市自身的国际化服务功能、城市内外部的联通结构。地方政府通过短期内的制度创新和社会动员，以建设出口加工区、保税区、自由贸易区等形式可以快速嵌入全球生产网络中，辅以大规模的城市基础设施建设快速提升城市国际化生产服务功能，可以在不长的时间内初步形塑出城市的国际化硬实力。但是国际化的城市软实力、城市认同力却不是在短期内通过城市基本建设的快速推进而实现的。国际经验表明，在全球化竞争日益激烈的宏观环境中，各国大都市政府越来越多地采取各种主动的战略性手段优化城市发展环境，通过类似于企业的运作方式来包装和推销城市,尤其是注重通过重大事件与活动(如奥运会、世博会等)以获得潜在买家(居民、游客、移民、企业或者其他投资者)的青睐。[①]洛杉矶、亚特兰大、悉尼等国外大都市无不依靠奥运会的举办而实现城市的华丽转型,大事件正成为国家、城市最高科技水平集成智慧的展现平台。从这个意义上来说,能否成功筹办、申办、组办全球性大事件,已经成为一座城市能否走向国际一流大都市的重要指标。

充分把握奥运大事件的契机,运用好奥运遗产,促进城市后续发展,已成为举办地国家与城市政府的共识。2014年南京成功举办第二届夏季青年奥林匹克运动会,正式进入世界奥运城市之列。青奥会的"南京模式"已经被国际奥委会认为是"树立了可持续赛事组织的优秀典范"。南京青奥会在利用好奥运遗产的同时,又创造出丰富的遗产,特别是进一步通过体育与文化的融合,让赛会回归奥林匹克精神的本原,为世界奥林匹克运动注入了新内涵,丰富了新内容。本章通过系统梳理全球大事件对城市国际化的价值影响、与城市联动发展的机理,总结和规划南京青奥会遗产,并尝试提出"后青奥时代"的南京城市国际化的治理策略。

第一节 "大事件"驱动城市国际化的机理分析

一 "大事件"对于提升城市国际化竞争力的价值

(一)全球大事件的策划、发布与承办,已经成为所在城市是否作为世界城市网络节点的重要标志之一

全球大事件的策源城市、始发城市、承办城市,通常而言,在世界城市网络中更具网络控制力与有效传播力。大事件本身是一个信息高度集成体、高度浓缩体,是一个可以向全球每个角落扩散的信息放射源、爆炸源,尤其在具有多元化、立体化传播能力的现代全球传媒体系中,一个大事件信息源的引爆,不仅在最短时间内可以迅速到达世界各地,而且还会经由各种网络化、技术化的手段无孔不入地进入每个个人的生活世界,尽管也

---

① L.勒卡达内、卓健:《大事件·作为都市发展的新战略工具——从世博会对城市与社会的影响谈起》,《时代建筑》2003年第4期。

许你并不希望主动接受这样的信息侵入,但是你依然摆脱不了大事件所引发的信息、广告轰炸。在当代的全球城市网络中,处于网络节点的城市是信息流、要素流、资本流、人力流最为集中,而且是这些物质流集中与扩散速度最快的枢纽。网络中其他城市所表现得更多的是接受扩散、中介转运的功能角色。全球性、国际性的大事件作为最重要的信息"原力",在很大程度上代表所在城市的信息集中、发布、传播与扩散能力,尤其是在当今的信息化时代,全球信息的策划者、始发者都处于城市信息等级的高端位置,也是全球性高级信息化生产者服务业的聚集地。策划全球大事件,本身就是在策划全球新时尚、谋划全球新市场、谋求全球新跃升。因而,位居世界城市网络节点的国际大都市往往成为全球大事件的始作俑者,那些希望获得网络节点地位或者是谋求网络等级跃升的城市往往热衷发布和承办全球大事件,无论是全球传播最广泛的奥运会,还是商业价值更高的世界杯,仅从赛事申办城市之间近乎白热化的竞争就可见一斑。

(二)大事件已经成为全球生产者服务业高端服务能力扩展的重要平台

大事件一经策划与启动,就像一个具有强大内核与号召力的小宇宙开始燃烧,全方位地向周围的时空扩展能量,甚至可以引发外部时空范围内其他活跃要素,形成联动、共振或者传导效应。基于这样的时空扩展过程,全球大事件本身构成了一个全球要素资源配置与扩散的平台。换言之,如果我们研究全球大事件的生产要素与服务配置过程,就会发现大事件启动、执行、引爆、遗产的全过程,就是一个全球生产者服务业高端服务能力时空扩展的重要平台。以目前足球领域最火爆的西班牙国家德比为例,当前西班牙的国家名片不仅仅有传统意义上的斗牛士,更具全球商业价值的西班牙国家德比已经成为该国贡献给世界最具传播力的全球大事件。尤其是近年来,西甲劲旅巴塞罗那队和皇家马德里队不断网罗世界最好的球星,巴萨和皇马每年的国家德比大战,被全球传媒炒作成为世纪之战,具有全球最高收视率的电视转播价值。巴塞罗那和马德里两座城市也得益于国家德比的大事件,使得两家俱乐部的商业化运营从各自的城市广泛地扩展到全世界的角落,印有皇马、巴萨的球衣、队服、俱乐部纪念品出现在世界各国城市的专业商店中,使用球星肖像权的各种商品的创意广告,反复不停地出现在各国城市的电视传媒上。与此同时,经由国家德比—世纪之战这个大事件本身引发的全球生产者服务业高端服务能力的商业扩展，正在源源不断地把来自世界各地的商业利润带回西班牙的巴塞罗那和马德里。

（三）大事件是刺激城市持续创新能力产生和保持城市活力的重要载体

城市的发展依赖于城市所在区域的经济与社会发展，经济与社会发展的周期性、波动性特征，既会给城市的发展带来快速的繁荣期、快速的增长期，也会给城市带来低谷期、酝酿期。如何在一个更长的社会时空范围内，有效保持城市的持续创新能力和城市活力，有效克服城市增长与创新的波动周期，一直是困扰城市政府的重大难题。为了有效对冲城市衰退期、产业衰退期、创新衰退期，城市政府试图谋划更加多元化、多样性的产业体系、商业体系、文化生态以应对周期波动。自20世纪90年代以来，通过大事件的策划与承办开始成为城市塑造多元化产业经济、多样化社会生活的重要战略工具。始于1983年的"欧洲文化之都"项目，就是旨在通过大事件引导欧洲城市保持持续创新与城市活力。苏格兰的格拉斯哥、西班牙的萨拉曼卡等曾经进入衰退的城市，经由"欧洲文化之都"的大事件驱动，实现了文化复兴与经济繁荣。

法兰西规划学院（IFU）教授F-Ascher在对当代城市社会发展变化的分析中指出，当代城市社会多样化和个人化的发展趋势，并不意味着社会生活的终结；相反，人们对社会生活提出了新的要求，社会生活不再局限于固定的社会群属和地域范围，而呈现出多归属、多尺度的特点。一方面，自发的小规模的社区活动蓬勃发展，满足人们需求的多样性；另一方面，周期性的国际重大文化和体育活动则在全球范围内对人们的社会生活起到"再同步"的作用，世博会、奥运会和世界杯等国际盛事通过现代传媒的发展，已经成为全球共同的节日。这些大大小小的事件不仅是城市活力（Urban dynamic）的指示器，而反过来，通过"制造大事件"，也可以影响城市的发展，因此大事件也是城市活力的"调节器"。[①]

---

① L. 勒卡达内、卓健：《大事件·作为都市发展的新战略工具——从世博会对城市与社会的影响谈起》，《时代建筑》2003年第4期。

(四)承办大事件过程是有效提升城市民众国际视野、培育城市国际化社会文明的教育方式

承办国际大事件的过程，也是城市自身以国际化通行水准进行城市社会建设的过程。从城市基本的生活居住环境品质上看，城市将按照承办大事件的国际标准和工作要求，完善文化、教育、体育和休闲娱乐设施，完善城市排水、路灯、环卫、消防等公共设施，健全无障碍设施，提高公交站台、公用电话、邮箱报栏、街头休闲座椅等公共设施的建设和管理水平。在社区管理上，更需要引入国际化的社区管理理念和服务机制，加快物业管理国际化标准与质量认证，推进物业管理模式与国际接轨，积极营造国际化的城市社会空间，实现办公、生活与国际水平同步，成为大事件举办过程中向世界展示城市现代活力的重要窗口。对于城市政府而言，则需要学习研究国际规则，加快体制机制创新，加快推动制度创新，建立较为完善的国际运行机制，基本建立与国际经济、社会、文化发展等接轨的制度规则和符合国际惯例的法规体系，建构更加合乎国际化进程需要的制度架构和法治秩序。以北京为例，通过广泛开展"迎奥运、讲文明、树新风"活动，同时在各个服务行业，按照国际通行的服务标准进行了广泛的培训。北京市政府还致力于城市道路交通、旅游景区、博物馆、商业场所、公共文化设施、地铁公交、医药卫生、体育场馆和环卫设施九个领域的双语双识英文译法标准的制定工作。2007年市民讲外语活动严格执行和高质量落实《北京市民讲外语活动规划》，通过扎实落实规划的各个措施，提高市民整体外语水平和讲外语人口的数量。到2007年年底，北京市规范公共场所英语标识工作目标全部完成，主城八区市政道路的6530面英文标识牌全部符合英文规范化标准，全市不同程度参与了市民学外语活动的人数达到700多万人，具备外语沟通能力的人口达到493万，占常住人口总数的33%。

表4—1　　　国外城市（城区）举办重大赛会活动情况一览表

城市名称	赛会活动	举办时间	基本情况	作用和影响
巴塞罗那	第25届奥运会	1992年	西班牙最大的商港和工业中心	从一个普通的中等城市一跃成为欧洲第七大城市和世界著名旅游热点地区

续表

城市名称	赛会活动	举办时间	基本情况	作用和影响
亚特兰大	第26届奥运会	1996年	美国东部历史名城，新兴的工商业城市	成为美国东部的工业中心和重要的交通枢纽，美国第二大通信发达城市
悉尼	第27届奥运会	2000年	澳大利亚最大的城市，经济、交通、贸易中心	"绿色奥运"推动城市全方位发展，带来超过200万旅游者和近百亿美元的旅游收益
雅典	第28届奥运会	2004年	希腊首都和政治、经济、文化中心，欧洲古代文明发源地	促进以雅典卫城为中心的历史人文景观区更新，重塑城市形象地位
新加坡	第1届青奥会	2010年	新加坡政治、经济、文化中心，世界级港口和国际金融中心	推动奥林匹克运动与文化和教育实现全新结合

二 大事件的城市"嵌入"与联动发展

（一）大事件创新城市发展主题与城市发展战略定位

大事件本身虽然属于综合型、全球性活动，但是任何一次大事件的主题性却都是非常鲜明的。主题鲜明性构成大事件的核心特质，也正是这样的主题价值演绎才使得大事件具备全球性的传播效应。因而，众多国家借助全球性大事件的地域承办，为城市发展提出新的战略目标与政策取向。通过承办与城市未来发展战略相关的主题性大事件，城市政府会出台相应的城市发展战略规划或者是中远期战略定位,并辅以相关的公共政策体系配套执行。以北京为例,申奥成功后,北京市委和市政府正式提出了"新北京、新奥运"的战略构想,成为北京在现代化特定历史阶段发展的战略方向,"绿色奥运、人文奥运、科技奥运"三大理念不仅是筹办奥运的理念,而且成为城市发展的强大动力。新的发展战略目标和总体规划明确了北京将作为国家首都、文化名城、国际都市和宜居城市的发展方向,奥运会的筹办工作在"新北京、新奥运"的战略构想指导下,不仅大大促进了北京作为国际化大都市功能的发展和完善,而且也促成了北京在环境、交通、城市基础设施方面的长足发展。早在21世纪初,澳大利亚悉尼以"绿色"为主题举办2000年奥运会,全面改造城市生态环境,提高城市交通服务能力,更被萨马兰奇誉为"史上最好的一届奥运会"。后奥运时代的悉尼城市发展并没有脱离悉尼奥运会的"绿色"主题,悉尼市政府2008年在编制面向2030年的悉尼可持续发展战略规划时,进一步将2000年悉尼奥运会的"绿色"主题演绎,提出了悉尼2030"绿色、全球、互联"(Green Global Connective)可持续发展战略规划的主题。

(二)大事件创新城市空间结构体系,改善城市整体面貌

通过承办大事件,城市往往会形成倒逼时间表,以有效的政府动员与社会动员,容易突破既有的框架结构,打开新的布局和增长空间。尤其是在国际赛事组织过程中,地方政府可以制定和实施新一轮城市发展规划,加快拓展城市空间,优化城市布局。大多数城市和区域普遍将重大赛会活动和发展战略目标相结合,明确新一轮的发展格局和发展方向,为未来发展打开新的空间,拉开新的框架,形成城市新的增长极。如北京通过举办1990年亚运会和2008年奥运会,一举打破延续500年的原有城市格局,将中轴线向北延伸了10公里,并在北端形成一个集体育、文化、商务、会展、休闲、居住于一体的城市新中心和功能区——奥林匹克公园中心区。广州通过举办1987年第六届全运会建设天河新区,初步形成新的城市中轴线,通过举办2001年第九届全运会,将城市轴线再次向东延伸,通过举办2010年亚运会,继续实施东进和南拓战略,奠定了新的未来城市发展框架。2001年全国"十运会"确定选址南京,直接催生了以奥体中心建设为标志的河西新城,经过近十年的建设,河西新城发生了脱胎换骨的变化,经济发展、城市面貌、生态环境等都得到迅速提升,"一城三区"的

现代化新南京的城市空间结构初步确立。2008年第四届世界城市论坛在南京举办，南京国际博览中心正式运营；台湾名品交易会的定期举行，在2010年催生了河西台湾名品城商业空间成为永久性交易市场。

通过短时间内的高强度政府动员，还可以改变和提升城市整体面貌。针对重大赛会活动政府进行大规模的社会动员，成为推动区域道路交通、环境整治和市政建设跨越发展的重要动力，城市基础设施配套、公共服务能力迅速提升，城市面貌在短时期内焕然一新。如北京石景山区原是传统的重工业区，设施陈旧，污染严重，通过承办2008年北京奥运会部分比赛项目，该区先后投入96亿元新建了106条城市道路，对47条道路和200万平方米建筑外立面进行了环境整治和景观改造，完成20多个"城中村、厂中村"改造和271个环保限期治理项目，新增绿化面积290万平方米，新建了一批公共体育文化设施，区域空气和水资源质量大幅度改善。

表4—2　　　　国内城市（城区）举办重大赛会活动情况一览表

城市名称	赛会活动	举办时间	主要承办区			
^	^	^	名称	承办规模	发展定位	承办目标
北京	第29届奥运会	2008年	朝阳区	1. 奥运会主场馆所在区 2. 运动员村所在区 3. 80%奥运场馆所在区	1. 国际交往重要窗口 2. 现代体育文化中心 3. 高新技术产业基地	1. 全面服务奥运 2. 加快功能区建设
^	^	^	石景山区	部分奥运比赛场馆所在区	1. 城市功能拓展区 2. 重要文化娱乐和旅游区	1. 打造首都休闲娱乐中心区 2. 建设现代化首都新城区

续表

城市名称	赛会活动	举办时间	主要承办区			
			名称	承办规模	发展定位	承办目标
上海	第41届世博会	2010年	浦东新区	大部分世博会场馆所在区	上海建设国际经济、金融、贸易和航运中心"四个中心"的核心功能区	建成上海的标志性中心城区
广州	第6届全运会	1987年	天河区	1. 主场馆所在区 2. 部分比赛项目举办地	广州市现代化大都市中心区、科学发展实力主力区、现代服务业集群发展核心区、宜业宜居示范区和改革创新先行区	打造"亚运城市"形象标志区
	第9届全运会	2001年		1. 主场馆所在区 2. 部分比赛项目举办地		
	第16届亚运会	2010年		1. 主场馆所在区 2. 部分比赛项目举办地		
济南	第11届全运会	2009年	历下区	1. 主场馆所在区 2. 全运村所在区 3. 部分比赛项目举办地	济南的中心城区和重要窗口	建设省会城市一流中心城区
南京	第10届全运会	2005年	建邺区	1. 主场馆所在区 2. 部分比赛项目举办地	南京城市新中心现代化新南京标志区	迎接十运会,建设新城区

（三）大事件创新城市产业体系，带动城市转型发展

利用重大赛会活动带来的国际性综合拉动效应，带动区域快速发展与产业转型升级。自1984年美国洛杉矶奥运会第一次采取商业模式运作，首次实现盈利之后，现代奥运会对主办城市甚至主办国的经济影响作用就越来越大。1992年巴塞罗那奥运会使得这座城市脱胎换骨，从时尚型的旅游城市变成一个基础设施获得极大改善的度假中心。综合性赛会活动举办规模和影响越来越大，产业关联度越来越高，相应催生了大量的经济、产业和消费需求，带动了高层次现代服务业和新兴产业的迅猛发展，成为推动所在城市和区域优化产业结构、提升产业层次、促进产业转型的重要动力。奥运经济发展为首都产业结构优化升级提供了直接动力，直接拉动了建筑业、通信设备、交通运输、旅游会展等相关行业的发展，同时也有力促进了金融保险、信息传输、商务服务、文化创意等加快发展，形成了一批知名企业和品牌，成为带动产业升级的主导力量。金融保险业、社会服务业等12个行业部门从北京奥运会中直接受益，"后奥运时期"北京市第三产业比重超过65%，接近西方发达国家水平，经济产业结构得到明显优化。亚特兰大通过举办1996年奥运会，成功实现产业转型和跨越式发展，成为美国东南部的工业中心和第二大通信发达城市，被誉为"全球最佳经济环境城市"和"拥有国际跨国公司最多的城市"，奥运期间留下的大规模先进的会议设施，使其成为全美的"会议之城"。"奥林匹克生产效应"使得韩国的高科技电子信息产业一跃成为国家经济支柱产业。日本东京通过举办奥运会，集中展示了经济和科技发展成就，一大批知名品牌走向世界，带来的经济繁荣被誉为"东京奥林匹克景气"。

（四）大事件创新城市文化属性，融合城市传统文化与现代文明

目前国际性大事件的举办过程，大都有一个共同的特征，就是让大事件的组办过程成为一个城市中时尚元素与保守文化交锋、融合、对话的立体展现，从而促进城市文化多样性生长环境的形成。在欧洲很多著名的历史文化名城，例如威尼斯、佛罗伦萨等，通过举办知名的城市双年展，为历史文化古城带来了现代设计、创意、时尚的文化元素。上海为了丰富城市的科技、时尚文化属性，成功申办了F1上海站赛事，不仅通过赛车场建设与嘉定融合发展带动了安亭卫星城的成长，还引入同济大学汽车学院的入驻，如今在嘉定形成涵盖了以新能源汽车研发、设计、实验、样车、

制造等各个环节的汽车研发产业集群,不仅为上海郊区注入现代产业文明,而且为上海国际文化大都市建设丰富了文化元素。

风靡全欧的"欧洲文化之都"项目,在欧洲各大中小城市中掀起了城市"文艺复兴"运动,一度被英国首席建筑师、城市学家理查德·罗杰斯称为"重返城邦时代"。罗杰斯认为,基于"欧洲文化之都"大事件落户的城市"文化复兴",不再仅仅只是一个提升旅游业的手段和单一刺激,而是一个未来城市的本质成分,是未来城市的基因,是吸引投资和新兴居民的关键因素。以利物浦为例,2008年"欧洲文化之都"王冠属于利物浦,该项目给利物浦带来了巨大的变化。一年中,利物浦投入40亿英镑改善城市基础设施和文化设施,举办了7000多项文化活动,不仅大大增强了利物浦人的信心,而且吸引了1500万名游客。在结束"欧洲文化之都"之夜,数以万计的利物浦人涌上街头,观看盛大壮观的烟火庆祝。街头巨大屏幕上,展示过去一年来在利物浦举行的有上万艺术家参加的七千多起文化活动,包括特纳发奖会(Turner Prize)和MTV欧洲发奖仪式等。利物浦市政府表示,"欧洲文化之都"的确给这个城市注入新的活力,利物浦的年轻一代更加有自信了,虽然"欧洲文化之都"的桂冠只维持一年,但是这个称号给利物浦带来的积极影响将持续下去。

总体而言,国际重大赛会活动都已成为一种"眼球事件",它不仅给主办城市和区域一个集中展示文化特色和城市魅力的舞台,而且成为加强形象塑造、挖掘城市个性和提升城市影响力的重要平台。如悉尼通过修建奥运会设施,对达令港进行了升级改造,使历史街区成为著名的酒吧和餐厅区,同时,将游泳馆建于城市的中心港口,直面城市最佳景观——海港大桥与悉尼歌剧院,充分彰显了强烈的景观特色和迷人的城市形象。从国内外的成功经验看,重大赛会活动的举办,不仅是旧城改造和新城建设的"催化剂",带来了城市功能整合、规划布局调整、城市形象提升的重要契机,而且推动了各类发展资源和发展要素的迅速聚集和相互作用,为区域经济社会协调可持续发展提供了重要的内生动力。如广州天河区和北京朝阳区,在分别举办两届全运会和一届奥运会后,一跃成为所在城市的经济龙头和强劲的发展新引擎,地区生产总值、财政总收入和固定资产投资保持持续高速增长。再如,巴塞罗那通过举办1992年奥运会,经济从衰退走向持续增长,从一个欧洲中等城市一跃成为欧洲第七大城市和世界著名的海滨旅游城市。

第二节 青奥会举办与大都市国际化发展的机遇

一 作为国际大事件的青奥会

青奥会是国际奥委会专门为全世界青年人设计的一项国际体育计划，也是一项新的国际综合性青年体育盛会。虽然诞生时间不长，但备受关注。青奥会旨在聚集世界范围内所有的具有天赋的青年运动员——参赛选手的年龄应在14岁到18岁之间——以组织一项具有高度竞技水平的赛事。青奥会是针对青年的国际性综合运动会，既是体育的盛会，也是青春的盛会、文化的盛会。根据国际奥委会的决议要求，该项赛事共分26个大项，参赛运动员人数约3500人，赛会官员及工作人员约1500人，赛程约12天。按照国际上的赛事承办惯例，在十年之内可能不会再有相当规模的世界性赛事落户中国。南京青奥会是我国继北京奥运会、广州亚运会之后承办的又一国际性综合体育赛事，也是南京和江苏省承办的一次规格最高的优育盛会。办好青奥会，对于推动南京经济社会发展，促进青年体育事业进步，提升我国自信开放的国际形象，增进我国人民与世界各国人民的友谊，具有重要意义。

青奥会本身在奥林匹克发展运动中将是一个创新的平台，成为能代表国际最高运动水平的赛事之一。为了让青年们从运动中收获健康的生活方式，青奥会作为国际大赛事的影响力还在于它的经济社会文化交流价值，青奥会将全世界的青年运动员们都集合起来，用一种独特而有力的方式来推广奥林匹克精神，以一种创新的形式激发关于奥林匹克精神和社会挑战的教育和讨论。同时在节日般融洽欢快的气氛中分享世界各地的文化，向世界各地的不同青年团体推广奥林匹克精神，在年轻人之间提升体育运动意识和参与感。全球化时代，重大事件从来都是国家、区域和城市发展的重大机遇。作为典型意义上的国际性重大事件，"青奥会"因承载着奥运精神，举办城市完全可以利用其所具备的奥运文化要素，深入挖掘并创造城市发展机会，进而实现城市在全球城市体系中能级的跃升。

二 青奥会大事件倒逼南京大都市国际化功能提升

(一) 筹办青奥会之前南京大都市国际化程度分析

国际重大赛事对区域发展的作用最初体现在拓展空间格局和促进社会经济发展上，而进入21世纪以后，其作用更多地体现在推动城市和区域国际化发展。2001年十运会确定选址南京，直接催生了河西新城，经过近十年的建设，河西新城发生了脱胎换骨的变化，经济发展、城市面貌、生态环境等都得到迅速提升，现代化新南京的城市形象初步确立。2008年第四届世界城市论坛在南京举办，南京国际博览中心正式运营；2009年中欧峰会在南京举办，也是该峰会首次在北京以外的城市举行；随着宁台战略合作的持续深入，台湾名品交易会不仅定期举行，而且在2010年将以台湾风情街的商业空间成为永久性交易市场。在三个发展的开篇之年，在南京又一轮发展的关键阶段和关键时点，青奥会这一世界级的体育盛会花落南京，必将进一步促进南京不断集聚新的发展资源，打造新的战略优势，在跨江发展、都市圈发展和长三角一体化进程中发挥更强的辐射带动作用。

但是与国内外先进城市的横向比较，与"青奥会"自身的国际化属性对举办城市的国际化水准要求相比较，南京城市国际化水平都有不小的差距。为了成功举办"青奥会"，南京必须在短期内加速提升城市的国际化水平。将南京2010年（申办青奥会成功的当年）有关数据与该指标体系进行比较，南京在部分指标上已经迈进国际化城市的初级阶段，初步具备发展成为国际化城市的条件和水平。但若按照代表国家或区域参与国际分工和竞争、在全球范围内集聚和配置重要资源、充当国际性中心城市和枢纽城市等世界一流城市的国际化标准分析，南京差距明显。

表4—3　2010年筹办青奥会前夕南京市与国际化城市指标比较一览

序号	指标名称	单位	城市国际化水平			南京
			初级	中级	高级	
1	人均GDP	美元	5000	10000	20000	10000

续表

序号	指标名称	单位	城市国际化水平 初级	城市国际化水平 中级	城市国际化水平 高级	南京
2	人均可支配收入	美元	4000	7000	15000	4150
3	第三产业增加值占 GDP 比重	%	60	68	73	50.5
4	非农业劳动力比例	%	75	80	85	76.8*
5	人均电力消费量	千瓦时	2000	3000	4000	1800*
6	人均公共绿地面积	平方米	15	20	20	13.6*
7	每万人拥用机动车数量	辆	1000	1500	2000	1040
8	每万人拥有电话数	部	3000	4000	5000	3750
9	地铁运营里程	千米	200	300	400	85
10	外籍侨民占本地人口比重	%	0.6	1	2	—
11	入境旅游人数占本地人口比重	%	40	70	100	19
12	市民运用英语交流的普及率	%	40	60	80	—
13	国际主要货币通兑率	%	100	100	100	—
14	出口总额占 GDP 比重	%	40	60	100	33
15	进口总额占 GDP 比重	%	30	50	80	27
16	外汇市场交易量	亿美元	150	300	600	—
17	外商直接投资占本地投资比重	%	10	20	30	8.7*

注：* 为 2009 年南京申办青奥会时的城市数据。

从大都市人口结构与素质的国际化程度来看，截至 2010 年，南京市国际人口流动总量为95.7万人，常住外国人总量为1.45万人。截至2011年底，全球500强企业有93家在南京投资，全市3000多家外企，雇员总数达到35万；南京市订购含外文原声节目频道的有线电视用户数2.21万户；南京市订购外文报纸杂志的3.59万人。2011年，南京全年接待入境旅游者150.64万人次，南京的出境旅游者36.78万人次，全年办理因私出境42.1万人次，接待临时境外来宁人员370280人次，其中旅游者316848人次。全年公安出入境管理部门共受理出国（境）申请411599人次，其中以旅游为目的的出国（境）申请368346人次；办理境外人员签证、签注申请21784人次。2011，南京禄口机场旅客吞吐量为1253.05万人次，其中国际航线7条，年旅客运输量104万人次和货邮吞吐量3.6万吨；南京港集装箱吞吐量184万吨，保税物流园监管货运量16.3万吨、监管货值17.8亿美元；星级以上酒店共接待境外人员316848人次；南京高校全日制留学生有5304人；国际奢侈品品牌入驻南京数量有62个；南京举办的国际商业演出活动62次，有4.72万人次消费。总体而言，无论从整体上、结构上、素质上，南京与国内外标杆城市差距较大，主要体现在以下几个方面：

1. 外籍居民的比例较低，国际性人口迁移与流动不足

2011年，南京的常住外籍居民1.7万人，仅占全市常住人口（810.91万人）总量的0.21%。与国际先进城市相比人口流动的吸引力较低：①一方面对外国留学生、专家和技术与管理人才定居的吸引力不足；另一方面对外国企业特别是跨国公司区域性总部设置也缺乏吸引力。②从国际城市外籍人口的比例5%、8%、15%、20%等四种不同标准衡量，即使按最低的5%标准，南京市外国人规模对国际城市定位的支撑也显得较弱。③结合利用外资水平和对外经济比例看，引智远远落后于引资和引技。能否提高外国人在常住人口中的比例，是实现由引进资金向引进全要素转变的关键。

国际航班数量：采用国际航班数量来估算国际性人口迁移与流动，年国际性人口流动量 = 国际航班数 × 机载量。结果表明：①南京市国际人口流动总量为95.7万人，远低于新加坡、特拉维夫和波士顿，仅分别达到20.58%、8.3%和79.75%。②流动频率为0.12（流动总量/总人口），不足新加坡、特拉维夫和波士顿的13.33%、0.41%和6.18%。

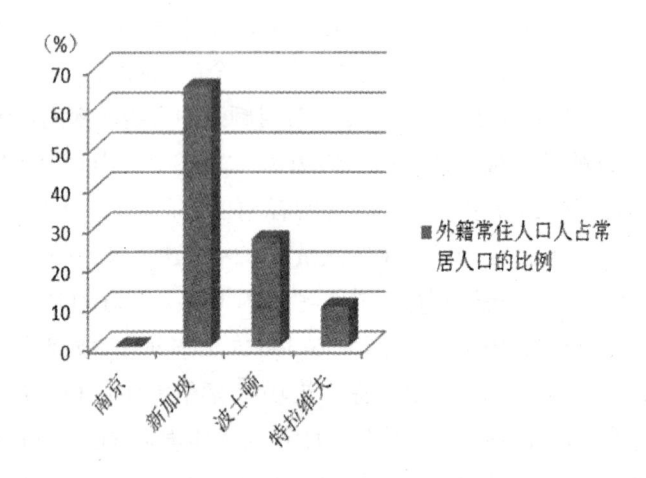

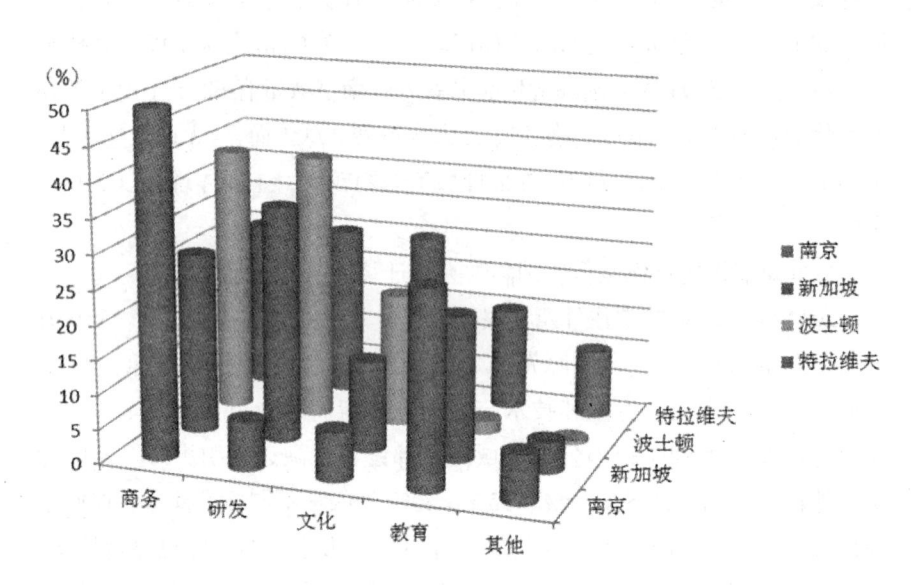

图 4-1　南京与国外标杆城市常住外籍人口比例比较

资料来源：南京市人口计生委：《南京城市人口发展与波士顿、新加坡、特拉维夫比较》。

2. 科教资源优势稳居国内第三，但高素质人口比重不高

根据"六普"结果，南京具有大学以上文化程度人口占比为 26.11%，

除北京外，与沪、杭两市相比有一定优势。但与国外标杆城市相比，尤其是高学历人口仍有较大差距。而且，全市常住人口中，仍然有21.10万文盲人口（15岁及以上不识字的人）。

表4—4　　南京、新加坡、波士顿、特拉维夫人口学历比较

比较项目城市	研究生学历比例	大学以上学历比例	中学以上学历比例
南京	1.82%	26.11%	76.58%
新加坡	21.4%	44.2%	93.2%
波士顿	19.8%	44.3%	85.8%
特拉维夫	13.3%	62.4%	86.2%

资料来源：南京市人口计生委：《南京城市人口发展与波士顿、新加坡、特拉维夫比较》。

发展高科技产业，是新加坡、波士顿、以色列，包括北京、上海等国内外标杆城市吸引国际化人才，提升人口国际素质的重要战略举措。但是，在人口整体素质提高的背景下，由于科技产业的规模和数量不足，导致我市对人才的吸引力和凝聚力低于京、沪、穗、杭。与杭州相比，南京高新技术企业只有606家，比杭州少了944家。此外，产业的高端化、国际化水平还不高，科技创业创新平台建设相对滞后，对高端人才的承载能力较弱，无法为国际化人才和优秀高校毕业生提供有效的工作、创业机遇和平台，导致了高端国际化人才不想来，在宁高校的高素质毕业生又不想留的局面。重点院校优秀毕业生首选工作地点往往是京、沪、穗，甚至苏南地区，南京只做备选，每年近25万大学毕业生2/3以上离开南京择业，只有不到8万人留在南京，且在一定程度上竞争力较弱。毕业生的这种自选择机制长期积累的结果就是，南京市具有大学文化程度人口占比较大，人力资本总体水平较高，但优秀人才占比较低。

3. 城市国际化交流程度较低，出入境旅游人数不高

2011年，南京入境旅游人数为150.7万人次，仅为北京的30.74%、上海的17.7%、杭州的49.2%。2011年，南京因私出境41.2万人次，上

海245.5万人次、杭州68.9万人次。市民运用英语交流的普及率虽尚无权威统计，但南京差距明显，大阪、慕尼黑、巴黎等非英语城市均超过60%以上，一些城市甚至超过80%。南京有友好城市14对，北京、上海、杭州分别为45对、49对和19对。

表4—5　　　　南京、北京、上海、杭州2011年出入境游人次

比较项目 城市	因私出境人次 （万人）	入境游人次 （万人）	国际友城数 （对）
南京	41.2	150.7	14
北京	—	490.10	45
上海	245.5	851.12	49
杭州	68.9	306.3	19

资料来源：南京市人口计生委：《南京城市人口发展与波士顿、新加坡、特拉维夫比较》。

4.城市公共服务与国内外先进城市相比有一定差距

公共服务方面，南京市教育机构数量为1.39个/万人，较新加坡和特拉维夫少0.51和2.31个；医疗机构数量为2.76个/万人，较新加坡、特拉维夫和波士顿少4.08、0.51和0.47个；医生数量为21.25个/万人，较特拉维夫和波士顿少15.05和5.47个。

文化活动方面，南京市音乐厅、剧院和博物馆数量约为1个/万人，较新加坡、特拉维夫和波士顿少1.1、0.75和1.78个。

生活水平方面，南京市房价与年收入之比为15.2，高出新加坡和波士顿13.5和5.33，比特拉维夫低7.72；基尼系数为43.2，比新加坡和特拉维夫高0.7和4.2，低于波士顿的53；恩格尔系数为35.8，高出新加坡、特拉维夫和波士顿2.8、3.7和4.3；总人口抚养比为23，较新加坡、特拉维夫和波士顿低12.7、22和8.52。

与国内标杆城市相比，南京的国际化基础设施和文化特色品牌的塑造等方面都存在较大差距，仅国际学校，目前南京只有1所，而上海有12所、

北京有17所。国际化基础设施建设的落后，从某种意义上降低了南京面向国际的城市吸引力、集聚力和竞争力，制约了国际企业和国际人口向南京规模性迁移。

(二) 筹办、举办青奥会大事件对大都市国际化的促进作用

青奥会为举办城市的超常规建设和跨越式发展提供了强力引擎，为推进城市国际化发展提供了难得的路径选择。紧抓"青奥会"这一国际性大事件，加速推进南京国际化进程，实现基本现代化。利用举办重大赛事和活动，推动经济社会加快发展，是许多地区和城市的一条重要经验。申办青奥会成功，为南京的建设和发展提供了难得机遇。江苏省曾经成功举办过两次重大体育赛事，一次是2005年第十届全国运动会，另一次是第三届全国城市运动会。两次重大优育活动尤其是十运会，推动南京城市建设和发展上了一个大台阶。青奥会为南京提升城市国际化水平带来了更大的可能性。

1. 从政治上看，有助于争取国家政策资源，进一步提升南京的国际形象和城市地位。

通过承办青奥会，将有效助推南京城市公共服务与制度供给优化，建设公共服务型政府与法治城市。倒逼学习研究国际规则，加快体制机制创新，加快推动制度创新，建立较完善的国际运行机制，基本建立与国际经济、社会、文化发展等接轨的制度规则和符合国际惯例的法规体系，建构更加合乎国际化进程需要的制度架构和法治秩序。提高公共卫生事业国际化程度，建立结构合理、功能齐全、运行高效的疾病预防控制、卫生监督执法体系，大力提升南京医疗配套服务的国际化水平。开发利用包括语言服务、医疗、交通、国际金融结算、旅游等在内的国际化市民服务系统，提升国际化服务能力。完善南京特色的治安防控体系，预防和惩治违法犯罪，建立健全突发事件应急机制，推进平安南京建设。使"法治南京"成为"平安青奥"的坚强保障，成为加速南京城市国际化的稳固支撑。

2. 从经济上看，有利于加速南京产业转型升级，进一步改善南京的投资环境。

围绕筹办青奥会，可以着力打造"青奥经济"，促进城市产业升级，打造城市发展新的增长点。催化"青奥经济"，加速融入国际经济分工体系。结合青奥会的奥林匹克精神主题和青少年广泛参与的主旨，南京应催化面

向国内外青年群体的"青奥经济",重点发展与青年创意、创业、天才群体相关的产业群,大力开发相关的旅游及会展业、科技教育业、文化体育产业。放大青奥会与国家《长江三角洲地区区域规划》赋予南京全新定位的机遇叠加效应。深化宁台合作,把南京与台湾的独特关系转化为先行优势,开创宁台大交流、大合作、大发展的新格局,放大青奥会与CEPA的机遇叠加效应。加强与香港在金融、物流、人才等方面的合作,深化与国际友好城市的合作,广泛深入地参与国际分工,加速集聚跨国公司总部和金融机构,强化集散、管理、服务和创新功能。树立"智慧青奥从南京开始"的"办赛事、办城市"联动发展理念。加快建设"智慧南京",以青奥城建设作为"智慧南京"示范区,积极探索智慧城市的运用与商业化推广。作为2014年青奥会的主办城市,南京也是创新资源丰富的科教名城。应从青奥会的现实需求出发,加快推进科技创新,推动高科技成果在青奥会的应用,使青奥会成为展示南京高新技术成果和创新实力的窗口。在青少年中普及智慧的理念,共建智慧青奥,引领全球新的信息化,实现"智慧奥运从南京开始",为奥林匹克运动留下一份宝贵遗产。在青奥城建设中,引入完全意义的智慧城市设计方式,形成"智慧南京"样本区。

3. 从城市建设上看,有利于提升城市品质和人居环境。

以组办亚青会与青奥会为时机,倒逼南京城市国际化功能与品质的提升。提高城市生活居住环境品质。按照青奥会的国际标准和工作要求,完善文化、教育、体育和休闲娱乐设施,完善城市排水、路灯、环卫、消防等公共设施,健全无障碍设施,提高公交站台、公用电话、邮箱报栏、街头休闲座椅等公共设施的建设和管理水平。引入国际化的社区管理理念和服务机制,加快物业管理国际化标准与质量认证,推进物业管理模式与国际接轨。围绕青奥场馆及"青奥村"配套区域,重新考量河西新城规划和建设,积极营造国际化的城市社会空间,实现办公、生活与国际水平同步,使之成为南京城市生活国际化的核心标志区,成为向世界展示南京现代活力的重要窗口,成为引领南京城市生活居住水平国际化的示范。营造多元开放的人文环境。积极推进社会志愿服务活动,使志愿精神成为城市文明风尚。开展慈善推广活动,弘扬助人为乐、扶贫济困、互助友爱精神。广泛开展"市民讲外语"活动,加强窗口行业,特别是涉外服务行业从业人员的外语培训力度。设立符合国际标准的文字、图形导向标识。引导广大市民增强面向未来、面向世界的开放意识，培育谦和礼让、团结友善的包容意识，树立积极向上、开拓创新的进取意识，遵守国际礼仪，养成文明行为，提升道德境界，以海纳百川的胸襟、乐观自豪的心态，积极参与青奥会的承办，积极推进南京城市国际化进程的新跨越。

4. 从文化和体育上看，有利于促进城市文化繁荣，有利于加强体育国际交流合作。

通过演绎青年主题城市文化元素，开展以"青年"为主题的南京城市国际化形象营销。2014年青奥会是继北京奥运会之后我国主办的又一届奥林匹克综合性体育盛会，也是江苏省和南京市首次承办的全球性综合体育盛会。青奥会在南京发展历史上将具有重要的里程碑意义，对南京的政治、经济、文化都将产生积极而深远的影响。作为中国最早创办大学的城市之一，南京目前有普通高校53所，在校大学生77万人。南京每万人拥有大学生人数全国第一，分别是上海的3.8倍，北京的2.7倍，是一座青年之城、青春之城。因而，青奥会对于南京而言，从青年文化主题角度看，有利于在广大青年当中弘扬奥林匹克精神，促进我国青年和世界各地青年之间的交流，推动中西方文化的交融，促进南京青年的创新创业思维成长；从体育赛事角度看，有利于加强体育国际交流合作，推动竞技体育与群众体育协调发展，加快城市承办赛事从"举国动员体制"负担型向"商业市场运营"增值型转变，通过"青年"主题城市重大营销战略的实施，为城市持续性的创新驱动发展提供丰富性、多元化动力。进一步演绎青年主题文化，南京还可以谋划"世界青年文化之都"或"世界青年创意之都"的国际形象，规划创办"世界青年创业博览会"。以世界青年文化、青年创意、青年创业为主题，大力发展天才产业、文化产业、旅游产业、创意产业、体育产业、信息服务产业、青少年相关产业、绿色产业，向世界展示南京"青年创造"的城市品牌，实现青奥会发展、青年产业发展、青年创意创业经济发展与城市发展的有机融合。同时，南京还可以创造具有创意性的青年主题城市节日，如世界青年科技节、世界青年电影节、世界青年电视节、世界青年网游节、世界网络顶级玩家峰会等。以这些主题性的城市青年艺术双年展、拍卖活动、峰会、论坛等载体，展现世界优秀青年的创作行为与创造性产品，同时配合以灵活与敏锐的市场资本力量，让世界优秀青年在南京可以完全展示自己，可以对接市场实现自己价值。通过青年主题文化的演绎和规划，将南京打造成一个充满选择机会的城市，能够承载青年理想、实现青年成就的城市，一个信息碰撞激烈、展示平台多元、成功路径多样、创业条件最优的城市，让学习、生活、工作其中的青年潜能得到极大挖掘，让外来的青年向往、落地、扎根，共同成就未来。

第三节 青奥大事件"城市遗产"形成及其效应

一 青奥会的成功举办与"青奥遗产"规划

2014年南京青奥会的成功举办，既是对2008年北京奥运会精彩篇章的续写，同时又向世界展示了全新的"中国梦"的青春篇章，为世界奥林匹克运动注入了新的遗产内容和精神内涵。国际奥委会在对北京奥运会的评价报告中明确指出："促进了奥林匹克运动的普及和不同文化的融合。这是一个伟大的遗产，因为世界体育的重心和中心开始向东方移动！"从北京的奥运会到广州的亚运会、深圳的大运会，再到南京的青奥会，表明了世界大型体育赛事在进入"中国时段"之后，中国从国家层面到地方层面所具备的综合实力和运作能力，都可以交出完美的答卷。国际奥委会新创意的青年奥林匹克运动会，尽管才举办一届，知名度不太高，但南京把青奥会办出了品牌、办成了经典，办成了全球瞩目的体育和文化盛会，获得了国际奥委会和整个世界的广泛好评，国际奥委会主席巴赫对南京青奥会的评价是"精彩绝伦"，为以后青奥会的举办树立了典范。

青奥会作为全球瞩目的体育和文化盛会，获得了国际奥委会和整个世界的广泛好评，为我国成功申办的2022年冬季奥运会起到了背书和加分的功能，其所呈现的时代意义体现在五个方面：具有展示中国开放自信、中国文化内涵，实现世界梦、中国梦和青春梦和谐交融的深远意义；进一步传播了"中国好声音"，展示国家热情友善形象，推动青少年进行国际友好交流的战略意义；具有以人为本，重视体育与文化相结合、让体育回归教育的社会意义；具有彰显互联网时代特征，推动中国城市转型发展的经济意义；具有让体育回归生活本源，重塑面向未来的健康文明生活方式的文化意义。同时，由于南京青奥会秉承"办赛事，建城市，留遗产，惠民生"的理念和行动,遗产的形成机理充分体现了尊重历史文化与未来发展和谐统一,有形遗产与无形遗产共同开发,城市空间与经济社会的协同发展,为城市的可持续发展留下了巨大的物质遗产和精神遗产。

南京青奥会从申办承办之初就超前制定了遗产总体规划,从关注青年、关注城市和关注可持续发展三个方面确定遗产工作理念。南京在第二届夏季青奥会的申办工作报告中提出,"将秉承可持续发展的理念,给主办城市和中国乃至亚太地区的青年人留下宝贵的体育、文化和教育遗产"。按照这一承诺,南京青奥组委提出"留下遗产、普惠市民"的工作要求,自基础规划阶段就制定《南京青奥会遗产总体规划》,并将该项工作贯穿于青奥会筹办的全过程,致力于为南京留下一笔丰厚的物质遗产和精神遗产,为南京留下深刻的青奥会遗产烙印。

南京青奥组委将遗产工作贯穿于青奥会申办、筹办、举办全过程,从三个方面确定遗产工作理念:

第一,关注青年,青奥会遗产战略重视青年的主体需求,让更多遗产项目为青年人的成长和发展提供平台、提供机会,促进当地青年和世界青年之间的互动与交流,引导青年人养成健康的生活方式。

第二,关注城市,南京青奥会的举办致力于推动城市的发展,要为城市的经济社会环境和基础设施留下宝贵遗产,着力塑造具有国际影响力的新南京。

第三,关注可持续发展。探索一种可持续发展的办会模式,为今后青奥会的组织者提供可以借鉴的新模式。

以"绿色青奥、活力青奥、人文青奥"为核心,南京青奥组委在筹办过程中又演绎推出"绿色青奥、活力青奥、人文青奥、智慧青奥、勤廉青奥、平安青奥"理念,并确立了"办赛事,建城市,留遗产,惠民生"的办赛思路,以及"青春活力、参与共享、文化融合、智慧创意、绿色低碳、平安勤廉"的办会理念,将举办青奥会给南京城市发展带来的意义概括为:"一次重要机遇、一个深远影响、一笔宝贵财富",其中"一笔宝贵财富"即指青奥会留下的重要的物质和人文遗产。南京青奥会遗产规划设计工作启动较早,历经国际奥委会多次论证、评估会、协调会多次修订,在2013年基本确定"四个类别、八个项目"的框架,即"场馆设施、文化教育、人才知识和城市环境"四大类遗产。

表4—6　　南京青奥组委《南京青奥会遗产总体规划》中规划的遗产项目

遗产类别	南京青奥遗产项目
场馆设施	南京青奥体育公园
文化教育	南京奥林匹克博物馆
	南京青年奥林匹克示范学校
人才知识	南京青奥会知识管理
	南京青奥人才队伍
	南京青奥会志愿者
城市环境	南京青奥会环境体系
	城市影响力研究

2014年8月16—28日，南京青奥会在国际奥委会的"完美无缺"的高度评价中圆满闭幕，不仅"办得精彩，办出中国特色"，也兑现了对国际奥委会的承诺，为世界青年搭建分享体育与文化教育交流的舞台，传播"卓越、友谊、尊重"的奥林匹克价值观，在全世界面前再次显示和证明了中国的办赛能力和组织水平。在国际奥委会指导下，在南京青奥会上创新推出的体育启蒙、体育实验室项目，又成为广受赞誉的遗产项目，被列入文化教育遗产类别，传承青奥会DNA。

表4—7　　　　　南京青奥组委赛后确定提交的遗产项目

| 类别 | 项目 | 责任方 | |
		赛前	赛后
场馆设施	南京青奥体育公园	青奥组委场馆部	南京市体育局
	青奥村	青奥组委青奥村部	河西指挥部

续表

类别	项目	责任方 赛前	责任方 赛后
文化教育	南京奥林匹克博物馆	建邺区政府 河西指挥部	建邺区政府 河西指挥部
文化教育	南京奥林匹克广场	建邺区政府 河西指挥部	建邺区政府 河西指挥部
文化教育	同心结学校、阳光体育运动、体育启蒙活动	青奥组委文化教育部	南京市教育局
人才知识	知识管理	青奥组委办公厅	南京市档案局
人才知识	人才队伍	青奥组委人力资源部	南京市人社局
人才知识	志愿者	青奥组委志愿者部	团市委
城市环境	环境管理体系	青奥组委综合保障部	南京市环保局
城市环境	城市影响力研究	青奥组委总体策划部	南京市社科院

二 青奥遗产的价值创新与形成机理

筹备四年多、历时12天的南京青奥会得到国际奥委会主席巴赫的高度赞誉："组织工作完美无缺！"这场举世瞩目的体育和文化盛会结束后，给南京，也给中国乃至整个世界的青年人留下了宝贵的体育、文化和教育遗产。贯穿申办、筹办、举办全过程的青奥遗产工作，逐渐形成了特色鲜明的"物质遗产＋精神遗产＋制度创新"南京模式。南京模式的形成和固化主要基于注重历史文化与未来发展、有形遗产与无形遗产、城市空间与持续发展之间协调、合作发展的青奥遗产运营机理。

南京于2009年3月正式启动2014年第二届青奥会的申办工作。"让奥运走进青年，让青年拥抱奥运"是南京申办青奥会的理念，体现了奥林匹克"卓越、友谊、尊重"的核心价值，蕴含丰富的内涵，包括促进青年正确认识自我，积极参与并展现创造力；了解彼此，建立友谊，懂得责任和欣赏；崇尚公平竞争，关注健康和环境；心手相连，增进自信，传承文明。当时中国、印度尼西亚、摩洛哥、墨西哥、波兰和土耳其的国家奥委会已经向国际奥运会递交了申办 2014 年第二届青年夏季奥运会的申请。2010 年 2 月 11 日在温哥华召开的国际奥委会第 122 届全会决定，将 2014 年第二届夏季青年奥林匹克运动会的承办权授予中国的南京市。2014 年 8 月 17 日到 2014 年 8 月 28 日举行世界第二届青年夏季奥运会。以"分享青春 共筑未来"的主题引领，南京向全世界奉献了一场精彩、有中国特色的体育盛事、文化盛宴、青春盛会。

南京青奥会坚持"活力青奥、人文青奥、绿色青奥"理念。"活力青奥"重点是突出青少年主体，在赛场内外都注重强化青少年特色，搭建世界青少年交流的平台，加深各国各地区青少年之间的了解与友谊，汇聚青少年智慧，激发青少年潜能，从吉祥物设计到开闭幕式创意，都尽可能采用年轻人的创新成果，在青奥会各个环节激励青少年参与，努力办一届青春的盛会。人文青奥方面，青奥会不仅是体育竞技的舞台，也是中国青年和各国青年分享青春、交流思想、畅谈未来的舞台。"人文青奥"要弘扬卓越、友谊、尊重的奥林匹克精神，在世界青少年中倡导相互理解、友谊长久、团结一致和公平竞争。南京青奥会不设奖牌榜，精心设计了一系列文化教育活动，激励广大青少年参与并从中获得知识和技能。"绿色青奥"积极倡导和弘扬可持续发展理念，按照绿色、环保、节约、可持续的要求筹办青奥会。充分运用绿色低碳技术，更加注重环境保护，致力于实现自然环境、生态环境与城市协调发展。

南京青奥会力求在机制体制上的创新，倡导节俭理念。"节约简约不简单、精简精炼更精彩"是南京青奥会对自己提出的目标。从申办之日起，节俭就已融入南京青奥会的整个过程。无论是"穷游"希腊采火种、虚拟传递五大洲，还是场馆大多靠"借用""租用"，座椅全都可回收；无论是青奥村开村仪式不过 25 分钟、开幕式不搭大型机械式舞台，还是击剑场馆"改软件不改硬件"式调灯、帆船比赛场地金牛湖只设浮动码头，南京青奥会一直以"清淡"的形象出现。"简约而精彩"的南京青奥会，不仅体现了理念上的革新与理性，更展示了行动上的睿智与实干。南京青奥会节俭理念，既是对国家节俭理念的具体落实，也是对民众意见和权益的维护和尊重，更是对社会节俭风气形成的推动。

在"活力青奥、人文青奥、绿色青奥"的基础上，南京进一步深化青奥会理念，提出了"青春活力、参与共享，文化融合、智慧创意，绿色低碳、平安勤廉"的办会理念，达到扩大奥林匹克、青年奥运会和中国南京的影响力，实现青少年体育运动、教育与文化交流和南京市体育事业全面进步的目标，从而努力为青奥会的永续发展做出南京自己的贡献。

回顾南京青奥会从筹备到举办的历程，南京彰显了城市新风采，注入了城市新品格，锻造了城市新精神，开创了城市新辉煌，让世界再一次领略了"六朝古都"的文明与魅力，见证了"博爱之都"的活力与激情。从城市环境的优化到功能品质的完善，从多元文化的交融到人文素质的提升，南京青奥会实现了"办赛事、建城市、留遗产、惠民生"的有机统一，在物质层面、精神层面、制度层面和人文层面，为南京留下了诸多可持续发展的宝贵遗产。

三 青奥遗产的时代意义与城市效应

南京青奥会从申办、筹办到举办的全过程，不仅是一个奥林匹克文化传播的过程，也是一个中华民族传统文化走向世界的过程。南京青奥会吸引了来自世界各国的青年，向全世界积极传播中国传统文化的精髓，展示我国现代文明积淀的优秀成果，寓意着奥林匹克精神与中华体育精神的再度完美融合，让世界梦、中国梦和青春梦实现了有机融合。

（一）南京青奥会具有展示中国开放自信、传播中国文化，实现世界梦、中国梦和青春梦和谐交融的深远意义

本届青奥会充分融合了中国文化、江苏特色和南京元素，讲述了美丽的"中国故事"，给世界留下了深刻的"中国记忆"，打造了最美"中国名片"，给城市留下了惠民遗产，提升了南京"博爱之都"的城市影响力和美誉度。一方面，市民和观众用更加开放的眼光去了解青年奥林匹克运动、世界文明及其文化体系。另一方面，"办得精彩，办出中国特色"为宗旨的青奥会让世界上更多国家了解真实的中国，真实的中国地方实力和组织能力。正如在国际奥委会新闻发布会上，巴赫说："南京青奥组委的工作理念和精神，将成为最宝贵的遗产传播给以后历届青奥会、奥运会。"下一届青奥组委首席执行官雷安德罗·拉洛沙盛赞南京青奥会："青奥理念因南京而广为人知。"

在奥林匹克精神的鼓舞下，更多的青年人参与世界体育竞技活动，广泛参与交往，在参与体育文化活动中形成对未来的共识和价值认同，已成为各个国家民众的共识。在国际奥委会看来，当今奥林匹克最大的挑战，不仅是应对自然灾害、战争与恐怖主义的威胁，消除兴奋剂和贿赂丑闻，更重要的是与时俱进、增强对年轻一代的吸引力。要"抓住青年人的新"，就必须改革赛制，增加文化教育活动、体现时尚、寓教于乐。青奥会的宗旨就在于此，而这一宗旨在南京青奥会中得到了全面体现，节俭、精彩、快乐的鲜明特点，为奥林匹克运动的改革注入新的内容与活力。

南京青奥会的开幕式向世界讲述了一个以"筑梦"为主线的全新版本的"中国故事"，完美体现了新的时代背景下青春梦、中国梦与世界梦的和谐交融。在"分享青春，共筑未来"的主题口号下，在让全世界的青年人在奥林匹克精神感召下，汇集南京，欢聚一堂，相互切磋，相互鼓励，增进友谊，共同成长。青奥会不仅是中国青少年参加体育盛会的机会，也是全世界青少年的机会，体现了国际奥委会和世界各国、各地对青少年的重视。目前世界各国树立并追逐的国家梦想，需要依靠青少年健康的成长，依靠青少年智慧和能力的释放，依靠青年奥林匹克"卓越、友谊、尊重"理念的弘扬，依靠青少年持续不断地参加体育运动、努力追求进步追求自我的突破，依靠青少年将梦想变成现实。南京青奥会，让来自世界各国的青年运动员们相互交流，彼此促进，共同成长，一起实现青春梦、中国梦和世界梦的融合，功莫大焉。

（二）南京青奥会具有传播"中国好声音"，展示国家热情友善形象，推动青少年进行国际友好交流的战略意义

南京青奥会的举办，是奥林匹克运动与中国第二次结缘。从2008年的北京奥运会到2014年的南京青奥会，尽管只有6年的时间，但这6年间中国的发展理念和发展方式已经发生了新的变化。在站稳世界第二大经济体的位置后，更注重文化软实力的展现，一个责任大国的形象正在世界树立。南京青奥会为中国开启了一个面向未来10—30年的新时代起点，是伴随这一代青年人成长的战略机遇期，是从根本上促进世界文化认同、理解与融合，重构国际政治经济文化新秩序的历史关键期，恰恰也是中华民族和中国共产党实现两个一百年伟大目标的重大历史阶段。南京青奥会向全世界传播了一个大国形象，"绿色青奥、活力青奥、人文青奥"的理

念和行动，有力地塑造和提升了我国城市的知名度和美誉度。南京青奥会已成为中国体育事业发展和中国的世界体育形象发生重大转变的标志，它是为全球青年人设立的国际性综合赛事，是一场以青少年为主体的青春盛会，吸引全世界热爱体育运动的青少年，促进世界青少年的团结和友谊。以青奥会为重要的分水岭，中国体育事业发展的中心将逐步从以"举国体制"获得世界荣誉转变到注重"全民健康"和履行世界体育大国责任使命中来。

改革开放三十多年的城市建设发展，南京的城市功能具备了承担大型国际赛事的能力和条件。特别是2005年举办过第10届全国运动会之后，南京的场馆承载能力、环保水平、交通基础设施、通信条件、商业配套等方面有了极大提高，经济实力和市民文明程度显著提升，向世界展示了我国发达省份"稳定发展、文明和谐"的城市形象。青奥会期间，南京市民注重将个人形象和国家形象、江苏形象、南京形象紧密相连。人们努力从我做起，热情参与赛会文化教育活动，无私投身赛场内外志愿服务，用美丽微笑和周到服务践行"你在哪里，中国就在哪里；你怎么样，中国就怎么样"，向世界展示了文明、优雅、恢宏的新南京，向世界展示了政治清明、经济发展、文化繁荣、社会稳定、开放包容、创业创新的现代南京形象。青奥会上，被称作"小青柠"的赛会志愿者，用他们的青春激情、真诚奉献、精彩表现讲好南京故事和中国故事，为外国宾朋打开了了解南京、了解中国的窗口，向世界展现了中国的希望和未来。国际奥委会主席巴赫曾说："南京青奥会的成功离不开志愿者的无私奉献。"

本届青奥会注重对青少年健康成长的正面影响，所有参赛选手要求全程参与青奥期间的活动，组委会提供与文化、交流和教育相关的项目，积极打造促进世界青少年交流的平台。源于青奥会交流与分享的理念，南京青奥会首次采用"混搭"比赛方式，不同性别、不同国别运动员之间的"混搭"创造了独具特色的比赛模式。青少年"混搭"比赛，不仅可以通过比赛更好地理解运动，赛场下也能促进交流取长补短。青奥村中国文化小屋、"触摸南京"系列文教活动、体育实验室等与体育赛事配套、共同呈现的四千多场"文化大餐"有力地促进了世界各国青年的交流与学习，诠释了"文化和体育相融"理念。青奥会让世界看到的更多是"友谊和分享"，而不是"金牌和纪录"。

（三）南京青奥会具有以人为本，重视体育与文化相结合、让体育回归教育的社会意义

世界大型综合性运动会发展经历了三个发展阶段，第一个阶段是恢复世界奥林匹克运动会，第二个阶段是1960年设立残疾人奥林匹克运动会，第三个阶段始于2010年第一届夏季青年奥林匹克运动会。奥运发展史表明，世界体育运动从"更快、更高、更强"奥运会口号到"卓越、尊重、友谊"青奥会新理念的演变，体现了注重以人为本、重视体育运动与文化、教育等各类活动相结合，突出世界青少年之间的交流和合作，推广更健康的生活方式，实现了让体育回归教育，让奥林匹克精神在青年人中发扬光大。

南京青奥会旨在教育青少年回归体育本质、关注人的全面发展，它不仅仅是一项全球性的体育活动、体育比赛，通过对社会实践、体育实践的反思，表达出"以人为本""重在参与"的体育价值观念。为体现青奥会的特色，南京青奥组委会十分重视青少年的主体地位，把青少年"满意不满意、快乐不快乐、惊喜不惊喜"作为本届青奥会成功与否的评价标准。南京青奥会在赛事活动中，抛弃了奖牌榜，不在强调奖牌和成绩排名，注重参与、分享，也将对国人转变体育观念带来全新的启示。

"卓越、尊重、友谊"是青奥会理念的重要体现和本质追求，凸显了青奥会增进青少年人际交流、社会融合和国际友谊的梦想。南京青奥会本着"参与、交流和成长"的理念，为全球青少年搭建了一个展示竞技能力的舞台，让他们在与同龄人的竞争中挖掘潜能，让成功和挫折都成为体育生涯的财富，学会在过程中领悟体育的真谛，享受体育的快乐。同时南京青奥会注重加强体育和教育元素的结合，立足在青少年群体中传播奥林匹克精神，让奥林匹克的核心价值能更广泛地被青年人所接受，为构建和谐社会和美好世界奠定基础。

（四）南京青奥会具有彰显互联网时代特征，推动中国城市转型发展的经济意义

南京青奥会发生在信息技术高速发展的信息大爆炸时代，手机互联网已经成为老百姓交流和共享信息的重要平台。南京青奥会官方网站为各国运动员、媒体记者以及广大受众提供比赛信息，是青奥会信息交流与共享的重要平台。青奥会从青奥圣火的网络传递、新闻信息发布、竞赛日程、

场馆与交通、观赛购票、媒体服务到文化教育活动等环节，都植入了互联网元素、彰显互联网时代特征。

四年青奥筹办期，南京在"办赛事、建城市、留遗产、惠民生"目标指导下，加大在交通基础设施、城市公共交通、市容环境整治等领域的建设，极大地改善区域环境，使区域功能、形象得到极大的提升，从而带动周边地区的建设和发展。通过场馆的合理布局，达到优化城市空间结构的目的。青奥期间，老百姓由衷感慨南京的"天蓝、空气更清新、道路更畅通"。南京城市环境和管理水平大幅提升、城市知名度美誉度迅速提高，同时锻造了一支具备全球视野、熟悉国际惯例的人才队伍，为南京今后走向国际舞台奠定了基础。

南京青奥会的成功举办促使体育文化和奥林匹克运动在南京市、江苏省、中国乃至亚太地区获得更为广泛持续的影响，进一步推进竞技体育、大众体育和体育产业的蓬勃发展。南京青奥会以青年奥林匹克主题公园为中心向外延展，形成覆盖南京周边包括上海在内的三十多个城市、1亿多青年的"青年奥林匹克文化圈"。"青年奥林匹克文化圈"通过城际青年奥林匹克文化交流、体育竞赛等多种互动形式，推广青年奥林匹克精神，鼓励青年参与，着力于追溯和延展与东方文化、奥林匹克文化的深厚渊源，重点是弘扬奥林匹克价值，让青年人通过持久参与体育运动和文化教育交流，养成积极、健康的生活方式。

（五）南京青奥会具有让体育回归生活本源，重塑面向未来的健康文明生活方式的文化意义

南京青奥会的成功举办促使体育文化和奥林匹克运动在南京、江苏省、中国乃至亚太地区获得更为广泛持续的影响，进一步推进大众体育、竞技体育和体育产业的蓬勃发展。青奥会秉承和发扬了全国开展"亿万学生阳光体育运动"的理念，吸引广大青少年学生走向操场、走进大自然、走到阳光下，积极参加体育锻炼。青奥会如同一个"青春大课堂"，让亲历者开拓了国际视野，培养起健康的生活方式，就像巴赫所说："青奥会一定会把那些整天躺在沙发上看电视的懒人拉起来，参与到体育运动中去。"青年人通过坚持参与体育运动和文化教育交流，养成积极、健康的生活方式。

青少年通过参与青奥、体验青奥，激发自身的运动潜能和兴趣，不仅

领会运动能强身健体，更享受运动带来的愉悦。"阳光青奥""南京青奥奥林匹克示范学校"等青奥会文化教育活动引导青少年朝积极健康的方向发展，让更多青少年以宽容平等的心态、诚信道德的价值观，将奥林匹克精神作为自己的信仰，并在一种健康的人文价值的引导下重塑自我，养成健康的生活习惯，以积极乐观的态度迎接新的未来。传播"重视青少年身体健康发展"的教育理念，让肩负青少年健康成长任务的家长们深刻认识到，孩子的健康是最重要的，没有强健的体魄和健康的心理，再美好的愿望也是空中楼阁，让家长感悟运动的重要性，从而为孩子营造良好的运动氛围，引导孩子建立面向未来的健康生活方式。

（六）南京青奥会的成功举办，为南京这座城市开启了一个的新时代

青奥会的成功举办，为南京这座城市开启了一个新时代。青奥为这座城市带来的变化、留下的遗产，既有当前的，更是长远的；既有体育文化的，更是全方位、全领域的。南京青奥会的"遗产效应"不仅体现在城市品质功能的改善、市民文化素质的提升、经济社会发展的转型、可持续发展意识的增强等各个方面，还直接带来了城市"空间气场"、城市功能的革命，初步展现出一个国际化大都市的综合服务能力。青奥会营造的青春的力量、国际化的力量、互联网的力量，正在成为南京城市发展动力的核心构成，构成了南京可持续发展、提升城市竞争力的全新基调。

一是城市气场的革命。国际范、青春范、活力范的新南京，一扫百年来的暮气与悲情。城市名片从韶韶的"老南京"转变为具有"中国名片"价值的、国际化朝气的"小青柠"。

二是城市空间的革命。青奥村、南京眼、江心洲、滨江风光带、青奥体育公园、金牛湖、10号线、宁天城际等点、线、面的联结和组团，加上"十三五"期间江北新区战略的实施和国家长江经济带战略实施，南京不仅真正迎来跨江联动发展的时代，同时可望在国家长江经济带战略中真正发挥出长三角门户城市的战略空间价值。

三是城市功能的革命。城市综合服务功能体系整体上了一个台阶，初步展现出一个国际化大都市的综合服务水平。地铁接近200公里、有轨电车、新能源公交和出租车、公共自行车等城市捷运网络体系基本形成。南京将进一步逼近北上广深中国一线城市，在二线城市中将居于领先位置。

四是城市文明的革命。从当年的"彭宇事件"到当前越来越普遍的"礼让行人";从十运会、亚青会志愿者精神的逐步提升,到青奥会的城市整体志愿精神的升华;从中国有名的"官城"(崇尚权力)到中国人才创业与科技名城(尊重知识、尊重人才);南京的城市文化取向在变革。

五是城市力量的革命。经由青奥会的洗礼和开启,城市动力结构正在发生巨大的重构。青春的力量、国际化的力量、互联网的力量将成为南京未来城市发展动力的核心构成。

六是城市产业的革命。从"电气化特"为主(互联网沙漠)到软件、互联网产业蓬勃发展,以青奥会为历史契机和分水岭,南京进入一个产业转型的快车道,以科学技术创新、商业模式创新为驱动的新兴产业形态和组织正在大规模浮现。未来的10—15年,将是南京在智能制造(制造业4.0)、互联网跨界产业生态领域爆发增长的时代,也是南京城市转型能否成功、能够创造持续繁荣的关键阶段。

第四节 面向后青奥时代大都市国际化治理思路

南京作为继北京之后的中国第二个奥运城市。北京通过2008年的奥运会,在展示国家实力、重塑国家形象的同时,也使北京城市的国际化战略得到了实施,提升了国际化大都市的服务功能,同时也坚定了北京在2050年前后成为"世界城市"的目标。南京青奥会,在展现了中国梦、青春梦和世界梦融合的同时,也更多体现了南京城市和江苏省的"地方实力",即通过世界青年奥林匹克赛事,让世界认识、了解南京,加快南京的国际化进程。南京作为长三角的重要区域中心城市、作为中国最发达省份之一的省会城市,地处高度开放和国际化的前沿地区,理应进入全球城市网络,在亚太地区和国家层面上承担更多的经济、文化、教育等方面的职能。

2009年,南京决定申办青奥会,就是出于城市发展的国际化大战略来考虑的。在筹办的四年多时间里,南京不仅按照国际奥委会的要求,提供了高标准的赛会场地及配套设施,同时按照国际化、现代化的标准,来完善城市功能。在产业升级、交通体系建设、生态修复、绿色可持续等方面，取得了重要进展。青奥会的成功举办，城市服务的超水准，验证了南京的国际化实力和综合服务能力，表明南京已可以和北京、上海、广州等国内一线城市一样，具有参与全球事务活动的综合实力。

以青奥会的成功举办为起点，南京要重新认识自身的城市发展定位，尤其是要全面、理性审视现有的国际化发展战略，从对历史负责、对国家负责，也是对世界负责的高度，拟定好中长期的南京城市发展战略目标和实现的路径。

一 南京城市国际化历程与后青奥时代开启

中国城市的国际化进程，如果追溯到近代，可以说南京是中国城市国际化的起点。1842年《南京条约》的签订，中国开始向世界开放门户。1858年南京正式开埠，加速了城市的近代化进程。1912年中华民国成立后，特别是1927年国民政府定都南京后，为了向国际化大都市看齐，1928年定南京为特别市，1月成立首都建设委员会，聘请了不少西方学者来着手国都规划，下设"国都设计技术专员办事处"。1929年12月，《首都计划》正式由国民政府公布。《首都计划》是南京在民国时期编制的最完整的一部城市规划，这部八十多年前的城市规划，以其现代化、国际化的城市设计理念，为今天的南京城打下了"大都市"的框架。

在新中国成立后三十多年的时间里，受到国际政治经济格局的宏观影响，南京处于内源性发展阶段，直到改革开放后，当代南京城市国际化的进程再度启动。早在"八五"时期，南京就在国内很早地定位于建设国际化大都市。"十五"计划时，定位为科学技术先导、古都与江滨特色鲜明、国际影响较大的现代化城市。自"十一五"以来，建设现代化国际性人文绿都成为南京城市国际化发展的核心战略。

"十二五"期间，围绕加快城市国际化进程，南京专门制定实施了《南京市加快推进城市国际化行动纲要(2012—2015年)》，提出"三步走"，并明确了时间节点。2014年，以办成精彩圆满的青奥会为标志，实现南京国际化水平的显著跃升；到2015年，以率先基本实现现代化为标志，实现人均GDP等重要指标达到世界中等发达国家水平，全市年实际利用外资超过70亿美元，培育本土国际知名跨国公司3家以上；到2020年，以打造世界软件名城、科教名城、历史文化名城和体育名城，建成现代化国际性人文绿都为标志，初步形成较为完善的国际化城市功能架构，推动南京跻身区域性国际城市行列。

2014年南京青奥会，在南京城市国际化进程具有里程碑式的时空意义。作为南京当代史上最具时代意义的全球大事件，从"申奥"到"办奥"的方方面面，南京青奥会创造了巨大的信息积累和知识价值。青奥会自开幕以来，正在释放出对于南京、中国乃至世界的重要时代意义和历史与未来的价值。对于南京而言，青奥会不仅是开启"十三五"的时间点，更是点燃城市百年梦想，让城市文化和气场涅槃重生的时空坐标。而南京青奥会后的未来10—20年，是实现十八大提出的"两个一百年"奋斗目标的最关键阶段。受2014年南京青奥会影响的这一代青年人，将在未来10—20年的时间里成为南京、中国、世界发展的中坚力量，他们遵循的核心价值体系以及实践行动，将是深度促进中国梦与青春梦、世界梦融合的关键。

有鉴于此，本书将后青奥南京城市国际化的研究，放置到一个更大的历史周期和时代背景中，围绕"两个一百年"奋斗目标，结合"十三五"、2030等主要时间节点，从奥林匹克城市特色、国际化的创业创新、国际化服务功能体系、世界健康名城与世界青年文化名城打造等概念领域入手，探讨后青奥南京城市国际化的战略思路：

2014—2015（亚洲体育中心城市）——2020、2021（世界体育名城）——2030（建成现代化国际性人文绿都）——2036—2040（全面具备国际化大都市的服务能力与水平）——2044—2049（成为文化意义上的世界城市）。

表4—8　　　　近代以来南京的城市国际化的事件与进程演变

时间	事件	内容
1842年	《南京条约》签订	中国开放首批五个通商口岸，是为门户开放之起点，开启南京城市近代化进程
1858年	《天津条约》签订	南京开埠，是为南京城市近代开放的元年

续表

时间	事件	内容
1912—1926年	《建国方略》及一系列南京市政建设计划的实施	南京"位置乃在一美善之地区,其地有高山,有深水,有平原,此三种天工,钟毓一处,在世界之大都市诚难觅此佳境也","南京将来之发达,未可限量也"。1919年的《南京新建设计划》、1920年的《南京北城区发展计划》、1926年的《南京市政计划》
1927—1949年	《首都计划》的编制与实施 1927年国民政府定都南京,1928年定南京为特别市,1月成立首都建设委员会,着手国都规划建设,下设"国都设计技术专员办事处"	国民政府本着"用材于外"的原则,聘请美国建筑师墨菲和工程师古力治"使主其事",聘请吕彦直建筑师等国内专家相助。1929年12月,《首都计划》正式由国民政府公布。《首都计划》是南京在民国时期编制的最完整的一部城市规划。《首都计划》的指导思想:提出"本诸欧美科学之原则""吾国美术之优点"作为规划的指导方针,宏观上采纳欧美规划模式,微观上采用中国传统形式,在规划理论及方法上开中国现代城市规划实践之先河。1930—1937年的《首都计划的调整计划》和1947年的《南京市都市计划大纲》
1949—1978年	"一五"末开始,中央明确"发展中小城市,控制发展大城市"	以苏联城市规划的理论、方法和布局形式进行规划。三年国民经济困难时期,国家计委提出三年不搞规划、下放精简规划人员和机构,以至造成这一时期内城市建设布局混乱。1974年重设规划处,1975年编制《南京城市轮廓规划》
1978—1989年	编制实施《南京城市总体规划(1981—2000)》	国务院提出"要严格按照批准的城市总体规划进行建设和改造,使南京这座历史文化名城成为经济繁荣、文教科技事业发达、环境优美、有古都特色的社会主义现代化城市"。城市性质经国务院批准确定为:著名古都,江苏省的政治、经济、文化中心

续表

时间	事件	内容
1990—2005 年	编制实施《南京城市总体规划（1991—2010）》	远期目标：进一步加快城市现代化进程，使南京在 2010 年前后达到世界中等发达国家同类城市水平，成为我国高度现代化的重要科技、教育基地和高新技术产业基地，重要的外贸口岸和长江中下游地区重要的金融、贸易、信息中心。 远景目标：以建设国际化大都市为长远奋斗目标，促进和加快城市建设步伐。21 世纪中叶跻身世界发达城市行列。把南京建设成为经济发达、环境优美，融古都风貌和现代文明于一体的江滨城市
2006—2011 年	南京第十二届党代会与新一轮总体规划编制	南京第十二届党代会城市发展定位：把南京建设成为经济发展更具活力、文化特色更加鲜明、人居环境更为优美、社会更加和谐安定的现代化国际性人文绿都。 《南京城市总体规划（2007—2030）》城市发展目标为经济发展更具活力、文化特色更加鲜明、人居环境更为优美、社会更加和谐安定的现代化国际性人文绿都，到 2015 年前后，基本实现现代化；2030 年前后城市国际化水平显著提高；远景跻身世界发达城市行列
2011—2014 年	南京第十二届党代会与《南京市加快推进城市国际化行动纲要(2012—2015年)》	通过两到三年的奋斗，成功办好 2013 年亚洲青年运动会和 2014 年青年奥林匹克运动会，把河西新城区建设成为现代化城市新中心，把南京建设成为国家创新型城市、国家生态（园林、森林）城市和亚洲体育中心城市 通过五年的奋斗，把南京打造成为独具魅力的人文都市、绿色都市、幸福都市，独具特色的中国人才与创业创新名城、软件与新兴产业名城、航运（空）与综合枢纽名城……为到 2020 年建成现代化国际性人文绿都奠定具有决定性意义的坚实基础

续表

时间	事件	内容
2014—2049年	青奥会与后青奥时代	紧扣十八大"两个一百年"奋斗目标、南京解放一百年（2049）等主要时间节点，从奥林匹克特色城市、全球创新中心、世界健康名城、世界青年之都等领域，探讨后青奥南京城市国际化的战略思路

资料来源：作者根据各类相关史料和文件材料整理而成。

二 后青奥时代推进南京国际化的治理策略

（一）实施中长期奥林匹克城市战略，加速建设世界体育名城

加速青奥遗产的存化、活化和广泛应用。强化奥运场馆赛后利用，利用南京青奥会的组织经验和硬件设施，以市场方式积极申办、承办大型国际会议和体育赛事，与国际奥委会、联合国等国际组织开展合作项目，打造南京国际赛会品牌。跟踪青奥博物馆运营情况，针对博物馆的藏品补充及运维，推动南京青奥会吉祥物砳砳等形象元素的再开发，强化后青奥时期博物馆特许商品开发，催生新的具有南京奥运城市特色的文化产品的形成，促进南京文化创意产业的发展。

积极延伸体育外事工作，进一步强化国际联络。密切和深化与各类国际性组织的网络和资源，在国际赛会、论坛申办举办上为南京建设亚洲体育中心城市提供强大支撑。继续拓展与国际奥委会等国际体育组织的交往，参与国际奥委会、世界体育组织举办的会议和学术活动，在世界奥林匹克城市联盟中发挥积极作用，促进奥运城市间交流。围绕世界性话题和南京实际，创办、举办世界性或区域性的会议和体育文化活动，例如，将"世界青年体育、文化与和平论坛""青奥文化节"逐步发展为有影响力的国际活动。在城市国际化和体育文化生活等主题上，积极开展与国际奥林匹克城市联盟等相关国际组织的交流与合作，积极推动青年体育及延伸主题的国际组织在南京创立。

扩大南京城市体育人口，加速建设世界体育名城。积极申办各类国际

赛会，推动各类奥运／非奥、极限性／休闲性赛会项目落地。推动南京各区分别与国际体育专项组织合作，打造竞技体育和群众体育活动"一区一品"。积极策划开展奥运主题和体育文化主题的城市节庆活动，广泛融合全市和各区群众体育、青少年体育运动和志愿者活动。积极策划组织中小学奥林匹克体育赛事。以奥林匹克示范学校、"同心结"学校、青奥体育文化教育项目为基础，在全市中小学继续开展丰富多彩的奥林匹克教育活动，促进"同心结"学校的对外交流。链接国际体育主题资源，策划开发南京中小学体育运动联赛项目（足球、网球、篮球等单项），积极推动城市内部体育赛会组织化、丰富化、国际化发展。

打造奥林匹克特色城市，积极推动奥林匹克精神的城市融合。在成功举办四届南京青奥文化节基础上，后青奥时代继续组办南京奥林匹克文化节／月，使之发展成为南京传承奥运遗产，开展对外体育文化高端交流的平台和群众乐于参加的奥运城市品牌项目。推动南京青奥志愿精神的传承与国际化传播工作，与奥运城市及相关国际组织合作开发国际志愿者项目，策划和举办城市志愿精神主题的国际传播事件。注重将青奥遗产转化为深层次的城市精神动力，把握好奥运赛会周期，在夏奥、冬奥、青奥举办年度和举办期间，组织和支持奥林匹克文化月、电影周、音乐周、志愿服务周、创意周等文化活动，让奥运精神和奥运文化在南京此起彼伏，促进南京奥运城市的精神不断升华。

（二）放大青奥"共筑未来"的核心价值，加速建设中国人才与创业创新名城，谋划全球（青年）创新中心

围绕青年创新创业人才群体，紧扣未来战略新兴产业方向，谋划全球创新中心。加快编制实施《南京2030全球创新中心战略规划》，紧密结合"大"（大数据）、"云"（云计算）、"平"（平台经济）、"移"（移动互联网）、"人"（人工智能），明确地把全球创新中心建设目标，纳入南京"十三五"规划和新一轮城市总体规划。要试图利用新一轮技术革命提供的"同等起跑线效应"，率先构建"高精尖"经济结构。大力培育研发原始创新技术，吸附和转化世界前沿技术成果，打造一系列拥有全球技术主导权的产业集群，在一些重点技术与产业领域由"同行者""跟跑者"成为"领跑者"。

建设全球化的研发总部，吸引更多的境外资本在南京投资研发。用世界眼光来谋划创新发展格局，持续培育对人类社会生产生活方式具有重大

影响的原始创新技术，持续引领战略性新兴产业发展潮流，努力成为原创思想的发源地、全球创新资源的集散地和人才国际化发展的"软口岸"，打造引领自主创新的动力引擎。在高科技研发上发挥引领作用，始终关注未来的技术问题，做影响全球的事情。提高人才的国际化水平和程度，实施更加积极的海外人才引进计划，不断集聚达到世界水平的创新创业领军人才及团队，以建设产业技术研究院等共性技术研发服务平台为基础，建立把世界上最优秀人才集中在一起的研发中心。

加强知识产权体系的建设，建立具有全球影响力的创新产品发布平台。打造能够提供系统解决方案的知识产权产地。知识产权体系不仅是指知识产权保护，而且是包含科技创新、专利审核、专利迅速资本化和资本化完成后的产业形成的一个良性循环。产生巨大量级的知识产权，却和市场对知识产权的渴求之间存在非常大反差的。关键在于知识产权的碎片化，没有集成地变成系统，必须形成以知识产权为产品的中介服务平台。策划和组织举办世界（南京）青年科技产业博览会，吸引和集聚全球企业在南京发布它们的最新产品。把世界（南京）青年科博会打造成为展示前沿科技、获取最新思想、传递产业信息、链接产业合作的国际化、标志性活动平台。让青年消费主体或青年研发主体的世界最新技术产品，将南京作为进入中国市场和中国自主创新的科技成果走向国际市场的重要窗口之一。同时论坛和专项交流等活动，也可在制度层面、政策层面、思想观点层面提供价值，引领思想创新。

（三）延伸青奥及青奥村的国际化服务功能提升效应，重点建设国际化社区和城市功能板块，完善城市国际化服务功能体系

将青奥村区域放大为青奥城，优先打造为完全意义上的国际化社区。以"青奥村"建设为契机，加快推进河西新城功能性开发，全力打造一个"国际青奥城"，积极营造城市国际化社会空间，实现办公、生活与国际水平同步，使之成为南京城市国际化生活核心标志区。以留住"青奥会和青春的集体记忆"作为城市规划新理念，对城市区域、道路、边界、标志物、节点等城市意象载体进行重新规划、设计与改造，打造青奥（青春）城市空间意象体系，给南京、给中国、给世界留下一笔永久的文化遗产。在后青奥时代，必须着手对城市规划和建设重新考量，要按照举办青奥会的国际标准和工作要求，整体提升城市软硬件建设水平和国际化水平，带动建

邺区及河西新区新一轮的发展跨越,建设一个现代化国际化的新区。

打造国际化自由贸易生活空间,建设城市国际化生活风尚区和示范区。作为一个国际化程度高的城市,必须有相应的国际化商务、商业、生活、休闲空间。国际化的生活和居住对于所在城市的价值在于,对"全球族"时间的"粘滞效应"。所谓的生活居住空间要素国际化改造,就是要求南京要在吃、住、行、游、购、娱的各个环节都要达到国际化的水平,或者说都要有达到国际化水平的特定空间与区块。围绕青奥场馆及"青奥村"配套区域,重新考量河西新城规划和建设,积极营造国际化的城市社会空间,实现办公、生活与国际水平同步,使之成为南京城市生活国际化的核心标志区,成为向世界展示南京现代活力的重要窗口,成为引领南京城市生活居住水平国际化的示范。

全面提高城市公共基础设施建设和公共服务功能供给的国际化水准。延续青奥会的国际标准和工作要求,引入国际化的社区管理理念和服务机制,加快物业管理国际化标准与质量认证,推进物业管理模式与国际接轨。优化城市公共服务与制度供给,提升公共服务的国际化功能要求。加强学习研究国际规则,加快体制机制创新,加快推动制度创新,建立较完善的国际运行机制,基本建立与国际经济、社会、文化发展等接轨的制度规则和符合国际惯例的法规体系。提高公共卫生事业国际化程度,建立结构合理、功能齐全、运行高效的疾病预防控制、卫生监督执法体系,大力提升南京医疗配套服务的国际化水平。建立网络化的国际性社会生活公共服务平台,融合网络数字技术平台,尤其是移动互联网络技术,建设南京多语言智能信息服务网络系统、南京综合信息服务核心平台、南京外国人 APP Store、南京国际化人群门户型生活信息网、南京国际族社交网,建设支持多语种的智能信息发布、查询和定制系统。探索开发"12345 热线(国际版)"的可行性,开发利用包括语言服务、医疗、交通、国际金融结算、旅游等在内的国际化市民服务系统,提升国际化服务能力。建立健全面向国际事务的公共应急管理体系和运行保障机制,加速建立具有国际化一流水准的公共安全保障体系。

全面制定、集成和实施面向国内外高素质人口流动的南京城市人口公共政策系统,有效降低外来移民在南京学习、生活、工作、创业的成本。通过人才计划、购房落户、大学毕业生落户、国际化移民等各类人口政策的集成,建设具有一定外部吸引力、公共执行有力有效的公共政策体系,形成有目标性的、不同阶段特色的人口结构优化政策推手,以政策推手引入可持续的高素质人口,加快实现国际变量人口规模性迁入。探索实施南京外国留学生支持计划,不断扩大招收外国留学生规模,优化留学生层次结构,增加海外人才储备。创新外国留学生资助政策,完善留学生奖学金制度,探索建立外国留学生勤工助学和医疗保险等制度,支持和鼓励外国留学生学成后在宁工作或创业。建立全国性的外国留学生服务中心,建设语言预科中心和留学生中国文化体验基地,为留学生适应中文教学、感受中国文化和适应中国生活提供服务。在海峡两岸合作及宁台合作框架下,探索共建双边自由贸易园区、科技园及生活社区,力争成为台胞侨居大陆的第一大城市。商业、科技、文化创意、社会营造、志工等人力资源的引入。

构建多层次的人口国际素质建设体系,加快存量人口国际素质规模性提升。提升领导干部和公务员国际素质,着眼于推动干部树立用世界眼光谋划发展的理念,增强用国际标准推动建设的本领,实施党政干部知识更新工程,增强党政干部队伍对国际性公共事务运作的认识和实践能力。提升企业家国际素质,适应南京产业结构优化升级和实施"走出去"战略的需要,培养造就一大批具有全球战略眼光、市场开发意识、管理创新能力和社会责任感的优秀企业家和一支高水平的企业经营管理人才队伍。提升中小学生国际素质,设立若干所中外学生融合的中小学校,开展国际中小学生合作项目,积极推动建立中小学国际友好学校网络。提升市民国际素质,以青奥会为契机,充分利用南京高校资源,积极开展全民功能性教育培训活动,普及政策法规知识、科学知识、电脑知识、普通话和日常外语知识、国际交往的礼仪知识、卫生保健的心理健康知识等为市民实现功能性扫盲。支持建立多样化的"走出去"的南京人社交网络。多维跨界整合南京的政府、市场、社会资源,始终对走出去群体的形成有价值的支撑,增强异乡南京人的认同感,扩大城市影响力同时形成南京人口发展的全球战略储备。

(四)以奥运精神遗产引领人的全面发展,演绎融合体育与健康主题,打造世界健康名城

强化和延伸青奥健康遗产项目,提升和引导全民健康生活意识与行为。强化青奥精神与青少年健康生活方式的融合,以影响三代人的方式传播和

覆盖城市家庭的健康生活方式。深化青奥健康遗产项目的落实和运行，预防青少年肥胖，全面普及合理膳食理念。挖掘和深化青奥体育文化教育遗产的价值和功能，倡导全民体育健身，扩大体育健身人群覆盖范围。倡导各类组织和社会团体定期举办不同层次、不同类型全民健身竞赛活动。落实中小学校"1+1"体育文化教育活动，确保学生每天在校锻炼活动不少于1小时，引导学生积极参与体育锻炼活动。将慢行、步道、绿道交通体系融入市政建设，推动学校体育场所在非教学时间对社会开放。实施全民健身设施工程，加大社区百姓健身房建设以及游泳池、体质监测中心等公共体育设施建设力度，推进学校和单位体育场馆向公众开放。

结合国际奥林匹克精神传播，创造健康的价值理念和健康的人文氛围。以打造奥林匹克特色城市为目标，结合奥林匹克精神的传承与传播，以优化城市生活质量、保障居民身心健康为根本，遵循"人文、绿色、智慧、集约"的发展导向，将"健康"理念纳入"十三五"规划发展导向中，建设健康城市、营造健康环境、打造健康社会、培育健康人群、提供健康服务。让健康文化深入人心，努力创新健康文化传播手段，建立健康文化传播体系，开展丰富多样、有益身心的健康文化活动，使健康文化渗透和融入人民群众的日常生活中。完善社区社会心理辅导调适功能，及时恰当地在精神层面予以救助。

大力发展国际化的高端健康医疗产业，建设南京国际医学园。充分利用南京乃至长三角地区的优质医疗资源，建立与国际高水平医疗机构的合作机制。做好在宁外籍人士提供优质医疗服务，做好国内居民提供国际水平医疗服务，积极吸引国际医疗旅游人群，加快国际医疗认证。以江北新区建设为契机，大力引进国外战略合作伙伴，规划医疗机构集群式发展，建设南京国际高端健康医疗产业园，以人才、科研、资金扶持为保障，积极参与各类国际医学交流，重点发展国际诊所、国际医疗会诊平台、国际医疗旅游。完善离岸金融、支付、保险等综合配套服务体系，形成国际高端健康医疗研发、服务、人才、资本集聚中心。

深化医疗服务体系的改革，建设完善健康医疗公共服务生态体系。探索政府与市场相结合的医疗保障道路，对基本医疗保障制度进行拓展和延伸。深化医改进程，促进商业医保与医院深度融合。借力新医改，促进医疗机构与保险公司之间形成紧密合作关系，鼓励保险参股建立医疗机构。

在目前开放医疗服务市场的环境下，鼓励商业保险公司入股或直接建立医疗机构，将保险与医疗结成共同体，消除过度医疗、减少医疗开支，强化双方在风险控制、数据分析、客户开发与服务等方面研发能力。加强与金融、保险、互联网、移动互联网应用等领域的跨界协同创新，开发建立人口健康公共数据中心，促进医疗服务信息开源共享，实现健康服务数字化，在公共卫生服务、城市老年群体、社区慢性病群体等领域率先研发出有效直接的公共服务产品。

积极引导健康医疗主题的亚文化群体，形成一批健康主题性的专业化社会组织。建设健康名城与健康社区的社会网络支持体系，设立"南京健康城市与健康社区建设公益（创投）基金"，大力孵化和培育健康主题类社会组织，强化大学校区·家庭社区·体育休闲景区·健康产业园区联动发展。社会网络支持体系，由社区、社工、志愿者组织、健康/体育/文化社会组织/团体、专业化中介协调机构等共同构成。引进健康、体育、生活、休闲领域知名的专业性社会组织，执行政府主体制定健康名城建设的方针政策，根据社会需求设计制订调整公益性健康生活主题的创投项目计划，直接参与社区、家庭、个体的健康生活服务项目。通过公益基金和项目引导，孵化专业化社会组织参与健康社区建设。孵化、组织、培训形成一支围绕家庭健康、社区健康的志愿者队伍，开拓社区服务新领域，开发健康生活方式和健康生活内容服务产品。在社会组织孵化中，针对健康名城建设，积极引导夜跑族、长走族、"逃离魔鬼岛·铁人三项"、极限运动等亚文化群体形成社会组织，孵化优质健康主题项目。

（五）演化青奥"分享青春"的文化品牌，将建设世界青年文化名城与世界历史文化名城并重，谋划世界青年文化（创意）之都

深化和延伸青年奥林匹克文化节，演绎各类主题的世界青年文化月（周）。筹办"世界青年文化博览会"。有重点地举办一批具有较大国际影响和良好社会效益的以世界各国青年为主体的文化艺术及学术交流活动。紧扣青年文化主题，以奥林匹克精神为引领，融合体育、文化、创意、时尚等多元化要素，策划组织世界性的青年文化节庆、博览会、发布会等公共事件。联络在青年发展领域颁发奖学金和资助项目的国际组织和基金会，联合主办不同类型的"世界青年领袖论坛"，聚集其在世界各国资助、奖励的优秀青年到南京来。策划、承办主题性青年文化赛会展览。如青少年

机器人大赛、世界手游设计大赛、世界的街头青年艺人大会、世界青年极限运动会、中外青年训练营（自行车、铁人三项、悬崖跳水等）、奥运体育主题音乐节电影节等青年活动。

结合青年人才创意创业活动，创造国际化的青年创业创意产品发布平台，塑造"世界青年创业明星城市"形象。加大对青年人才培养、吸引的投入，建立多样化的奖励基金与资助基金，创造城市对世界优秀青年的营销效应，尤其是吸引那些震撼世界的青年天才来南京，让有关这些重要青年天才的关键事件尽可能多地在南京发生。以世界青年文化、青年创意、青年创业为主题，促进青年主题的文化产业、旅游产业、创意产业、体育产业、信息服务产业跨界融合创新生长，实现青奥、青年产业、青年创意创业经济与城市发展的有机融合。特别是针对互联网和移动互联网等，青年创业创意群体集聚且跨国界性强的领域，积极营造车库创业环境和生态，重视"草根"创新和小微企业创业。建立南京城市特色的、面向世界的"全球青年创意创业奖"，首先针对在宁的优秀青年，其次是通过国际大学网络、企业网络与社会组织，有计划、有主题的资助全球范围内的优秀青年，建立南京自己的外部世界优秀青年网络，并定期召开论坛与联络活动，增加相互的信息沟通与成长帮助，对外塑造出南京这座城市青春、动感、创意、激情的国际形象。

强化与各类国际体育组织的联系，加速形成世界级的国际青年赛事体系。延伸青奥遗产，通过世界级的国际青年赛事承办，促进相关体育运动科学、科技产业、设计研发的成长，把南京塑造为青年迈向超级明星（世界冠军）的试金"城"。打造顶级的国际性青年赛事体系——迈向超级明星（世界冠军）的试金"城"（星探云集城市）。在世界范围内以青年群体为主的国际性赛事，已有很多相对成熟、市场化程度高、职业化程度高、商业价值高的门类和系列。南京在成功申办青奥会与亚青会的基础上，应往此类赛事进军，形成以奥运体育为核心、青年主题赛会为体系，建立持续性的国际青年赛会承办机制，并促进相关体育运动科学、科技产业、设计研发的成长。

延伸青奥国际网络，策划与创办各类型青年文化主题的国际性社会组织。在体育实验室、非奥项目等领域，率先尝试创办或嫁接形成国际化的青年社会组织或协会，增加国际青年文化领域的机构数量和集聚度，塑造

"南京国际青年城",策划"世界性城市青年主题节日"。创造具有创意性的青年主题城市节日,如世界青年科技节、世界青年电影节、世界青年电视节、世界青年网游节、世界网络顶级玩家峰会等。以这些主题性的城市青年艺术双年展、拍卖活动、峰会、论坛等载体,展现世界优秀青年的创作行为与创造性产品,同时配合以灵活与敏锐的市场资本力量,让世界优秀青年在南京可以完全展示自己,可以对接市场实现自己价值。结合青奥会的奥林匹克精神主题和青少年广泛参与的主旨,在催化面向国内外青年群体的"青奥经济""青年经济"同时,组织发展各类与青年创意、创业、文艺群体相关的社群联盟,大力开发相关的国际青年旅游联盟、国际青年创意网络、国际青年极客组织等青年文化主题的国际性社会组织。

第五章

跨行政区融合：
大都市圈同城化协同治理[①]

进入 21 世纪之后，我国的区域一体化进程进一步加快，以交通网络、产业体系、社会服务一体化主导的突破行政界限的"同城化"发展行动，成为新的战略取向。"同城化"是区域经济一体化和城市群建设过程中的高级阶段，是一种更加集约、高效和高质量的城市发展方式，已经在西方的城市化进程中被证明是发挥了强大的正向作用的，是促进城市与区域转型升级的重要路径。在我国新型城镇化进程中，以转变经济发展方式主导的区域一体化，和中心城市、核心城市的产业与城市功能升级，正在形成一种良性的协同关系，而如何通过政府的政策引导，强化市场的资源配置作用，促进区域内不同能级的城市之间、城乡之间的要素高效流动，通过"一体化""同城化"的科学路径，让区域内产业升级与城市转型、产业空间与城市空间形成互动、耦合的关系，当有重要的实践导向作用。

[①] 本章部分内容来自张灏瀚、李程骅等完成的 2012 年江苏省决策咨询研究重点课题"推进宁镇扬同城化建设"的研究报告。参阅《稳中求进 转型发展——2012 年江苏省决策咨询研究重点课题成果汇编》，江苏人民出版社 2012 年版。

第一节 从"区域发展一体化"到"大都市圈同城化"

一 我国区域发展一体化的进程与现状

我国区域一体化的进程,是和改革开放以来的城市化、工业化行动的双重驱动直接相关的。在计划经济时代,严格的行政区隔离政策的限制,市场资源难以流动,难以推进区域一体发展。在我国确立了社会主义市场经济体制后,市场资源的配置得以冲破行政管理的藩篱,区域经济一体化的发展理念迅速成为共识,如在20世纪80年代就出现了"上海经济区""南京经济区"等经济协作组织。但真正联手推进区域一体化的战略行动,则是到了20世纪90年代之后,以交通基础设施的网络化建设为突破,区域之间的联系更加密切,以经济一体化带动的区域发展一体化成为重要的战略选择,以香港、广州和深圳为制高点托起的珠江三角洲地区,以上海中心、南京和杭州为支点的长江三角洲地区,以北京、天津为中心的京津冀地区,率先联手推进一体化发展战略,为其后成为国家级的城市群、大都市圈打下了很好的基础。与此同步,依托区域性中心城市而谋划的单中心都市圈,也如雨后春笋般地呈现雏形,如沈阳都市圈、成都都市圈、武汉都市圈等,它们通过在行政区内的绝对首位度,在区域一体化的进程中强势发力,既扩展了自身的规模,也扩大了对区域发展的辐射带动作用。

以经济增长主导的区域发展一体化,是一国城市化和现代化进程的必经之路。总的来看,我国的区域发展一体化的战略是逐步明晰的。从改革开放到20世纪90年代,我国推行的是非均衡的区域发展政策,重点发展沿海地区,如设立经济特区和14个沿海开放城市等。20世纪90年代后,开始重视区域经济的协调发展,经济协作区、大区域经济区的发展理念为政府所接受。进入21世纪之后,则突出以城市群、都市圈来推进区域的整体发展战略,以促进东部与中西部地区、城乡之间的均衡发展、一体化发展。但是,随着区域要素流动的不断增强,区域一体化的趋势愈发明显,过去基于单一行政区的规划已经逐渐不能满足区域发展要求,越来越多的跨区域问题,如流域治理、生态环境保护等,急需突破行政区划进行协调。因此，进入"十一五"，我国大力推行"国家战略性"的区域规划，继 2005—2006 年将上海浦东新区和天津滨海新区这两个综合配套改革试验区的发展规划被纳入国家战略后，2007—2011 年共批复了 43 个重点区域规划。2012 年，国家发改委又批准了 10 个"国家战略性"的区域发展规划。由此，从省域范围来看，全国 31 个省区市（不包括港澳台），都已经上升为"国家战略"的区域规划，这些区域规划突破了原来"一级政府一级规划"的框架，足以体现国家从建设国际竞争力区域、推进重点地区发展、转型和推动欠发达地区可持续发展等多个层面，来加快区域一体化发展的力度和决心。

我国在进入"十五"之后加快区域一体化发展的战略推进，和我国的城市化与主要区域所处的发展阶段性要求是紧密相关的，是对实践的重要指导。弗里德曼的研究成果已经表明，随着经济的发展，区域经济将从独立的地方中心发展到功能相互依存的城市体系，形成有组织的综合体所经历的四个阶段。[①] 第一阶段为独立的地方中心，在区域内部不存在等级，是工业化社会特有的典型空间结构，每个城市的腹地范围都很小；第二阶段为单一的强中心结构，区域经济靠单一的大城市区域来支撑；第三阶段为唯一的区域中心结构格局，但战略次中心得到开发，城市边缘区的范围缩小，边缘区域的重要资源进入生产性循环；第四阶段是形成功能相互依存的城市等级体系区域体系，演化为组织良好的综合体，区域一体化，布局高效率，实现增长潜力最大化与区域差异最小化的空间组织目标。总体来看，经过了三十多年的高速城市化与工业化的进程之后，我国的区域发展，尤其是在中东部地区，已经进入了第三、第四阶段。无论是国家的战略规划，还是地方的自主发展，都把区域一体化作为重要的目标追求，并在区域设施一体化的发展、区域市场一体化的推进，区域产业体系一体化规划布局，进行了大胆的实践，取得了一定的成效。为了从全国通盘统筹区域发展的进程，遏制地区发展的落差。2010 年底，国务院又专门印发了《全国主体功能区规划》，作为引导科学开发国土空间的行动纲领和远景蓝图。该规划明确了国家层面优化开发、重点开发、限制开发和禁止开发四类主体功能区的功能定位、发展方向和开发管制原则，构建了"两横

---

① 转引自陈秀山、张可云《区域经济理论》，商务印书馆 2003 年版，第 26 页。

三纵"为主体的城市化战略格局、"七区二十三带"为主体的农业战略格局、"两屏三带"为主体的生态安全战略格局。其中,"两横三纵"为主体的城市化战略格局,具体指构建以陆桥通道、沿长江通道为两条横轴,以沿海、京哈京广、包昆通道为三条纵轴,以国家优化开发和重点开发的城市化地区为主要支撑,以轴线上其他城市化地区为重要组成的城市化战略格局;推进环渤海、长江三角洲、珠江三角洲地区的优化开发,形成3个特大城市群;推进哈长、江淮、海峡西岸、中原、长江中游、北部湾、成渝、关中—天水等地区的重点开发,形成若干新的大城市群和区域性的城市群。在主体功能区规划的统领下,我国未来重点推进的城市化地区也得以明确,国家的相关政策也将对这些地区给予倾斜和支持,促进其带动区域一体化的发展。

我国的区域一体化发展战略的实施,也是随着转变发展方式理念的落实,以及新型城镇化战略的推进而不断调整具体策略的。我国的"十一五"规划纲要明确提出"要把城市群作为推进城镇化的主体形态","十二五"规划再次建议,以大城市为依托,以中小城市为重点,逐步形成辐射作用大的城市群,促进大中小城市和小城镇协调发展。"十八大"报告提出要"五位一体"实施新型城镇化,以此为引领的全国城镇化规划草案,总的原则为:坚持以人为本的理念,着力提高人口城镇化水平,降低城镇准入门槛;坚持城乡统筹,把推进城镇化和工业化、农业现代化紧密结合,以工促农、以城带乡,实现城乡经济一体化发展;合理调整优化城市群格局,促进人口分布、经济布局与资源环境相协调;以大带小,把大中城市和小城镇连接起来共同发展;集约高效,合理控制建设用地规模,合理设置城镇建设标准等。[①] 新的规划草案,不仅深化了我国城镇化的内涵,更为区域一体化发展提供了系统的制度保障。这是因为在现行的行政管理体制之下,各地城市政府之间仍然存在着激烈的非合作博弈,部分城市政府在行政区域范围内构筑自我封闭、自我配套的经济结构体系,有意识地限制生产要素的跨行政区自由流动,制约了区域性的公平、有序与自由竞争的统一市场形成,阻碍了区域一体化的进程。即使在一些跨省区的城市群合作行动中,建立了"合作与发展联席会议""联席会议办公室""重点合作专题组""城

[①] 《全国城镇化规划草案基本成型》,《上海证券报》2012年12月26日。

市经济合作组"等办事机构和协调机制,但由于这些协调机制均为非约束性,效果仍然不明显。同时,在区域一体化的发展行动中,同一个行政区内的城镇,还存在着"以大压小""以大管小"的问题,在基础设施建设和公共服务延伸方面,依然是本位主义,尚未形成市场资源主导的"以大带小""大小联动"的一体化发展效应。要真正解决这些问题,一方面要有刚性的规划来进行有效约束,更重要的是尽快改变政府强势主导的城市化与区域发展的传统机制,充分释放市场的资源配置能量,形成联手推动区域一体化的利益共享和制度保障机制。

基于上述的视角来审视当前国内区域一体化进程中的城市化与城市群发展模式,就会发现核心城市的"发展极"与区域内各城市的"协调极",完全可以在空间结构布局中形成有机化的网络,带动区域整体发展水平的提高。我国的长三角地区,城市群之间尽管一直存在着竞争,但也遵守着基本的市场主导的合作规则,实际上走出了"雁行型"的区域协调发展模式。这种协调整合模式以核心城市作为整个城市群体的"发展极",其他不同功能和规模的大城市作为"协调极",利用发达的铁路、公路、水路、航空网构成的交通网络来联络,形成高层次的、整体的经济网络和新型的地域生产力关系,因为其空间结构如同空中飞行的"群雁",所以称为"雁行协调整合发展模式"。"发展极"是处于城市群体发展的"领头雁"位置的上海,负责引导人流、物流、资金流、信息流在整个城市群体中互动运行,同时通过体制创新、管理创新、服务创新、观念创新等,不断向区域内城市推出新技术、新产品的管理。促进人流、物流、资金流、信息流的增值循环。而"协调极"在"发展极"的领导下,配合"发展极"的发展,逐步形成自身的特色定位。南京、杭州、宁波、苏州、无锡、常州六个不同功能和规模的大城市为"协调极"。领头形成合理的分工体系和发展梯度,通过协调整合,所有的要素流均处于增值的循环之中。

我国的区域一体化进程,已经从原来的自发行为上升为自觉行动,从原来注重单一的经济联系到实现交通、产业、社会、文化、生态等融合性的一体化,城市之间、城乡之间逐步实现了网络化的一体发展。特别是我国东部先发地区,中心城市、支柱城市以及次中心城市,在区域一体化发展的大格局下,改变了分散式发展的传统模式,实现了自身功能升级与辐射带动作用的双重效应,对国内城市发展模式的转变,起到了引领示范作用。同时，区域一体化带来的产业空间重组、产业空间体系重构，对我国新型城镇化化战略下推进未来城市与区域持续的转型发展，将发挥积极的正向促进作用。

二 从"一体化"到"同城化"的内涵深化

在我国区域一体化的发展进程中，"同城化"发展日益成为一种新趋势。从发达国家城市化与城市群发展的历程看，从"一体化"到"同城化"，或以"同城化"来提升"一体化"的发展水准，已经演化为共同的规律。"同城化"不是简单的规模扩张，而是彰显辐射力、扩散力与竞争力的协同战略，是一种经济、文化和社会等方面的有机结合和相互依托。尽管在区域经济学的理论中，"同城化"的内涵没有明确的界定，但同城化可以促进同区域内劳动力、资金等生产要素的流动、整合，达到城市功能互补和分工合理、产业结构优化、竞争力增强等共同的目标，却是不争的事实。特别是在信息社会时代的到来、高速交通网络带来的通勤化就业与出行，新兴的高科技新城、卫星城，和中心城市形成高度集聚型的"同城化"形态，为在全球城市体系中提升能级地位，提供了综合竞争优势。如美国旧金山湾区，北卡罗来纳州的"黄金三角区"等，探索出了高科技产业主导的"同城化"深度融合区域发展的新模式。美国的旧金山湾区，面积18000多平方公里，总人口数在700万以上，是美国西岸仅次于洛杉矶的最大都会区。在功能组合上，旧金山是湾区的经济、金融、商业与文化中心，是太平洋岸证券交易所、美国最大的银行美洲银行总部以及旧金山联邦储备银行、富国银行所在地；奥克兰是美国重要的制造业及分销业中心，也是美国西海岸最大的铁路枢纽，并拥有美国第四大集装箱港口；圣何塞是著名高科技地区——硅谷的中心城市。三个城市所处的阶段和特征也很不同，但却共生共存于湾区，从不同功能和地位看，突出反映了"同城化"发展的有机性和多元合力。

在中国改革开放之后的城市化进程中，同城化作为一种发展理念，已经体现在区域一体化的整体发展战略中，如广州和佛山，沈阳和抚顺，太原和榆次，西安和咸阳，乌鲁木齐和昌吉，长沙和株洲、湘潭等一批地理紧邻的城市，都在流通、产业和规划上体现了这种理念，但"同城化"作为一个系统的官方认可的概念，是在2005年发布的《深圳2030城市发展策略》中首次提出来的。2008年12月31日,国务院正式批复的《珠江三角洲地区改革发展规划纲要(2008—2020年)》明确提出要"强化广州佛山同城效应,携领珠江三角洲地区打造布局合理、功能完善、联系紧密的城市群"。进入"十二五"后,我国多个省份制定的经济社会发展规划都提出了促进省域内中心城市与邻近城市同城化的发展目标,如江苏的宁镇扬、安徽的合马芜、福建的厦漳泉、浙江的杭嘉湖等,期望以同城化的推进,来提升城市的能级水平,培育能代表区域和国家竞争力的新增长极、增长带,并优化区域发展格局,增强区域竞争力。

同城化是区域一体化的内涵深化,两者都是区域经济发展过程中,为了打破传统的城市之间行政分割和保护主义限制,实现资源共享、统筹协作、提高区域经济整体竞争力而提出的一种空间发展战略。两者的区别在于:同城化意味着更深层次、更广范围、更高程度的区域合作和融合,包括在规划、基础设施、环境保护、产业发展、公共服务及管理等全方位的一体化。但同城化并不意味着行政区划架构的统一,而是城市之间经济管理体制和运行机制的协同,产业、信息、交通、市场、社会管理和公共服务一体,资源和发展成果共享,经济社会发展相融合的新型区域经济"联合体",这种"联合体"在形成过程中,不仅要地缘相邻、经济相融、交通同网,更要市场同体、生活互往。在我国的城市化与区域发展的进程中,"同城化"的最重要的功能是有助于打破原来行政割据造成的"诸侯经济",但同时现阶段"同城化"战略行动的实施,又必须靠政府主导。这就决定了中国的"同城化"行动,必须在各城市之间寻找到互惠互利的平衡点,在树立大战略追求的同时,阶段性目标的落实也非常重要。否则,喊着"同城化"的口号,依然是各打自己的算盘,把握不住大机遇,形成不了发展的合力,结果自然是整体的竞争力削弱。

因此,在我国新型城镇化和城市转型升级的战略行动中,对"同城化"的前提条件、推进机制以及新的城市治理方式,必须要有全面科学的认知,形成协同推进的力量,从而在政策设计、制度安排上进行重点突破,带动整体提升。首先,"同城化"是一个区域内的相邻城市发展到一定阶段后,为解决单个城市无法解决的系列问题,所实施的理性选择。城市之间都有了融合发展的需求,才有可能推进同城化。至于是区域内的城市群建设的起步阶段开始同城化,还是在相邻城市发展到一定程度后再同城化,这就取决于当地的经济发展水平和政府的规划导向。早在20世纪80年代，长沙、株洲和湘潭在经济发展水平不高的条件下就有了同城化发展的动议，但实际推进却进展缓慢，直到"十一五"期间才有了实质性的动作，出台了同城化的产业布局和空间体系规划。而广州和佛山、沈阳和抚顺、郑州和开封、西安和咸阳等，虽然是进入21世纪后才提出同城化发展的，但推进的力度却很大，成效也非常明显，这显然和各城市经济社会发展的阶段性需求有一定的关系。其次，"同城化"的硬件基础是通勤化的交通体系。发达国家的区域发展的实践已经表明，近域城市发生相互作用是需要在一定距离范围之内，也不是所有的相邻城市都可以实现同城化发展的，只有实现快速交通的通勤化，真正降低就业、交往、生活、消费的费用和时间成本，才能深化同城化。从目前看来，国内已经实施同城化的城市，城市功能中心的直线距离一般在20—50千米，通勤时间在30—60分钟。如广州和佛山之间的同城化，一方面是在经济体量上形成了中心和次中心的关系，产业的互补性和关联度高；另一方面，是快速的城际交通广佛新干线的运行，两市就业和交往的通勤化。因此，在未来我国的同城化发展中，那些地理距离在50—100千米的城市，要实质性地推进同城化，必须在主要的功能中心形成不超过1小时的直线通勤交通。要满足这一需求，只有规划建设快速的城际轨道交通体系，原来的城际公路、高速公路，因通达的不确定性，是无法支撑的。再者，"同城化"能在区域发展中培育出更高更强的增长极。"同城化"主导的区域经济发展，可以形成非均衡的地区间发展模式，非均衡发展鼓励率先区域内点的突破，通过点的带动，形成面的提升，进而达到更高层次的均衡，实现更高水平、更大规模的集聚效应。一方面，"同城化"发生在中心城市或者次一级的中心城市和周围城市之间，可以在内部再造新增长极、新的功能区；另一方面，"同城化"的整体提升效应，可以在大区域内强化"首位度"或龙头效应。如广佛同城，共同成为珠江三角洲地区发展的龙头；西咸一体化强化在关中城市群的龙头作用；沈抚同城则实现将推动辽中城市群的建立并带动东北老工业基地核心区的振兴；武汉城市群的同城化促进了国家"中部崛起"战略制高点的形成；以郑东新区建设推进的郑汴（开封）同城化托起中原城市群的核心增长极；江苏的宁镇扬同城化将培育出长三角地区具有国际化创新水准的大都市区，并直接带动苏南现代化示范区建设国家战略的推进实施。

但是，学界关于"同城化"的概念和界定，目前尚未形成权威的、确切的认定。较为普遍的看法是，"同城化"是指在城市和区域快速发展过程中，两个或两个以上城市因地域相邻、发展紧密关联、要素和功能互补性强、交通发达便利、传统文化价值认同等，通过打破行政分割和地方保护，以及淡化属地意识，在产业定位、基础设施建设、土地开发和政府管理上形成高度协调和统一的机制，以实现资源共享、互利协作、统筹规划，显著提高区域整体发展效率和竞争力的一种新型城市化发展战略。"同城化"具有地域相邻、功能互补、区域认同、深度协调、共同发展等主要特征，是区域经济一体化和城市群建设过程中的一个更高阶段，是在具有特定条件下的城市间经济与社会发展到一定程度的必然趋势。

借鉴国内外学者对都市圈发展的划分方法，我们可将"同城化"的发展阶段分为四个时期，分别为雏形期、融合期、协调期和同城期（见表5—1）。

表5—1　　"同城化"发展阶段的基本特征、重点和目标

阶段	基本特征	"同城化"重点	"同城化"目标
雏形期	发展水平偏低，处于工业化初、中期；城市与城市相互作用较弱，中心城市带动作用不强	以政府为主导，推进跨地区设施建设、空间发展等方面的发展；架构一体化发展格局；实现交通、市政设施的共建共享、生态环境的共同治理和公共服务设施的一体化	整体构架，培育一体化空间形态推进跨界地区交通、基础设施、生态环境和公共服务的一体化发展

续表

阶段	基本特征	"同城化"重点	"同城化"目标
融合期	发展水平较高，处于工业化中期向后期迈进阶段；中心城市职能外溢明显，城市与城市相互作用增强；区域产业集群正在形成；跨界协调问题突出	推进功能一体化发展，以共建城市交界地带新的城市增长点突破口，全面推动区域一体化；交界地段培育新的增长点，承载城市新兴的各项职能；推进功能一体化，形成分工协作、一体发展的功能格局；设施、生态、服务、资源利用全面一体化建设；推进产业政策、保障政策、服务政策的全面对接	以跨界培育的新生长点推进功能、空间全面一体化建设；全面一体化建设；全面推进区域设施、生态、服务的一体化建设，加强政策对接，为一体化发展奠定基础
协调期	发展水平很高，处于工业化后期阶段；区域产业空间布局形成；城市与城市相互作用很强；跨界协调问题突出	以体制创新为重点，构筑"同城化"协调机制；区域基础设施的共建共享；区域环境的共同治理；协调组织机制的建设，加强空间、产业拓展的合理引导	体制创新，包括建立"同城化"协调机制、合理的空间管制机制
同城期	"同城化"格局形成，形成合理的分工体系；城市整体实力明显提升；社会管理机制需要创新；城乡问题凸显	注重社会资源的优化配置和社会利益的合理分配；注重城乡一体化的研究和规划	创新社会管理机制，实现城乡一体化

在上述的认识下来推进"同城化"，还要充分考虑到各城市的功能错位和互补，避免"一样化""平面化"，尤其要处理好中心城市与次中心城市，次中心城市之间的产业空间、生活空间以及城市空间的协调关系，强化功能耦合。城市功能耦合是指参与同一区域内的两个或者多个城市根据

城市等级、城市差异，专业化自身的功能，使区域内城市中形成功能差异、职能互补、协调发展的层级体系，从而促进区域竞争力的提升。同城化的目的正是为了实现区域内城市功能协调互补，减少区域内生产生活要素流通的成本，提升效率，提升城市品质，提升城市与区域竞争力。"同城化"可以作为区域协调城市功能的重要手段，来促进区域协调发展，实现发展的高效化。从区域空间发展体系的优化角度来看，同城化可以促进产业布局调整和新产业体系、新产业空间重塑。同时，要充分利用"同城化"的制度安排，通过政府积极的政策干预，放大扩散效应，促进大城市逐渐将生产活动转移出去，从而在大城市形成研发和总部集聚中心，在中、小城市形成制造业中心。从中外"同城化"的城市功能布局来看，核心城市基本定位为信息通畅、服务水平高、制度透明、人力资本雄厚的现代服务业中心，主要吸引企业总部、研发和项目管理中心、销售中心，利用服务业对信息、科技和人才的高端需求实现城市功能的高端化和专业化。次级城市则利用好劳动力、土地、原材料成本较低的优点，形成先进制造业中心、物流中心，与核心城市实现功能互补。中心城市与次中心城市的协调发展，将加快区域发展的整体转型，并培育出升级版的区域创新体系、创新文化。

第二节 "同城化"融合："宁镇扬"都市圈的定位

一 国家区域战略中的"宁镇扬"同城化

南京、镇江和扬州三市，地处江苏省的核心腹地，是长江中下游地区的连接带，是长三角地区北翼的重要功能区。三市山水相连，文化同根，人文相亲，历史上就属于同一个管辖区。在国家的区域发展格局中，该板块承东接西、承南接北，有着良好的区位优势、雄厚的经济实力，是我国科技、教育、人才和人文、历史、文化资源最为集中的区域之一，具有丰厚的"同城化"的基础和发展条件。改革开放之后，扬州和镇江在1986年就加入了"南京区域经济协调会"。2002年，镇江和扬州正式成为江苏省通过的《南京都市圈规划》中"南京都市圈"的重要组成部分。2009年，在国家正式批准实施的《长江三角洲地区区域规划》中，长三角地区被定位为亚太地区重要的国际门户，全球重要的现代服务业和先进制造业中心，具有较强国际竞争力的世界级城市群。长三角的发展要达到这个总体的要求，除了要进一步发挥处于核心地位的上海的功能外，还需要其他中心城市发挥积极的作用，尤其需要以南京为中心的宁镇扬板块的全力支撑。为此，在2009年召开的第三届南京都市圈市长峰会上，南京、镇江和扬州三市共同签署了《宁镇扬同城化建设合作框架协议》。随后，江苏省委、省政府在省级层面上对宁镇扬同城化进行战略推进：2012年的江苏省政府工作报告明确"要积极推进宁镇扬同城化建设"，2013年的江苏省政府工作报告强调"要加快宁镇扬同城化建设"，表明这一行动从战略谋划走向实际操作。2013年4月，国家发改委发布了上升为国家战略的《苏南现代化建设示范区规划》，明确提出要推动宁镇扬地区同城化发展，打造要素集聚、资源共享、互动发展的宁镇扬大都市区。因此，无论从国家战略层面、区域一体化发展的层面，还是从地方的制度创新层面，来综合分析宁镇扬同城化战略的实施条件、推进路径和具体对策，都有重要的样本意义。

在区域一体化发展背景下的"同城化"，是经济发展到一定阶段的理性选择。在江苏率先推进基本实现现代化战略目标的进程中，宁镇扬地区已成为继苏锡常地区之后的又一创新发展高地，"十二五"后进入经济社会发展的"加速转型阶段"。2011年，南京GDP为6145.52亿元、人均GDP为76263元，镇江GDP达到2310.40亿元、人均GDP为73947元，扬州GDP达到2630.30亿元、人均GDP为58950元。宁镇扬地区已经进入发达经济初级阶段，在这个转折点后，经济将进入起飞阶段，经济社会结构将加速转型。与此同时，宁镇扬地区的基础设施建设能力大幅提升，大交通网络逐步形成，"快捷"加上"枢纽联结"，进一步强化了宁镇扬地区的"同城化"效应，加快了物流、人流、商务流的流动速度，带来了产业、人口居住和就业在空间上的结构性重大调整。如城市之间的"通勤"正在南三市之间成为越来越普遍的现象。此外，随着长三角地区国际化、市场化不断深入，宁镇扬三市的政府、企业和社会对市场规则的认识也在不断深化，在建立与"国际接轨"的统一市场体系方面已达成更多的共识，并开始付诸实际行动，使宁镇扬的区域合作进入"制度推进阶段"。

宁镇扬"同城化"步伐的加快，也是国家区域发展的大战略以及长三角地区国际化的实施，培育新的发展极的需要。在《长江三角洲地区区域规划》中，宁镇扬地区的核心城市南京被定位为"长江三角洲辐射带动中西部地区发展的重要门户"，宁镇扬"同城化"形成的城市集群、产业集聚优势，不仅可以再造一个可与苏锡常、杭绍甬相媲美的长三角新发展极，而且可以有效地将长三角经济发展的势头和要素向苏北和中西部的安徽、江西、湖北、河南等地转移和辐射，展现区域枢纽的强大功能。[1] 从城市转型升级的时代要求来看，宁镇扬"同城化"不但能快速提升大南京城市发展能级，而且还能随着经济一体化的深化带动，成长为支撑整个泛长三角区域的新的战略支点。从国际层面来看，世界金融危机之后，国际城市格局发生重大变化，新兴市场国家尤其是亚洲的一批城市，在世界城市体系中的地位加速上升，而区域经济一体化是城市参与国际竞争的重要路径，功能性的区域取代单个城市参与国际竞争，获得更多的竞争优势，已成为普遍的选择。实施"同城化"，可以促使宁镇扬自身以更高水平参与或融入长三角区域一体化，进而加速融入全球城市体系之中。

就江苏自身的区域发展战略的实施来看，推进宁镇扬"同城化"建设，对增强江苏经济整体实力和竞争力，预期实现苏南率先基本实现现代化的目标，推动苏中快速崛起，进而带动苏北发展，也具有重大的现实促进作用。20世纪80年代，苏南乡镇企业的发展为江苏经济注入了活力。20世纪90年代，上海浦东新区的开发开放，进一步带动了苏南的外向经济型发展。进入21世纪以来，通过苏南与苏北的挂钩发展，江苏的南北区域也出现了良性互动发展的格局。相对而言，江苏中部地区则形成了一个发展上的政策洼地。如何振兴江苏中部地区经济成为江苏区域协调发展的新课题。在江苏"四沿"（沿沪宁线、沿江、沿海和沿东陇海线）发展战略下，宁镇扬的战略中心地位逐渐凸显，因此，提升和构建起宁镇扬苏中板块的中心地位，进而形成苏南、苏中、苏北三大板块联动发展的态势，将整体上提升江苏全域的经济社会发展水平，从而达到"率先基本实现现代化"的战略目标。

从上述多个维度来看，"同城化"战略主导的宁镇扬区域，已经具备了很好的现实发展基础，承担着国家区域发展的承东启西的枢纽门户、泛长三角空间体系中的几何中心、长三角地区国际化的新功能区和江苏率先

---

[1] 参见洪银兴、刘志彪《关于建设宁镇扬创新型经济合作示范区的研究报告》，课题报告，2010年11月。

基本实现现代化的重要龙头区等多项使命。但是，由于现行的行政管理体制以及市场体系中存在的"本位"主导定式，三地在"同城化"的进程中仍然存在着一些"瓶颈"问题，主要表现为：各自为政、同质竞争，不同能级的城市尚未破除空间的行政化，生产生活要素在城市密集区流动的成本偏高；产业融合与转型升级难，三市都争相把电子、汽车、机械、化工、医药等作为未来发展的主导产业，不仅抑制了地区经济比较优势的发挥，丧失了地区分工效益和规模经济效益，也影响了区域经济整体效益的提高；时空距离偏长，通勤化交通尚未网络化，三地互动的居住、工作出行便利程度低；生态环境共防共治难，三地尚未形成共同规划、共同监测、共同处罚、共同建设、共同出资、共同补偿的工作机制；中心城市的"首位度"有待进一步强化，南京是宁镇扬"同城化"的核心城市，但南京的辐射带动作用有待进一步发挥，等等。

因此，针对宁镇扬大都市区被赋予的多重战略使命，政府主导部门要在推进宁镇扬"同城化"建设上达成新的认知：首先，要借鉴国际知名都市圈同城化区域的成功经验，立足于"全球城市体系"，在突破这些"瓶颈"的基础上，整体谋划区域定位和三市融合发展、创新发展的转型升级路径，将整体区域打造成国际性的"智慧型都会区"、创新示范区。其次，要进一步明确三市在"同城化"中发展的平等地位，既要致力于推进三城共同发展、融合发展、互补发展，还要致力于推进三座城市内部城乡之间的协调发展，通过三个城市内部结构的优化推进更高层面的融合。再次，要进一步突出南京的优势战略、首位度与核心功能，把南京建设"国家中心城市"的目标追求、突出枢纽经济的区域资源整合效用、强化科技创新中心和人才中心的创新聚集作用，与镇江、扬州的产业升级、空间布局优化实施对接，使它们充分承接南京产业、科教、医疗、公共服务的"溢出效应"，借助南京的互补优势，发展污染少、附加值高、休闲型的新产业、新业态，同步提升自身的城市能级和服务价值。

当然，在"同城化"中的融合发展，三市还要各自发挥比较优势，明确功能定位，以形成特色鲜明、优势互补、分工合理的城市错位发展格局，提升区域的整体竞争力。在这一点上，核心城市南京的示范作用尤其重要。2009年国家颁布的《长三角地区区域规划》，要求"发挥沿江港口、历史文化和科教人才资源优势，建设先进制造业基地、现代服务业基地和长江航运物流中心、科技创新中心。加快南京都市圈建设,促进皖江城市带发展,成为长三角辐射带动中西部地区发展的重要门户"。2010年的《全国主体功能区规划》,将南京所在的长三角地区化为优化开发区域,并将南京定位为"长江流域航运和物流中心、全国重要的科技教育文化中心、长江三角洲北翼现代服务业中心"。2013年,上升到国家战略的《苏南现代化建设示范区规划》,对南京的功能定位为:"发挥科教文化资源丰富、区域金融地位突出、海陆空港和信息港联动发展的优势,强化辐射带动中西部地区发展重要门户作用,建设全国重要的科技创新中心、文化创意中心、长江航运物流中心和重要的区域金融商务中心,成为国家创新型城市和国际软件名城。"在这些国家战略层面的规划中,南京的"国家中心城市"、大区域中心的地位已经非常明确。但是,南京要真正发挥高端带动、辐射影响作用,必须通过联手镇江、扬州实施一体化发展,做大规模,提升能级,构建一个以南京为中心的新型的"宁镇扬大都市区",才能彰显在大区域、国家层面的带动与辐射作用。在这一点上,江苏省级决策的推动力越来越大。在《苏南现代化建设示范区规划》中,镇江的定位是"发挥产业基础较好、自然生态良好的优势,建设全国重要的高端装备制造、新材料产业基地和区域物流基地、技术研发基地、创意生活休闲中心,成为现代山水花园城市和旅游文化名城"。

而在江苏新近出台的推进苏中融合发展特色发展的决策中,进一步强调"支持扬州开展跨江融合发展综合改革试点,推进宁镇扬同城化发展,探索规划、产业、基础设施等与苏南全面对接、融合发展的有效路径,进一步做强做优做美中心城市,彰显人文生态精致宜居特色,打造古代文化与现代文明交相辉映的名城"。[①] 在如此定位的"宁镇扬大都市区"空间格局中,南京的高"首位度"与镇江、扬州的特色发展定位,就很容易形成合力机制,在城市功能互补、产业体系融合和公共服务对接方面,加快"同城化"的整合,培育出一个经济、社会、文化和生态真正一体化发展的具有国际影响力的宁镇扬大都市区。

当然,在现行的城市行政管理体制与城市治理体系中,要加速三市的

---

① 江苏省委、省政府:《关于推进苏中融合发展特色发展 提高整体发展水平的意见》,《新华日报》2013年6月28日。

"同城化",仍必须坚持政府推动和市场驱动相结合的原则,把超前规划和循序推进相结合,先行绘出"同城化"路线图,从基础设施、旅游等比较容易突破的地方入手,以线性发展为基础,多维度协同推进。从现阶段来看,南京东部与镇江西部、镇江与扬州城区、扬州仪征与南京六合等线性融合,成为促进宁镇扬"同城化"的基础和重点。在深入推进"同城化"的行动中,"强政府"的主导作用必不可少,包括省级政府层面的协调,三市市级层面党委政府的大力推进,市县(区)层面的积极配合与协作。同时,要充分释放"强市场"的驱动作用,顺应生产和生活要素的流动规律,充分发挥市场在资源配置中的作用。如在传统产业升级、新兴产业的孵化培育等方面,可以尝试组建行业性控股、参股的跨区域产业集团,共建产业园区。南京在打造长三角区域金融中心的目标推进中,可以牵头组建宁镇扬同城化开发银行,积极参与国家投资项目的拼盘开发融资,同时建立区域共同发展基金,使协调机构具有相当的经济调控能力和投资管理能力,让区域金融在实体经济发展中产生更大的作用。

在"同城化"的制度保障方面,无论是宁镇扬,还是全国其他地区,顶层化的设计的协调机制,在中国特色社会主义的制度框架内,最具效率的仍是政治协调,这种"自上而下"整合逻辑,远远胜过平面化的横向联合与松散联席会议。在强政府和强市场双向主导的区域一体化发展的格局尚未形成前,更高层面的党委和政府建立一个过渡性的实体化的协调机构,统筹"同城化"发展中的各方利益诉求和推进步骤,变务虚为务实,很可能速度更快、效率更高。宁镇扬地处长江三角地区的腹地空间中,是经济发达、国际化程度较高的地区,是国内创新资源的重要集聚地,是江苏推进现代化示范区建设的核心区,在协同推进"同城化"发展的进程中,有条件、有能力成为国内区域一体化融合发展的样板区、示范区,并在我国新型城镇化战略和城市转型升级的实践中,起到积极的引领作用。

二 宁镇扬"同城化"建设的总体战略目标

宁镇扬"同城化"建设的总体目标可定位为:江苏率先基本实现现代化的重要龙头区,大长三角几何中心、承东启西的门户区,国家科技创新、产业转型升级的引领区,具有国际竞争力的著名的旅游、文化、创新都会区。从宁镇扬地区在长三角乃至全国的区域功能、江苏宏观经济中的战略定位、江苏创新体系中的角色、江苏经济转型中的动力功能以及宁镇扬自身社会发展的未来愿景五个维度出发，本书分析和指出宁镇扬同城化发展的战略目标：一是打造华东地区的枢纽城市圈，成为长三角经济区面向中西部地区辐射的"动力中枢"。二是构建江苏省第二经济增长极，形成"江苏中心"经济板块。三是建设江苏省创新型经济示范板块，形成国内领先的、自主知识产权主导的科技创新创业示范区。四是加快宁镇扬的经济整体转型升级，为江苏经济社会的可持续发展提供强劲动力。五是创造世界最宜居、生活幸福感最高的都市圈。

（一）打造华东地区的枢纽城市圈，成为长三角经济区面向中西部地区辐射的"动力中枢"

如果说上海是长三角经济区的"大脑"，是神经中枢，那么宁镇扬就应该成为长三角经济区的"心脏"，是动力中枢。宁镇扬经济板块特殊的地理位置和功能表现在，它是我国东部发达经济带进入落后的中西部地区的缓冲区域，即如果以宁镇杨区位为中心，那么南京以北是不发达的广大的苏北和皖北地区，沿着长江以西和西南方向是经济欠发达的安徽、湖北和江西省。刚刚进入国家战略的皖江地区毗邻南京，而皖江经济区的定位就是承接长三角产业转移。因此，宁镇扬的区域战略任务就有两个战略方向：一是向北，将江苏南部经济发展的势头和要素向苏北和皖北扩散；二是向西和西南，沿长江将上海为中心的长三角发展的势头和要素，由东向西和西南扩散和转移，辐射泛长三角地区。南京高铁南站的建成，宁镇扬内部快速网络化交通格局的建设，将使宁镇扬实现在6小时内到达国内绝大部分主要城市的交通半径。

同时根据国务院对南京港作为海港的定位，南京正在成为我国长三角地区的立体式枢纽城市。南京港接下来再与镇江港、扬州港共同构成江海组合港区，这些都将迅速推进宁镇扬国际贸易与国内贸易的一体化进程。宁镇扬处于长江下游，拥有530公里的长江岸线，优质深水岸线占有相当比重。在长江口深水航道全线贯通的条件下，长江下游开始实施上延南京的工程，工程完成时，5万吨级海轮可全天候直达南京，这样南京港、镇江港和扬州港都有条件成为海港。特别是长江北岸约270公里大部分还未完全开发利用，这在长江下游岸线开发日趋饱和的情况下弥足珍贵，也是宁镇扬经济板块的后发优势。如果能在海关体制方面获得更大的自由度，宁镇扬江海组合港区将真正实现"江海联运、内外一体"。宁镇扬完全有可能在一体化的综合交通构建基础上建设成为长江下游通江达海的航运中心。

今天宁镇扬在长三角经济区、华东地区乃至全国的区域战略地位已经大大不同，宁镇扬经济板块的功能是长三角地区承上启下和贯通东西的，它不仅是长三角区域发展的重要支点，而且也可以成为国家推动长三角经济辐射中西部地区的桥头堡和新的增长极。虽然宁镇扬没有像沿海规划那样上升为国家战略，但是宁镇扬担负的本来就是国家级的区域经济功能。我们要树立宁镇扬"大区域交通""国家南北区域、东西部地区枢纽捷运中心"的概念，做大宁镇扬都市圈，充分利用高铁和港口这两条主动脉，凝聚要素，让宁镇扬这颗长三角和华东地区的心脏跳动得更加强劲有力。

（二）构建江苏省第二经济增长极，形成"江苏中心"经济板块

从江苏的整体考虑，苏锡常地区已经处于实施国家战略的长三角的核心区，而江苏沿海三市，也因沿海开发战略的实施单独进入了国家发展目标。现在最为迫切的是科教资源最为发达的宁镇扬区域能够成为江苏的新增长极。目前江苏有沿江、沿沪宁线、沿东陇海线、沿海发展的"四沿战略"，这几条发展战线都是线性的，具有轴向发展的"聚合效应"，但是还缺乏更为纵深、更具广泛意义的"片区效应"和"板块效应"。江苏正缺少一个中心发展板块、一个具备广泛集聚和辐射能力的核心片区，而宁镇扬恰恰具备了成为江苏省第二个经济增长极的条件。

江苏沿江地区靠海临江，但缺少区域整合，实际上还没有建立自己的深水门户，江苏几近成了上海、浙江的"腹地"。长江岸线最长又靠近出海口的宁镇扬板块建立一体化的港口物流，可能成为江苏的深水门户和实际上的海港港口，从而成为有广阔腹地的经济中心。同处中国南北经济社会文化交汇的江淮文化区域，宁镇扬三市地域文化接近，兼收并蓄南北文化，这一点对于苏南、苏北经济社会文化类型差异巨大的江苏而言，尤为重要。经过几年的南北挂钩，苏北经济正在快速崛起，江苏南北协同发展效益开始显现。正是在这样的条件下，以宁镇扬板块构建"江苏中心"的发展要求就更高、更紧迫。要在南北协同发展的基础上，进一步弥合南北差异，增强对苏南的吸引力和对苏北的辐射力，就必须进一步强化宁镇扬在江苏乃至全国经济发展中的地位。

此外，宁镇扬具有苏锡常地区所不具备的科教创新资源，是未来江苏外向型经济向创新型经济过渡中，最为基础和可靠的内生增长条件，最有条件使长三角核心区逐级衰减的辐射要素在这一区域因聚合而得到强化。在产业基础上，宁镇扬是江苏最为发达的临江基础工业基地，南京的石化、钢铁，扬州的化纤，镇江的纸业、建材等是江苏省举足轻重的支柱产业。另外，南京的机电工业、通信设备制造，南京、扬州的车辆制造等在全国也占据极其重要的地位。南京作为省会城市的政治文化中心功能，再加上镇江和扬州各具特色的城市服务业的迅猛发展，整个宁镇扬服务业的发展水平在省内具有明显的优势。因此，"江苏中心"不应该是以前"宁镇扬"的简单翻版，而应是更高层次的、高度同城化的"宁镇扬板块"。我们要充分借助市场进行资源配置，合力打造具有国际市场竞争力的江苏经济发展"核"，真正起到引领江苏、辐射周边的经济政治文化核心功能。

（三）建设江苏省创新型经济示范板块，形成国内领先的、自主知识产权主导的科技创新创业示范区

作为全国经济大省和最有活力的地区，江苏省在经历了20世纪80年代的乡镇企业发展、90年代的外向型经济发展之后，目前正向创新型经济"华丽转身"，通过发展战略性新兴产业呼唤新的增长动力，以保持在全国的持续的快速发展能力和带头作用。科技创新资源主要包括三大要素：科教资源，人才资源，管理能力和机制（主要是对创新要素的集成和组合机制）。就科教资源来说，江苏是全国大学数量最多的省份，其中3/4以上的大学聚集在宁镇扬地区，尤其是南京。江苏进入全国前100名的大学有15所，其中南京有10所，镇江1所，扬州1所，苏州1所，无锡1所，徐州1所。这样宁镇扬合起来就有12所国内前100名的大学，中国科学院的研究所也基本上集中在南京。除此以外还有一大批在国内处于领军地位的电子、船舶类的大型研究所。就人才资源来说，仅就院士数量来说，江苏的两院院士数量处于全国前列，其中3/4以上的院士聚集在宁镇扬，尤其是南京。院士数量集中也就意味着其他各类高端人才的集中。这种科教资源和人才资源的密集程度在全国来讲也是少有的。南京是仅次于北京、上海的中国第三大科教名城，也是国家唯一的科技体制综合改革试点城市；镇江的江苏大学、江苏科技大学、扬州大学都是国内赫赫有名的高校，扬州也是国内中专和职业教育的名城。

基于重要的科教资源优势，宁镇扬非常适合着力发展创新型经济、发展战略性新兴产业。我们要把新兴产业发展与自主创新结合起来，推动新能源和智能电网、新材料、生物技术和新医药、节能环保、软件和服务外包等产业发展取得突破，使创新型经济、新兴产业成为江苏经济的主要增长点，把宁镇扬打造成为江苏省创新型经济的示范板块，成为国内领先的科技创新创业先导区。在实践中，南京化工园区已经与扬州化工园区"牵手"，金陵石化的输油管道连通扬州化学工业园，一举打通了扬州化工园区上游原料供应的瓶颈；南京大学与扬州共建光电研究所，为扬州绿色新能源产业发展输送智力支持。扬州船舶制造业发达，隔江相望的镇江船舶学院，成为扬州船舶产业创新发展的驱动器。

总之，宁镇扬合作创新就是要形成三市的创新网络。在创新网络中创新要素的流动是双向的，而不是单向的一个区域的净流出及另一区域的净流入。这就需要通过利益机制、产权组织、战略联盟等方式，在企业之间、企业与高等学校、科研机构之间形成区域网络；需要整合区域内现有的创新资源，建立创新战略联盟，构建行业共性技术开发平台，推进产业协同创新；需要鼓励企业与高等院校、科研机构及跨国公司联合、协作共建企业技术中心，推进产学研联合创新。

（四）加快宁镇扬的经济整体转型升级，为江苏经济社会的可持续发展提供强劲动力

在改革开放的三十多年里，苏锡常的"苏南模式"与外向型经济先后崛起，奠定了江苏制造业大省与世界工厂的地位。但在当前，江苏正处于经济转型升级的重要阶段，转变经济发展方式是刻不容缓的战略任务，我们要坚定不移调结构，更大力度抓创新，脚踏实地促转变，以结构调整培育新的增长点，以自主创新占领制高点，以集约发展增强竞争力，推动经济发展由资源依赖向创新驱动转变、粗放经营向集约发展转变、更多的"江苏制造"向"江苏创造"提升。宁镇扬要在这一轮的转型发展中为江苏可持续发展提供强劲动力，我们要进一步加快发展服务业，促进服务业发展提速、比重提高、结构提升，尤其要重视发展面向生产的现代服务业，通过打造智慧城市与"宁镇扬智慧圈"，促进现代服务业与先进制造业有机融合、互动发展，提高产品附加值和产业竞争力，在"江苏制造"向"江苏智造"转变的过程中发挥重要推动作用。

在以创新为导向的宁镇扬一体化中,需要充分发挥南京的科技创新中心的作用。南京的创新要素需要更多地进入镇江和扬州转化,南京只有在创新资源与相关企业的互动中,增强科技成果的本区域转化率,才能成为创新中心。南京已被确定为国家科技体制改革的试点城市。试点的范围可以考虑扩大到整个宁镇杨区域,放大其改革效应。改革试点的一个内容可以考虑将科技创新及创新的科技成果产业化的空间布局适当分开。南京作为创新要素的集聚中心,应该着力于孵化器、研发中心和科技服务业建设,从而成为区域创新中心和科技服务和推广中心。鼓励南京将产业化创新项目安排在镇江和扬州,创新成果产业化的项目要更多地安排在镇江和扬州。以共性项目合作为纽带,促进相同产业内企业间联系与相互学习。如南京以中电电气(南京)光伏有限公司为代表太阳能光伏产业处于领先地位。太阳能光伏产业是扬州市确立的主导产业之一,也是镇江科技园中的重要产业组成,而促进三市光伏产业企业间的合作,建立光伏产业联盟对于光伏产品的市场开拓、技术攻关等都具有重要意义。

(五)创造世界最宜居、生活幸福感最高的都市圈

宁镇扬都是重要的历史文化名城,都拥有着"山、水、城、林"完备的城市自然与人文景观元素,是适合人类诗意栖居的生活空间,我们还要进一步保护好自然与人文环境,进一步营造宜居环境。近年来南京和扬州接连获得联合国人居奖,从这个意义上说,宁镇扬是全世界获得联合国人居奖最集中的区域,换句话讲,宁镇扬应该是世界最宜居的区域。与此同时,不仅要为宁镇扬的居民提供一个舒服的生活环境,还要为他们创造一个幸福感高的社会生活。南京要与扬州、镇江联手发展幸福产业,将宁镇扬打造成一个诗意栖居的幸福生活风尚区域。

为此,应进一步下大力气解决宁镇扬同城化问题,不仅要解决在城际重大基础设施建设,特别是交通、通信网络等基础设施建设的同城化,还有实现公共服务和商业性服务的同城化。使三市实现半小时无障碍通达,社会民生各方面的体制机制无缝对接,特别要让三市市民感受到"同城化"带来的便捷。其中包括:三市水、电、油、气的同建、同享、同价;三地客运公交化,促进三市城际票价向城市公交票价靠拢;社保卡异地双向结算,将三地大型公共医院纳入医保范围,共享优质医疗卫生资源;开放三市优质教育资源,局部探索试行统一命题、统一考试和统一招生。通过社

会事业的同城化，不断增加居民的福祉。

在同城化旅游方面，宁镇扬三市有十分丰富的旅游资源，计有12家AAAA级旅游景点。宁镇扬地区要进一步开展多方位合作，三市可在旅游资源、产品开发和旅游市场营销等方面统一行动，品牌共创，客源共享，放大宁镇扬名城效应，使其成为国内乃至世界级的旅游目的地。利用便利的交通条件，在上海市及江、浙两省各大城市建立旅游散客服务中心，并开通旅游热线和散客班线，合作建立旅行社，共同探索实施跨地区旅游连锁经营，联合各地积极筹办各种综合品牌的旅游活动，构造大旅游购物气氛，形成新一轮旅游消费热点。

在上述总体战略目标的引领之下，主要原则为：

1. 坚持政府推动和市场驱动相结合的原则。政府的作用必不可少，包括省级政府层面的协调，省辖市层面政府的大力推进，市县层面的积极配合与协作。"同城化"不是搞"拉郎配"，不能违背市场规律，需要充分发挥市场在资源配置中的作用。

2. 坚持"大同城化"与"小同城化"相结合的原则。要明确三市在"同城化"中的平等地位，既要致力于推进三城共同发展、融合发展、互补发展，又要致力于推进三座城市内部城乡之间的协调发展，通过三个城市内部结构的优化推进更高层面的融合。

3. 坚持线性推进与板块推进相结合的原则。与江苏发展历程中的四沿战略、苏锡常板块的线性一体化相比，宁镇扬"同城化"表现为一定的块状特征，但仍然需要以线性发展为基础，多维度协同推进。从目前情况看，南京东部与镇江西部、镇江与扬州城区、扬州仪征与南京六合等线性融合，成为促进宁镇扬"同城化"的基础和重点。

4. 坚持超前规划和循序推进相结合的原则。当务之急是出台宁镇扬"同城化"建设规划，绘出"同城化"路线图，从基础设施、旅游等比较容易突破的地方入手，循序渐进地加以推进。在时序上，2015年前后初步实现三市"同城化"发展，2020年全面实现"同城化"。

5. 坚持国家层面与区域层面相结合的原则。宁镇扬"同城化"目前是江苏省级层面的重要发展战略之一，应努力上升为国家战略层面。在江苏内部，实施大双核驱动，宁镇扬和苏锡常形成双核带动，分别带动沿海和苏北。在宁镇扬体系内，实行小双核驱动，促进镇扬的融合。

6. 坚持有所为与有所不为相结合的原则。"同城化"能够有效地避免长三角竞争碎片化的问题，整合三市的优势。在竞争与合作的关系上，要改变原来对抗性竞争、零和博弈的局面，建立合作性竞争、正和博弈的格局，让各市在有序的竞争和密切的合作中共同发展，从而产生"1+1+1>3"的效应，实现整个区域的帕累托最优。

第三节 协同治理："宁镇扬"同城化的策略举措

宁镇扬"同城化"是区域发展的重要探索，是贯彻国家长三角一体化发展重要战略的组成部分，也是增强南京作为省会城市的辐射带动能力，加快镇江、扬州发展的重要举措。推进宁镇扬"同城化"建设，主要包括产业、服务、生态、基础设施、发展空间、体制机制等方面的"同城化"。

一 产业"同城化"

遵循优势原则、效益原则、生态原则这三大原则，从各城市产业发展所需要的优势基础与环境出发，对三市的产业进行宏观上的整合和微观上的调整，将低端产业逐渐向外转移，形成相互依存、互补互济的产业集群优势，全力建成江苏省科研创新中心区和全国新兴产业的高地。

（一）打造跨区域的世界级绿色转型产业集群

在新化工（环保）、新材料、新能源等若干领域打造"全球科技创新中心"；在专业化交易平台、期货、国际航运等相关领域集中打造"全球（南京）化工交易所"；在新能源应用、装备制造特别是LNG应用领域打造"国家级新能源及新能源装备产业基地"；融合互联网、移动互联网、物联网、创意产业的跨界创新，打造"中国工业4.0及重化工主题创意产业基地"。从区域整体利益出发，加强三市化工产业的联运，实现"精细化对接、错位式竞争、差别化发展"，提升宁镇扬区域化工产业整体竞争力。目前南京扬州在石化产业已经进行分工定位，南京主攻化工原料，扬州主攻精细化工。在此基础上，南京应进一步从区域整体利益角度考虑，要有包容开放的气度，敢于放弃一些外围的制造项目，逐步向区域内镇江、扬州两城市转移，推动三市石化产业上下游产业链的整合连接。在尊重市场规律的前提下，大力支持企业间的协作、兼并和重组，通过"同城化"整合来提升，通过增强互补性来转型、通过沿江和沿海来转移。如将南京化学工业园与扬州化工园区、镇江化学工业园实施产业整合，打造"国际一流、国内领先"的宁镇扬石油化工产业带和沿江化工走廊，建立石化产业合作纽带、项目合作纽带和资金合作纽带，共同开发石化物流港，合资建立运作实体，互相开放一定的区域，协调利益分配机制，共同对外招商引资，共同打造世界级绿色转型产业集群。

（二）构建江苏现代服务业集聚中心区

面向泛长三角和中西部地区，做强区域服务功能。

1. 南京应重点发展大型的商业商务服务以及生产性服务，强化服务业中心城市地位。加快培育一批大企业大集团，大力支持流通企业跨地区、跨行业、跨所有制重组，形成一批有较强竞争力的大型商贸企业和企业集团。着力推动十大重点商贸企业向区域化、国际型大买家升级，成为达到全国同行业一流水平、具有国际竞争力的大型商贸企业集团。同时加大商贸流通对外开放步伐，积极引进世界500强流通企业和国内大型商贸流通企业进入南京市场，进一步吸引国内外高端服务机构，完善高端服务功能。同时，以金融、物流、文化、创意等为重点以大型服务企业为载体，集聚高端人才，加强综合集成，积极承接国际服务外包业务，提升服务业的规模与能级。规划建设一批知识密集、多元文化、充满活力的创意产业集聚区。

2. 镇江应大力发展旅游服务，加速智慧旅游中心建设。发挥三市的旅游资源优势，以建设"智慧旅游"产业谷为突破口，形成"同城化"智慧旅游品牌，打造长三角旅游目的地城市，建设全国领先、辐射全球的"智慧旅游"城市。依托城际站、高铁站等交通枢纽站点，建立市、辖市区、旅游景区三级旅游集散中心网络，提供旅游咨询、集散换乘、票务销售和酒店预订等综合服务功能；围绕"智慧旅游"建设，加快旅游信息平台和网络建设，提高游客、旅游企业和管理部门之间信息沟通和处理能力。

3. 扬州要大打宜居牌，提升生活性服务业。强化节庆营销，进一步做强"烟花三月节""扬州的夏日""运博会""沐浴养生节"等服务品牌，加强生活性服务业行业标准化建设，制定完善各类生活性服务业标准和设施建设标准，加快已出台标准在全行业的推广应用，以标准化促进国际化，重点打造名导游、名厨师、名服务员队伍，提高行业服务水平。

4. 三市以国家级江北新区建设为机遇，大力发展医疗服务和健康养生产业，共同建设中国东部健康生活养老首选区。规划建设南京国际高端健康医疗产业园，引进国际高端医疗机构（美国癌症、法国肝病、韩国整形、日本慢性病等），强化医疗、健康、运动（青奥公园等）主题下的社会协同创新，打造世界健康名城示范区；"先行先试"深化医疗服务体系改革，促进商业医保与医疗机构深度融合，合作发展国际诊所、会诊平台；开发国际医疗旅游产业，规划宁镇扬国际老年社区，深化房地产、金融产品的创新。发展离岸金融、支付、保险等高端医疗的综合配套服务产业；加强与金融、保险、互联网、移动互联网应用等领域的跨界协同创新，开发医疗健康主题的数据内容产业；开发医疗服务、健康养生、涉老服务的社区化、分众化、连锁化网络业态。

（三）构筑宁镇扬科技创新示范区

1. 建立宁镇扬科技创新示范区，以合作创新作为"同城化"的凝聚核，有效推动更多的科教资源转化为创新要素，提升三城市的整体创新、协同创新能力，使创新成为"同城化"的动力源。南京已被确定为国家科技体制改革的试点城市，"321"人才计划、紫金科技特别社区及人才特区形成了创业创新的磁场效应。建议将试点的范围可以扩大到整个宁镇扬区域，放大其改革效应。改革试点的一个内容可以将科技创新及创新的科技成果产业化的空间布局适当分开。南京作为创新要素的集聚中心，在基础研究开发、高端技术研发领域具备较强优势，应该着力于孵化器、研发中心和科技服务业建设，从而成为区域创新中心及科技服务和推广中心。即使是需要产业化的也主要是高端的起引领作用的新产业和传统产业的转型升级。而创新成果产业化、技术产业化的项目可以更多地安排在镇江和扬州。以农业科技协同创新为例，南京、扬州完全可以在各自优势的农业科技资源基础上合作开发，形成江苏省农业科技开发与合作联盟，并带动徐州、淮安农业发展，发挥金三角农业科学技术优势的辐射作用，推进全省农业现代化发展。

2. 建立宁镇扬国家级创新性区域合作试验区。三个城市都有很好的国家级层面的改革试点的牌子，比如南京是国家级的科技体制改革试点城市，镇江是国家级的医疗卫生体制改革试点城市，扬州大学是全国高校管理体制改革试点学校，同时也都是国家智慧旅游试点城市，镇江是全国唯一的国家智慧旅游服务中心。建议将所有的改革资源整合在一起，建立国家级创新型区域合作试验区，促进本区域发展，并且为全国的"同城化"作出示范。

(四) 构筑创新驱动产业转型示范区

1. 区域合作创新的目标要凝聚在产业创新和转型上。产学研合作创新的主攻方向，着重以区域内战略性产业共性技术需求为导向。如化工产业（尤其是石油化工）、船舶制造、汽车制造等是三市产业发展规划中的重要组成部分，但在企业规模、主导产品、市场定位等方面具有多样性特征，基础、共性技术研发的开发与成果共享能使技术创新的溢出效应实现最大化。

2. 创造科技创新和产业转型空间分布的新合作模式。南京拥有大量的创新机构和创新资源，但工业用土地紧张，而在镇江和扬州，缺乏创新机构，土地相对宽松。因此从一体化创新考虑，研发中心可放在南京，其产业化基地则可放在镇江和扬州。同时，加强政府间、区域间科技合作与产业转化，如江苏科技大学与扬州造船工业结合，并在沿江形成辐射。

3. 以共性项目合作为纽带，促进相同产业内企业间联系与相互学习，形成产业联盟。南京以中电电气（南京）光伏有限公司为代表太阳能光伏产业处于领先地位。太阳能光伏产业是扬州市确立的主导产业之一，也是镇江科技园中的重要产业组成，因此，有必要促进三市光伏产业企业间的合作，建立宁镇扬光伏产业联盟，从而增强市场开拓、技术攻关等方面的能力。

(五) 构筑战略性新兴产业示范区。

加快培育发展战略性新兴产业,是培植江苏长远发展优势的关键举措，也是打造宁镇扬区域为江苏科研创新中心区和新兴产业高地的主线。要瞄准科技前沿和市场需求，努力在基础研究、核心技术攻关和集成创新上取得重大突破，加快形成技术领先优势和市场竞争优势。南京在软件和智能电网、物联网、云计算、航空航天、现代农业、生命科学等领域已进行深入探索实践并取得显著成效，镇江、扬州可以承接南京的新兴产业优势，从区域整体出发，优化资源配置，合理布局，加快发展。目前，南京物联网企业已超过170家，在很多方面的研发力量和水平已处于国内领先，汇聚形成了一批领军人才和一批具有自主知识产权的核心技术，并已开展物联网技术在诸多领域的应用，并将全面展开面向个人的物联网应用开发。南京被国务院确认为首批12个"三网融合"试点城市之一。物联网应用、"三网融合"的实惠可以涵括镇江、扬州在内，实现宁镇扬地区的全面推广。南京云计算、智能电网集聚中心为三个城市的相关产业提供了集聚发展的平台，镇江、扬州的相关企业可以落户南京，利用新平台的优势，学习新技术、汲取新的发展动力。南京高校与科研院所众多，镇江和扬州的高校院所可以积极融入航空航天、现代农业等相关研发工作，实现区域内高校院所协同创新，同时，南京的一些研究院所也可以充分发掘镇江、扬州的特色优势，在镇江、扬州建立研究基地和新兴产业工厂，实现知识和技术的扩散。

二 服务"同城化"

(一)对三市服务资源进行整合、优化、提升

推进宁镇扬基本公共服务"同城化"不仅是三市经济和社会发展一体化的客观要求、也是惠民生、构建优势生活圈的重要手段，更是提高要素资源利用效率的有效途径和社会管理创新的现实需要。建议三市市委、市政府围绕公共教育、基本医疗卫生、公共文化体育、公共就业服务、社会保障和社会福利救助等几个方面，积极推动三市的基本公共服务"同城化"。宁镇扬三市应在经济发展水平接近的基础上，提高社保统筹层次，促进各地间社保政策趋同，实施社保"一卡通"，逐步完善社保转移接续机制、待遇互认和互通机制。通过社会服务水平的提高，共建优质生活圈，共建在长三角地区乃至全国的基本公共服务"同城化"发展示范区。

(二)共同打造"一小时生活服务圈"

当前三个城市都提出建设"幸福城市"的目标，这其中首要条件要提升生活服务质量。目前三市的生活服务，层次上低于北京，质量口味上低于上海，休闲上低于成都。虽然在拉动消费支撑上，三市都有优势，但没有整合起来。为此建议：一是提升三市生活服务的质量，创造消费新形态、新空间；二是拉动市场引导消费；三是突出三市在生活服务上的优势。省政府要为三市打造生活服务平台提供政策支持和优惠，突出优质生活服务资源的集聚，采取提高租金价格，取消相关税收的方式，促进生活服务产业的高端化发展。如可以通过嫁接、补贴等形式，引导江苏戏剧文化参与

到三市的生活消费服务中来。

（三）构建公共性的生产型服务平台

第三产业的发展，尤其是金融、商务、物流等现代服务业的发展成为整个经济向更高层次发展的关键环节。为此，三市应以促进产业集聚为前提，共同打造公共性的生产型服务平台，构建开放共享机制和创新收益共赢的利益分享机制，推进宁镇扬在人才、设施、成果的互通互用。南京要发挥区域生产型服务中心的作用，支持驻宁高校、科研院所、金融机构、专业组织与镇江、扬州自身的生产型服务资源合作，镇江、扬州也要为南京生产型服务功能的扩散提供便利和支持。宁镇扬共同出资建立宁镇扬共性技术研发基金，引导三市企业投入共同搭建生产型服务平台。三市政府还要承担起生产型服务平台的统筹协调工作，制定统一的标准、协议和技术规范，建设"地区联动、行业联合、企业联手"的生产型服务平台，以满足创新驱动发展的技术与服务需求。

（四）打造教育协同发展共同体

教育资源是宁镇扬产业融合、"同城化"的基础，三市均为历史文化名城，教育资源和文化底蕴深厚。建议在三市的高等教育和中等职业学校教育资源的基础上，对学科结构进行优化重组，在学科建设、招生及教育资源投入上进行错位发展、重点支持。通过教育投放和科技研发转化服务于江苏产业发展，提升生产型与生活型服务水平。同时，将南京的科教资源更多地向周边延伸，建议将仙林大学城改造为宁镇科教城，引导更多的高校到镇江境内办学，南大、南理工校区建设到句容等地，设立更多的科研、研发机构和转化基地。

三 生态"同城化"

生态的"同城化"是宁镇扬"同城化"发展中的关键内容、核心目标之一，就是共同打造精致、生态、宜居的品质之区。通过加强区域层面生态环境和历史文化资源的保护与整治，共同维护宁镇扬区域的自然生态与人文环境，积极建立区域一体的大旅游交通系统和协作营销、运营机制。

（一）通过产业优化来提升生态环境

重化工工业结构为主的宁镇扬地区最为突出的转型任务是节能减排，发展低碳经济。其途径除了调低重化工业比重外，最为重要的是对重化工产业和企业进行节能减排的技术改造和产业优化，延伸产业链条，发展低碳经济和循环经济。同时大力发展环保产业，实施环境生态治理工程，形成资源与能源节约、环境与生态友好的产业发展模式。坚持环保优先方针，统一环保门槛，加强综合治理，以解决危害群众健康和影响可持续发展的突出环境问题为重点，确保灰霾天气天数明显减少，水环境功能明显提升，生态环境质量明显改善。

（二）合力构建同城供排水系统

1. 加强长江水资源的保护。宁镇扬三市一直引以为豪的就是长江水，现在长江水源面临着来自工业、农业和居民生活用水的污染，集聚着较大的生态风险。因此三市要统一思想，从战略高度来实行对长江水资源的规划、管理和保护。

2. 加强秦淮水系和太湖水系的沟通。宁镇扬三市要统筹考虑、综合布局，实现秦淮水系和太湖水系的沟通，解决南京地区水系的出路问题、环境的问题。

3. 同步规划供排水系统。加强供排水系统的基础设施建设，提高综合抗洪排涝能力。通盘考虑三市生活用水管网建设，统筹考虑建设备用水源地、应急水源地，实现资源共享，避免资源浪费。

（三）大力发展区域旅游产业

旅游产业的合作，是"同城化"的重要内容，也是"同城化"建设比较容易突破的部分。（1）推出三市共同的旅游品牌。在前期推出"扬子江之旅""南京都市圈之旅"等品牌线路的基础上，三市旅游部门抱团出击，共同包装，联手整合资源精华，齐推精品新品，共创旅游品牌，形成宁镇扬旅游联合体，大力发展智慧旅游，打造响亮的宁镇扬世界旅游名城。（2）加快发展邮轮经济。三市拥有亮丽的长江黄金岸线，但在长江中下游流域，还没有一座真正意义上的邮轮码头。建议将镇江的金山定位为"中国的夏威夷""长江国家公园"，并以此为基础，整合三市资源，全力打造邮轮码头，发展邮轮经济。（3）加快旅游国际化步伐，吸引更多的国际游客到三市旅游。与杭州年吸引国际游客300万相比，南京国际游客仅150万，需要通过三市更加紧密的合作吸引更多的国际游客。

（四）联手打造"中国山水生态经典区"

宁镇扬三市内兼有平原、丘陵、山地、湖泊和大江大河等多种景观类型。六朝古都南京以其虎踞龙盘、蔚为壮观的自然景观构成了独特的城市风貌，构成了山、水、城、林有机融合，古今兼容、天人合一的特色。镇江以"京口三山"和浩荡长江所构成的真山真水及其古代寺庙资源和产品为主，以"天下第一江山"和"城市山林"为特色。扬州以兼有南方之秀、北方之雄的园林资源和产品为主，以"运河都会、绿扬城郭、人文荟萃、美食天堂"为特色。从城市自然与人文景观元素上来说，宁镇扬是适合人类诗意栖居的生活空间。近年来，南京和镇江接连获得联合国人居奖，宁镇扬应该是世界最宜居的区域。因而，三市应联手打造"中国山水生态经典区"，创造一个诗意栖居的生活区域。

(五) 建设"同城化"生态管理机制

1. 生态环境风险管理一体化。通过计算机技术和网络技术的应用，建立统一的数据管理及共享平台，共同对区域内的生态环境风险进行预警与应急，从而降伏宁镇扬区域发展过程中的生态环境风险以及环境风险管理的成本。

2. 生态环境基础设施管理一体化。促进基础设施一体化建设，加强生态环境基础设施之间的对接与联通，有利于真正达到互利双赢的局面。

3. 生态环境管理政策一体化。宁镇扬三地要围绕总量控制、排污权有偿使用和交易、行业准入标准、信息通报等方面，开展生态环境管理政策设计、出台、执行的全过程合作。对发展石化产业带来的污染，要制定更加切实可行的治理措施，实行协作治理。

四 基础设施"同城化"

(一) 构建"3011"交通圈

基础设施作为国民经济和社会发展的基础性、先导性和服务性载体，在推进宁镇扬"同城化"的进程中，发挥着先行先导和基础保障作用。建设原则主要体现在四个方面：以优化三市基础设施一体化为发展前提；以优化三市产业布局为前提；以提升三市生活服务质量为前提；以提高三市生产效率为前提。在此基础上，以城际高铁和轻轨这两个骨干系统为支撑，在三市间建成"3011"圈，即 30 分钟的快速通勤圈，1 小时的休闲旅游生活圈，1 小时的生产要素物流圈。

(二)完善基础设施"同城化"建设

1. 着力建设轻轨交通

构建"高效、快捷、环保"的城际快速客运系统,实现宁镇扬区域内尤其是核心城市间的快速联系,满足未来宁镇扬区域内旺盛的出行需求。建设扬州—镇江—南京高铁南站—禄口机制的城际轻轨,将三市主城区连结起来;在润扬大桥为两市提供快速通道的基础上,在镇江和扬州之间建设过江隧道,发展地铁,加快两座城市的融合,逐步建设成为跨江的双子城。

2. 着力建设公路快速交通

建设扬州至合肥的高速公路,中间经过仪征、六合,加强宁镇扬都市区与安徽的一体化,提升宁镇扬在长三角的中心区地位。建设宁句快速通道、浦仪高速公路和长江四桥北接线互通,为沿线居民出行提供便捷的交通。

3. 着力建设公交客运体系

开行宁镇扬"都市城巴",给予城市公交的优惠政策支持,实行统一车型、统一票价、统一技术标准、统一调度服务。加快推进三地公共交通"一卡通"的互通兼容。加快推进三地公共交通服务平台的共享共用。整合三地现有机动车维修救援网络、路网调度网络和联网售票系统、GPS监控系统以及公共交通特号服务热线等信息资源,实现服务平台技术支持的一体化、特号服务的"一号通"、管理和服务的联动化。

4. 着力提升长江航运功能

突出港口整合资源,合理分工,整合优化港口物流与集疏运体系,加强区域性现代航运服务业发展。重点建设宁镇扬组合港,建成完善的集装箱运输系统、外贸大宗散货海进江中转运系统和江海物资转运系统。在镇江规划建设长江游轮母港。

5. 着力发展航空运输

发挥大型枢纽机场对外通道作用,实施南京禄口机场和苏中江都机场的错位发展,构建"一主一辅"的配置格局,形成相互补充的功能明确、总量适当、层次清晰的机场体系,以更好地满足产业结构调整和布局优化的需要,推进宁镇扬区域经济发展。

(三)建立基础设施"同城化"运营平台。

建议在宁镇扬板块内部建立基础设施建设的公共基金,用于内部的转移支付，同时统筹各地的资金投入、监管资金动向，减少因各自为政，互相封锁和低水平重复建设所造成的浪费。建议以明确的工作主体推进项目建设，可以采取三方参股、合资建设等多种形式，对跨区域营运的特别重大项目可以探索组建宁镇扬综合交通建设实体。加快建设快速城际快速轨道交通系统，高架轻轨可以直接介入城市的交通主干线，推动城市实现公交"联网"，将跨市长途客运转变为区域公交运输。

五 机制体制"同城化"

建立完善、高效的区域合作协调机制，是推动"同城化"发展的重要保障，制度创新是"同城化"的关键。当前要充分发挥政府统筹协调力、市场基础配置力、社会服务支撑力、行业中介推动力、地域文化融合力等共推"同城化"的建设与发展，完善现有的组织机构、工作制度和工作方法，积极寻求协调机制的创新、体制机制的配套等对策。

（一）建立"同城化"协作组织运行机构

宁镇扬"同城化"需要在省级层面上统一思想，成立领导小组办公室，由省领导任组长，设立常设的机构。确定年度建设的重大方针与原则，对下一步合作发展方向提出指导性意见；就建设中遇到的重大问题，研究确定解决的原则和主要思路；向国家层面的相关机构反映情况及重大问题；制定一批规划，出台一批政策，推进一批项目。逐步探索建立公共决策机制、规划协调机制、政策环境协调机制、专项事务协调机制、评估监督机制等，将现有的"书记联席会议"朝着体制化、机制化和效率化方向转变。形成实体运作机制和资金运作体系，建立宁镇扬"同城化"基金（采取"1+3"的模式组建，"1"是指省政府拿出部分引导资金，"3"是指三市按比例交纳），由基金理事会实施领导，用于重大的公共项目建设。

（二）编制统一发展规划与法规体系

宁镇扬"同城化"建设要研究制定区域性法律，以处理好行政经济与区域经济间的关系，建立有利于进行跨行政区建设和管理的法规政策体系。当前，迫切需要对既往的规划进行重新审视，找出这些规划存在的问题；同时必须立即重新启动规划的编制，对宁镇扬"同城化"的空间发展战略以及空间布局规划做出一个总体上的统筹安排。建议研究出台宁镇扬"同城化"发展规划及其实施条例，通过立法保证《宁镇扬"同城化"发展规划》指导作用的充分发挥。

(三)加强省级政策支持

1. 出台省级《指导意见》,提请省人大尽快明确宁镇扬区域在行政与社会管理过程中的法律地位和行政职级,分期分批授予其托管权限。

2. 在产业、财税支持方面,全省重大基础设施项目和重大产业项目优先布局;加大就业服务力度,为三市企业和劳动者提供免费的就业服务,严格落实相关优惠政策。

3. 在用地方面,鼓励开展城镇建设用地增加与农村建设用地减少相挂钩试点;支持农村土地综合整治;实行耕地保护跨区域统筹;支持改革土地出让机制;支持重金属污染土地的土壤修复和综合治理等。

4. 在交通方面,推行道路运输市场更加开放的政策,通过争取省级授权,对三市市至市、市至县、县至县道路客运的公交化运营线路实行市级行政许可、省级备案;放宽旅游客运的许可,互相开行旅游直通车;取消三市域内的收费站。

5. 在投融资方面,支持两型企业直接融资;鼓励金融机构推行绿色金融决策机制;支持建设金融后援基地;鼓励金融市场创新;支持加快农村金融体制创新;鼓励创新项目投融资和建设模式。

(四)争取上升为国家战略

目前,已有部分城市提出"同城化",如广州佛山、沈阳抚顺、北京天津、太原榆次、长江株洲湘潭等,但没有一个提升为国家战略的"同城化"示范区。建立宁镇扬"同城化"示范区,对于突破行政壁垒,从行政区经济迈向经济区经济,提升城市综合实力和综合竞争力,具有重要意义。要加快宁镇扬"同城化"示范区建设,必须将其提升为国家战略。考虑到国家战略一般为跨省区战略,建议将马鞍山市纳入"同城化"板块进行上报。由宁镇扬相关部门牵头,组织力量,开展调研,积极申报,推动宁镇扬"同城化"上升为国家战略。

六 发展空间再优化

宁镇扬"同城化",关键是发展空间的再优化,增强整个板块的吸引力。目前,从国家层面战略看,三市虽然是国家长三角规划区的重要组成部分,但不具有主导地位,安徽的皖江产业带规划、江苏的沿海发展规划和事实上已经形成紧密联系的苏锡常，对三市形成包围之势，三市被边缘化的迹象已经开始显现。因此，实施"同城化"战略，加强三市内在关联，拓展优化发展空间，是提升宁镇扬三市核心竞争力的必然选择。

（一）在全省区域协调发展的大背景下来布局

苏锡常和宁镇扬区域分别是江苏省的金三角和银三角，是全省发展的重要两极。宁镇扬三市在推进"同城化"的过程中，要充分学习借鉴苏锡常都市圈的发展经验，特别是充分发挥市场规律在"同城化"进程中的主导作用，实行错位发展，切不可盲目模仿，过分同质竞争。

（二）提高南京城市的首位度

2015年要在苏南地区率先基本实现现代化、2020年全省基本实现现代化，需要进一步加强南京、镇江、扬州三市的联系，加快"同城化"进程，增强南京的辐射带动能力，提高以南京为主的宁镇扬板块的城市经济、空间和功能的首位度。南京突出战略优势，镇江、扬州根据自身优势实施发展"巧战略"，主动承接南京产业、科教、医疗、公共服务的"溢出效应"。即借助南京的互补优势，发展污染少、附加值高、休闲型的新产业、新业态。

（三）建设以扬—仪—六—天—滁—合为主线的江北城市产业带

"同城化"要优化三市的布局，使不是江南的江南——扬州更加具有江南色彩，使不是江北的江北——镇江，改变处在夹缝中的尴尬局面。扬州提出"厂往两边摆、人往中间来"的思路，镇江也要对战略做出相应的调整，加强两市沿江地区的对接。镇扬两市沿江地区能够对接好，是实现"同城化"的关键。以交通网络建设为基础，以产业关联和辐射为纽带，促进扬州城区、仪征、六合的交流与融合，加快江北地区发展，增强江北的发展活力与带动力。在此基础上，加强与安徽天长、滁州、合肥等地的合作，建立产业转移与辐射的快捷、高效通道。

（四）组建江海联动的长江国际航运中心

1. 依托南京港、扬州港和镇江港，共同促进建设宁镇扬长江国际航运物流中心，建立包括基础设施、公共基础服务平台、数据交换平台、行业信息系统和企业信息系统在内的物流信息平台体系，实现区域物流标准化和信息化。

2. 针对三市范围内路桥费、营运管理费等各类费用，共同研究优化政策，整体削减区域内物流成本。

3. 依托港口的规划建设都市圈级的大型物流场站或物流中心，形成与内外部交通协调、高效的物流设施体系。

4. 宁镇扬港区分工协调，错位发展，形成组合港。谋划建设宁镇扬组合港保税港区，打造江苏省外向型经济转型升级的枢纽区。突出三个重点：

（1）夯实基础、加速集聚、航运转型。大力发展高端航运服务，加速实现由"生产型""转运型"航运中心向"服务型""知识型"的宁镇扬组合港、长江国际航运中心转型。

（2）资源整合、政策集成、港区联运。为了推动沿江自由贸易园区的发展，海关、检验检疫、外汇等政府职能部门必须分别推出多项具有突破性的扶持政策和措施。

（3）内外一体、全球网络、开放营运。以内外贸一体化为核心，增强贸易营运和控制力，构建沟通全球的交易网络，加快向开放式的现代国际化贸易中心转型。

(五) 建设三城副城中心

考虑到区位特点，为增强南京的辐射带动作用，解决南京东部发展空间狭小的问题，拓展产业发展腹地，特别是增强镇江、扬州与南京相邻地区的发展活力，实现优势资源共享，建议建设三城副城中心：将句容撤市设区，拓展镇江城市发展空间，增强句容在南京和镇江两座城市间的纽带作用。借鉴苏州花桥国际商务城的经验，在句容宝华镇建设副城中心，形成融合功能的服务与科技新城。在仪征建立汽车城，提升产业层次，改变三市中间腹地低洼的局面。推进"三个对接"，即南京江宁方山和句容高科技区的对接；南京禄口和句容郭庄产业园区对接；仙林与句容居民居住和服务中心对接，推动空间的功能重组和再优化。

第四节　生活秩序重塑：长三角国际化生活圈建设

早在2000多年前伟大的哲学家亚里士多德曾这样说过，为了生活，人们来到城市，为了更好地生活，人们留在城市。城市是人类社会的加速器，21世纪是人类追求幸福的世纪。人的幸福感与城市发展之间是双向互动的关系，城市是人类聚落的一种形式，它制约着人类的生存和生活，影响着人们幸福感的变化,又为人类的进步提供可以依赖的环境;同时人类的认知、需求和行动刺激着城市的发展变迁,是城市发展的建设性动力。联合国人居署在《伊斯坦布尔人居宣言》中指出:"我们的城市必须成为人类能过上有尊严、身体健康、安全、幸福和充满希望、生活美满的地方。"2010年上海世博会的主题也是"城市,让生活更美好"!这些都表达了人们对现代化进程中城市的一种希冀,我们盼望生活在舒适、便利、发达、时尚的都市。

长三角区域作为中国最发达、国际化程度最高的经济区,是中国社会走向现代化、走向国际化的先导区,与经济的发展相同步,长三角区域社会民生发展、幸福城市建设也正在逐步融入国际化元素。本书从当前长三角区域发展的现实需求、综合功能完善出发,提出建设幸福导向的长三角国际化生活圈的战略设想与目标,并从创造"中国梦"的价值层面,希冀长三角通过幸福导向的国际化生活圈建设,面向世界成为实践"中国模式"的示范区。

一 从"生产"到"生活":构建长三角国际化生活圈的现实需求

(一)长三角区域产业国际化程度的不断提高,国际化生产空间的集聚催生国际化生活的社会服务需求增长

进入21世纪长三角区域经济的崛起,依赖于承接国际产业转移、发展外向型经济和"中国制造"强劲支撑起的进出口贸易,长三角一直是FDI落户中国的首选区域,是出口加工区、保税园区等国际化生产空间"嵌入"密度最高的经济区。国际化生产空间的集聚除了带来资本、技术、管理等生产要素,也带来了国际性的社会生活群体。以上海为例,目前在上海的韩国籍常住居民就超过5万人,其中既有三星、大宇、大韩航空等韩国跨国公司长期派驻上海的员工,有大批的留学生,也有许多从事餐饮、美容等服务性行业的"小老板"以及他们的家属;在台湾同胞方面,根据上海台湾商会的统计,2011年在商会网络注册的人数已经超过76万人,超过三个月的常驻台湾同胞至少在22万人左右,其中浦东作为上海市台湾同胞的主要聚居地之一,常住台湾同胞人数近5万,约占全市台湾同胞的1/4。

然而,相对于"生产"领域的地方性网络"嵌入",这些国际性社会

群体在"生活"领域对所在城市社会的"扎根"还远远不够,近乎出于本能性、同质化的国际性群体在生活空间上尽量集聚,形成相对封闭性的生活空间。以浦东为例,台湾同胞主要聚居在联洋、仁恒滨江、世茂滨江、汤臣高尔夫、陆家嘴花园等封闭性社区。在上海市中心城区的新天地社区,一千多户业主中79.9%是非大陆人士,即使是大陆业主的物业也大都租住给外籍人士,而一街之隔马当路商业街背后的里弄,却依然是8户居民拥挤在一栋旧式小楼里,除了马当路作为生活空间上的交界以外,两者再无生活上的交集。相对集聚化和孤立化的生活空间,一方面的确给政府的管理带来了便捷,另一方面也直接说明了我们涵容文化多样性的开放度还远远不足,面向跨文化社会群体国际性生活的社会服务水平还很欠缺。在短短十几年里,长三角区域创造了成熟的国际化生产空间体系,但是面向国际化生活的社会服务体系营造还刚刚起步。尤其在后金融危机时代,高素质人力资本的流动变缓,长三角区域将迎来更多的技术移民回流,作为中国面向亚太的门户经济区,"全球族"不仅要在长三角从事生产和创业活动,更需要在长三角获得幸福生活。

(二)长三角区域民生发展与社会保障基础较好,居民生活的幸福需求不断增强,越来越注重生活质量的提升

幸福作为人类社会发展的最终目标,是一种状态,一种追求,一种结果。从心理学角度来说,幸福是一种复杂的积极情绪,其核心是幸福感。有研究者认为,幸福是人们在社会生活中目标和理想得以实现而感受到的一种满足,人们的幸福感主要来自对自己生活领域的满意感和体验到的快乐感,以及由于潜能实现而获得的价值感。Eurobarometer认为幸福感指标反映社会公众的心理状态,是社会心理的综合指标以及衡量社会效益的重要尺度,是反映社会心理状况的"晴雨表"。

扬州、杭州、南京等长三角城市,近年来均已在国内较早提出关注居民的幸福感、建设幸福城市的主张。应该说,作为中国社会走向现代化、走向国际化的先导区,长三角区域提升市民生活幸福感的发展基础较好。在经济方面,近年来长三角各城市城乡居民收入连续多年高速增长,尤其在提高农民收入上一直走在全国前列。据上海统计网公布的最新数据,2011年上半年,苏浙沪16个长三角城市中,有10个城市的农民人均纯收入增幅超过其城镇居民收入增幅,表明城乡"财富鸿沟"的缩小在长三

角呈普遍性。在社会保障方面，长三角是全国社会保障最早达到基本全覆盖的地区之一，为居民幸福生活提供了保障。截至2010年底，江苏新型农村养老保险参保率达到98%，城乡医疗保障覆盖率超过95%，浙江、上海的覆盖率则更高。根据2011年杭州市课题组关于长三角22个城市居民对其所在城市及长三角区域民生、社会管理、文化共享等各方面幸福指数的调研数据，长三角居民个人生活幸福指数最高，平均值为"满意"，但是日常生活成本和房价两个指标的居民满意度比较差，长三角居民对其所生活城市物价的不满意及很不满意的比例高达65.09%，为调查满意度最差。

这种"满意"和"不满意"的并存，一方面说明居民的幸福感在增强，另一方面也说明居民的幸福需求在不断增长。近年来社会虽有发展，但不少城市居民的生活负担也不断加重，发展带来的积极影响被各种负担增长的速度所抵消，从而影响了一部分城市居民的幸福感。如教育、医疗、住房等，近些年费用上涨的速度，远远高于发展给人们带来实惠的增长，从而降低了幸福感。因此，在发展过程中，如何克服"有增长无发展"现象，使经济增长、社会发展、幸福感提升同步，增强政府公共服务能力与水平，有效促进公共产品供给是关键。

（三）长三角区域社会生活一体化进程缓慢，甚至滞后于经济一体化进程，将对长三角整体竞争力和创造力的提升产生不利影响

由于中国行政区划管理体制的设置，目前跨行政区划的城市群、经济区的建设都还没有列入国家区域发展战略的制度整合中，在国家层面还没有明确的关于城市群管理和运行的制度建设。在这样的宏观制度框架下，各单体行政区的管理者都没有跨界越权的可能性，省域、市域甚至县域城镇都是在划定的行政区域内运行，无法形成以经济、社会、文化发展为纽带的跨行政区域的城市群、城镇群发展机制。在长三角区域，整体区域分属三个省级行政区域内管控，各省（市）区的重大战略和设施布局规划，如城市规划、流域规划、产业规划、交通规划等都以各自的行政区域利益为前提，由于在行政区划等级序列中上海、江苏、浙江同属省级行政区，没有垂直组织的平行协调无法在本质上形成统合机制。即使在社会心理层面上、在区域规划及产业发展战略的布局上，长三角很多城市没有完全认同上海的中心地位，但从本质上来说，这并不是上海本身"首位度"的不

充分问题,而是行政区划体系带来的制度管理机制无法认同与耦合的问题。

同时,由于传统意义上行政区划范围的制度性认定往往是以自然山水为主要区划界线,大江、大河和自然山体往往成为各个城市区域划分的行政区界,这也导致现有的城市形态受自然地缘空间影响比较大。长三角区域内各个城市的发展一方面受到行政区划的影响,另一方面也受到自然条件的影响,如江苏因为长江而分的苏南与苏北地区,其经济社会发展差异较大,表现为显性的梯度社会形态。而且这种行政区划的制度性障碍与自然条件障碍,不仅导致经济发展水平差异,更加导致了区域间的文化观念融合与认同的障碍。

与长三角经济一体化进程中市场因素逐步发挥作用、城市间竞合关系逐步形成不同,社会生活的一体化更加依赖于宏观制度性投入的强度和区域间的文化融合进程。各个城市虽然出台了幸福城市的规划政策,但是相互之间的资源整合与共享机制尚未形成。以民生建设中的大型公共文化设施为例,大多数大型公共设施规划时只考虑自用,而现状往往是所在城市自身负担很重,其他城市使用成本和难度极大,或者是每个城市都建设相同的设施,形成资源浪费和负担。碍于行政区划分隔、制度供给不足等原因,一些关切居民日常生活便利的互通难以取得实质性突破,如交通卡互通、医保卡互通、公交车和出租车跨区域运营等已探索多年,目前只能在部分城市范围内、在不触及深层改革的基础上互通,要做到真正区域融合,在宏观制度建设与运行机制改革方面必须通盘设计。

二 重塑生活秩序:构建长三角国际化生活圈的综合功能

(一)无障碍流动互联:促进长三角区域形成超行政区域的经济社会结构关系

创造以上海为中心的长三角整体区域的快速可达性是实现"长三角国际化生活圈"形成的基本前提。建设和完善以上海为核心的"核心型放射状"、南京和杭州为副中心的"副中心网络状"的"长三角国际化生活圈"快速交通体系。同时上海、南京、杭州的公共基本设施还应该向城市外围及城市远郊区进一步扩张,延伸至长三角的边缘城市甚至泛长三角区域的城市,使铁路、轻轨、高速公路、通信等公共设施形成与其他城市快速通达体系。美国学者卡尔·艾博特对美国西部的城市研究后认为:"开放的城市必然也是无限界的城市。典型的西部城市是能够无限扩展的，方法只是把从城市积木箱里拼出来的、复制也很容易的结构单元——加上去而已。城市结构本身不排斥在某一地带的尽头再续上一家夜总会，或者在最后划分出来的地方再一次分而下之。"①

把"长三角国际化生活圈"的城际交通作为整合长三角城市群生产生活要素的一个重要手段，创造长三角区域的整体性、整合性、可达性、方便性和开放性。为长三角区域内的经济要素、产业要素、生活要素、文化要素和各类市场的整合提供创造性的空间关系。同时，为个体与个体、群体与群体、组织与组织之间互动及这种互动方便性和提高频率创造条件，在长三角区域内，促进异地就业体系、跨区域文化资源共享体系、新型家庭关系体系等新型经济社会结构关系的形成。进一步说，就是借由跨城市、跨行政区的深化互动，衍生超行政限制、超区域空间、超市场范围的生产、就业、消费、居住、分配、娱乐、办公、医疗、消费及人际互动的新型社会关系，促进和形成区域社会一体化结构关系，继而通过社会因素和市场因素的渗透，诱致制度和政策层面的创新设计，创造超行政区域的一体化生产生活空间。

《亚洲周刊》在分析穗港澳深珠区域时，认为该区域的城市经济社会发展水平差距较小，语文体相同，观看同样的电视，有较相同的文化价值观。从社会学的角度来看，这一区域几乎在同一个"传媒社区"体系之中，其区域社会结构的相互构建，既有内在的经济需求驱力，又有内在文化驱力。相较于珠三角相近的地缘文化，长三角的区域文化类型更加多样，有观点认为这对于长三角区域一体化进程会产生文化融合的障碍。但是，我们认为建设长三角国际化生活圈的目的并不是区域一元化，不在于整合文化和树立单向度的文化认同，而是秉承多元现代性的立场创造一个开放的、无障碍的互动、沟通、碰撞的环境，在互动中逐步形成新的关系形态、新共识与新认同，为区域一体化进程创造更加丰富的活力。

---

① ［美］卡尔·艾博特：《大城市边疆——当代美国西部城市》，商务印书馆1998年版，第148页。

（二）同城与同步：创造长三角区域"城市如家"的公共服务价值与功能

城市是市民社会的舞台，每个城市都在演绎着无数的人间悲喜剧，装满了人们的喜怒哀乐。改革开放三十多年来，长三角成为中国经济腾飞的"试验田"和"先行区"，狂飙突进的城市化、市场化、工业化进程，所带来的"事本性"和市场性价值取向等工业社会以来城市特有的文化属性逐渐解构了传统的乡土情愫，"陌生人世界"、忙碌、竞争、选择压力、被剥夺感……城市空间、阶层的区隔与隔阂，使城市人的陌生成为习惯，也成为外来流动人口时时于心的一种失望。被抛弃、被剥夺、被轻蔑现象传达的是一种危险的社会信号，尤其是在当前快速的社会转型中，个体得不到"尊严"和"被尊重"，个体就会存在脱离社会的心理可能，会出现主动放弃的社会现象，或者是逃避生活，或者是逃离城市，甚至是自杀，或是出现与社会文化相对立的极端行为。

让每一个来到城市的人都幸福、让"城市的空气使人自由"、让城市充满选择的机会、让外来人获得同城待遇……不仅仅是一种理念和理想，而应成为政府公共服务的基本价值和出发点，在制度建设与政策执行中扎扎实实地走出每一步。洛杉矶市政厅外墙上的铭文是："城市出现是为了保护生命，它让生活变得美好。"[1] 我们提出建设幸福导向的长三角国际化生活圈，不仅为了保障个体的生存权，更为了创造正义和公平，保障个体免于无理干涉、被尊重的权利，"要在城市中建立一种如家中的感觉，去把传统变成一个转换的空间而不是一个无望的命定"[2]。让每一位来到长三角区域工作和生活的个体，把"城市当作自己的社区"，把"城市当作自己的家园"，对城市产生真正意义上的心理归宿感，把城市当作个人生活与社会生活的共同体。让每一位工作和生活在长三角区域的个体，无论是在上海、南京、杭州，还是在小城市、小城镇、乡村社区，都能一边通过全覆盖的公共服务设施和现代通信技术，享受着大城市的生活方式；一边又在自己的生活社区中创造着自己独有的生活方式和社会关系，这里

---

[1] [美]索亚：《后大都市——城市和地域的批判性研究》，上海教育出版社2006年版，第63页。
[2] 同上书，第86页。

没有所谓的边缘区、边缘人,每个人每个地点都是独特的中心。如同美国学者卡尔·艾博特指出的:"从丹佛的'技术中心'到奥兰治县的'就业中心',再到奥兰东北部围绕沃尔纳特克里克的'反边地中心'(contra Costopolis),都是这样新的中心。"[1]

(三) 以包容集聚创造阶级:推动长三角区域的转型升级与创新发展

根据 2010 年出台的《长三角区域规划》,长三角区域的战略定位是打造在亚太乃至全球有重要影响力的国际金融服务体系、国际商务服务体系、国际物流网络体系,在我国参与全球合作与对外交流中发挥主体作用。而受到金融危机的影响,世界城市网络的格局与世界城市发展的逻辑均发生较大的变化,创新能力而不是仅仅依赖全球高级生产者服务业(金融)的聚集成为世界城市和区域竞争能力的关键。理查德 - 弗罗里达指出,经济衰退之后,世界经济会越来越像个"刺儿头"。正如他在《谁是你的城市?》(Who's your city?)中所说的那样,经济活动正集中到几个"大区"之中。世界范围来看,有 40 个明显的"大区",这里居住着世界上 1/5 的人口,贡献了全球经济 2/3 的产出,是 85% 创新的发源地。"北京和上海就是两个这样的'大区',它们在经济复苏的过程中将会扮演重要的角色。"[2]

在世界的"平"与"不平"之间,为什么有的城市欣欣向荣、蓬勃发展,而有的城市毫无生气、没有发展,关键在于这座城市有没有创造阶级。与单纯关注基础设施建设,兴建体育场馆、地标建筑、大型商贸中心等物质景观相比,吸引和保留高素质人才,不仅可以盘活城市固有资源,更有益于地区的持续经济社会文化繁荣。创造层级的聚集可以为一个城市创造更开放、更有活力、个性化、专业化的环境,而这个环境反过来又会吸引更多的创意人才涌入,随之而来的还有商业和资本。创造层级使城市拥有更高的创意密度,带来更强大的生产力优势、规模经济和"文化溢价",但对于具体的个人来说,选择在哪里居住、工作和生活则是他首先要做的重要决定。这个决定会影响到个体的方方面面,所能接触到的工作、职业生

---

[1] [美]卡尔·艾博特:《大城市边疆——当代美国西部城市》,商务印书馆 1998 年版,第 148 页。

[2] 《创意阶级和他们的幸福城市》,《商学院》2010 年 4 月 8 日。

涯、社交网络、家庭、生活方式,能积累多少财富,以及最终生命的幸福指数等。我们提出构建幸福导向的长三角国际化生活圈的重要功能之一,就在于打造一个能够涵容不同禀赋、个性的创业个体,让每个个体都能充分追求自己幸福生活的开放性生活体系和创业体系,从而向常年在国内流转、在全球漂移的创造阶级,无论你是单身、拖家带口、没有孩子的夫妇,还是身有残疾、慢性病等,展现一个适合且可以充分提高生命幸福指数的生活区域。

三 创造生活的"中国梦":长三角国际化生活圈建设的价值与目标

(一)追问发展的终极价值:"活着"还是"生活"

我们可以假设把人的日常生活行为简单归结两种:一种是"生活",一种是"活着"。"生活"是在价值理想的存续中,去追求理想和价值。"活着",则如马斯洛所言,当人们不能满足最低需要的时候,某些人追求的价值甚至是生命的自我取向都无从谈起。城市化、工业化带来如潮的社会变迁,一次又一次地创造新的生活和体验,催促着人们在城市里不停地寻找生活的出路和方式。这个过程正如欧洲中世纪城市文艺复兴的伟大贡献——创造现代化过程的个人价值——"扎根"。如前文所述,长三角区域的社会民生与社会保障发展整体情况较好,但主要体现在收入、保险等基本物质保障层面,建设一个好社会、为人民创造好生活,更多的价值应该体现在,"所有公民都必须有个人自由并享有基本的福利、种族和民族平等,以及过一种有价值生活的机会"[1]。

建设幸福导向的长三角国际化生活圈就是要将长三角创造成为一个充满选择机会的区域,有较充分的就业机会、适宜的安居环境、健康的生活环境、良性而公平的竞争、相对普惠而合理的社会保障、积极向上的利他主义的主体文化。以长三角国际化生活圈建设的实践,使长三角成为农民幸福的区域,让农民既有市民待遇的保障,又有自由择业、迁徙的权利;使长三角成为儿童幸福的区域,让留守儿童、进城务工人员子女都能享有均等化的教育资源;使长三角成为世界最宜居的都市群,不仅是成为可持续发展与古迹保护的典范,还应该是成为适合人类诗意栖居的生活空间;

---

[1] [美]加尔布雷斯:《好社会:人道的记事本》,译林出版社2000年版,第20页。

使各类青年创业者和低收入人群在长三角可以有尊严地"居者有其屋",不再是"房奴""蚁族""居无定所";使长三角形成具有兼具国内外公共事务服务能力的、超越行政区划意义上的"客户服务型政府",以"客户""责任""服务""义务"而不是"权力"为导向,致力于更广泛区域中的公共服务;使"It is OK to fail""失败是最好的学习机会"……成为长三角汇聚全球创造阶级成就事业、幸福生活的开放氛围。

(二)从"美国梦"到"中国梦":实践"中国模式"的示范区

改革开放之初中国只有17%左右是城市人,三十多年后长三角成为中国城市化水平最高的区域。在一定意义上说,当前的市民多半不是各座城市里真正的"本地人",几乎所有先发地区的城市都是"移民城市",上海外来常住人口超过700万,苏南地区40%是外地人,其中昆山60%是外地人。"外地人""边际人""边缘人""打工妹"和"农民工"这些具有时代特征的名称和概念成为当代中国城市社会转型的象征符号。现实生活的变迁与社会转型使每个个体自己很难确定生活地点和坐标。[①]

人的生存有很多需要,而要能够"扎根"还需要创造"灵魂的各种需要",这些需要包括梦想、秩序、自由、服从、责任、平等、荣誉、惩罚、言论自由、安全、风险、私有财产、集体财产和真理等。然而,城市化、工业化带来的"科层制模式"和"事本性"的社会关系,在解构传统乡土人格的同时,使生活在城市里的人们越来越成为"城市化的动物和城市化结构的一部分",虽然在经济价值的追求上取得了世界瞩目的成绩,但是现代人格形成中的公民价值和审美价值缺失,却让我们除去权力崇拜和金钱崇拜之外,还在不停地触及人格的底线。倘若失去了灵魂上的"诗意",我们又能在哪里获得心灵上的"栖居"?

20世纪后半叶,高科技的神话让美国创造了一个"美国梦"。今天我们探讨的以幸福为导向的长三角国际化生活圈建设目标,应是在相对普惠水平的、稳定的社会福祉的基础上,让底层社会群体能够有尊严地生活,创造城市市民全员的现实灵魂归宿感和新价值观,创造城市的现代性和市民社会的文化土壤,让更多的城市人能够有"尊严"和"被尊重",寻找城市人的"终极价值",使现代城市人,无论是外来人,还是边缘人,在

---

① [法]米歇尔·博德:《资本主义史:1500—1980》,东方出版社1986年版,第11页。

有"尊严"和"被尊重"的生活基础上,向着"梦想"成长和进步,找到自己的归宿和灵魂——"扎根"于这个时代与城市社会。我们也希望,长三角国际化生活圈建设,所编织出的"美丽中国"的生活世界将是每一位生活、工作在长三角的人们的梦想,也是全世界许多人的梦想,把长三角国际化生活圈的建设实践和彰显的"中国模式"价值,把面向世界的社会主义长三角大都市群,构建面向国内外的"中国梦"。正如霍普金斯大学讲座教授吴旭所说:"作为一个有着历史责任感的大国,中国需要打造、构筑和推销自己的梦想。'中国梦'不是自我炫耀,而是中华文明为世界发展前景提供的一个答案。"[1]

---

[1] 吴旭:《扭转软实力逆差,打造"中国梦"》,《公共外交季刊》2010年夏季号。

第六章

"弹性城市"视角：
旧城更新与规划策略

在全球城市风险暴露骤增的背景下，城市弹性理论正逐步成为可持续发展语境下的主流话语，本章介绍了弹性城市概念及其规划策略，并以巴塞罗那波布雷诺旧工业区更新实践为案例，通过对规划理念、转型内容、政策手段、实施路径等方面的分析，着重探讨弹性城市理论在城市更新中的应用，反思该理论及规划实践对中国城市发展的借鉴价值，并以南京大都市旧城区秦淮区及南捕厅历史风貌区为案例，基于区域实现基本现代化和持续繁荣的目标，探索相应的规划思路与治理策略。

第一节 弹性城市规划与巴塞罗那旧工业区的实践

工业社会趋向于"后工业"的变迁使得原先以生产制造为基础而发展起来的城市街区和产业带转向萧条和人口流失，并导致贫困、社会不稳定、都市环境恶化等问题。恢复衰败街区、振兴城市经济成为很多经历产业转型的城市所要应对的发展议程。随着高精技术迅猛发展、资本全球大规模扩张，气候问题、能源问题、金融危机等现代风险的种类成倍增加、发生范围不断扩张、危害程度持续加深，全球性"风险社会"宣告来临。在此背景下，城市更新作为一个综合体系，所面临的挑战自然更为巨大，城市规划与地方治理如何应对不确定性，是一个亟待探讨的重要议题。

一 弹性城市理论

近年来，随着世界城市化水平的不断提高，全球城市网络的迅速布局，城市所面临的风险也在骤增。城市处于自然灾害、气候变化、能源危机、政治不稳定性、金融危机、食品安全、战争威胁、恐怖袭击等不确定性因素之中，往往表现出极大的脆弱性（Vulnerability）。城市弹性（Urban Resilience）的提出正是出于对城市脆弱性及其风险管理的反思，该理论正逐步成为可持续发展语境下的主流话语（Kevin C. Desouza & Trevor H. Flanery, 2013; Ayyoob Sharifi & Yoshiki Yamagata, 2014; Colding J, 2007）。

（一）概念界定

"弹性"原为物理学概念，20世纪70年代被引申到生物学领域中，指生态系统承受压力后的系统恢复和会到初始状态的能力，又称恢复力、抗逆力。2000年以来，这一概念被逐渐用于社会科学研究中，指暴露于风险中的城市、社区等社会—经济系统通过及时有效的方式对风险的抵抗、吸收、适应和恢复的能力。（黄晓军 等，2015）近年来，"弹性"被逐渐应用到城市研究中，弹性城市的概念也随之出现。Alberti (2000)指出在城市的一系列结构重组之前，城市能够吸收化解变化的能力与程度即为城市弹性；弹性联盟（Resilience Alliance）则认为弹性城市指城市或城市系统拥有保持原有特征、结构及关键功能的能力，能消化并吸收外界干扰。Bruneau & Chang（2003）提出了"TOSE"框架进一步丰富了弹性城市的内涵，该框架由技术弹性(Technical)、组织弹性(Organizational)、社会弹性(Social)和经济弹性(Economic)4个相互关联的要素组成，从城市基础设施、政府管治能力、社会整合能力及经济系统运行能力等方面描述弹性城市特征。虽然作为综合体系的弹性城市具有多元性、复杂性的特征，但学界仍致力于从环境、经济、社会等维度量化其指标体系。

（二）弹性城市规划

为应对城市脆弱性骤增的风险，城市规划与治理应将提升城市弹性作为主要目标，不断提高城市的学习反思能力、自组织修复能力和新系统转

化能力,相关研究据此归纳除了应遵循的几点原则(Eraydin A., 2012):

(1)强调城市政府治理:城市政府作为地方社会组织与管理的主体,须着力于不同利益主体的整合、适应性管理和弹性资源的公平分配。(2)实现多元化:促进并保持经济、社会、土地使用及生态系统的多元化。(3)鼓励创新:通过创造新系统来促进内生性良性变化,提升城市的弹性能力。(4)倡导模块化经济(Modularity):为减少和吸收不确定性的危机带来的影响,城市经济应分为若干模块,并力求每个模块相对独立运行,控制风险波及的广度。(5)允许复合性(Overlap):允许不同机构对公共及私有土地具有符合的开发权,允许土地开发、城市建设及相关经济活动的复合性,目的是不会应为某个部门衰退而停止城市建设及经济发展。(6)健全机制:构建开放的对话机制、信息交流网络、合作与责任机制、过程决策机制,以实现更加灵活和迅速地适应环境的变化。建立信息反馈机制:建立良好的,使系统内部有良好的信息流通,能及时自我调节,尽早纠正错误。(7)重视社会资本:促进社会诚信,发展社会网络和社区自治能力,使基层社会具有应对外部变化的能力。

二 案例分析

巴塞罗那是西班牙的第二大城市,在过去几个世纪里,波布雷诺一直是巴塞罗那制造业领先中心,主要集中了纺织、食品/酒类、建筑产品及金属结构产品等行业的诸多大型企业。随着西班牙乃至欧洲产业经济的调整与转型,特别是1963—1990年,巴塞罗那制造业中心地位开始衰落,期间共有1300多家企业破产或迁出。这个曾经繁华的城区,出现企业和居民的大搬迁,波布雷诺周边地区都变得破落不堪,土地开发价值也急剧下降,工业遗存成为烫手山芋,如何实现再开发成为一大难题。1992年奥运会为该地区复兴带来契机,借助奥运会大规模基础设施的改造和铁路线拆除,环城高速和公共交通将波布雷诺地区有效与巴塞罗那城市中心、机场和海港有效连接,波布雷诺正式纳入巴塞罗那城市体系,奥运村建设也使沿海居住成为可能。2000年启动的波布雷诺工业区改造计划(又称"22@计划"①)通过对滨海地区废弃工业用地的改造,将以工厂、仓库、集装箱等为主的海岸区改造为充满活力的新兴功能地区,带来港口地区复兴,从而成为全球首家创新城区得到广泛赞誉。持续至今的地区更新实践以渐进式情景规划的方式推进空间优化、产业转型、功能重构、社区营造、遗产保护等多重目标的实现,可谓是弹性城市规划的经典范例。

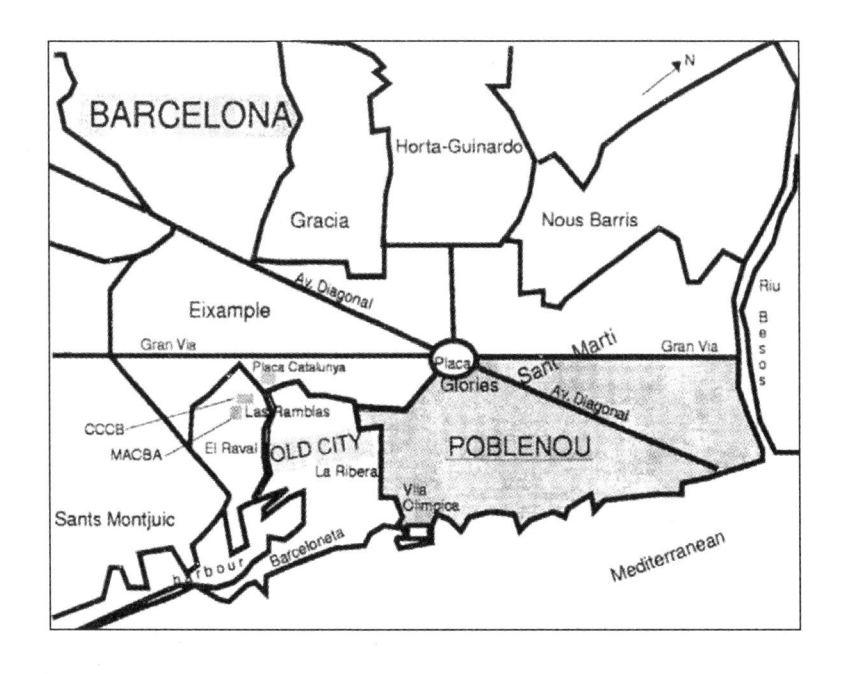

图6—1　波布雷诺地区的区位

资料来源:周婷等:《巴塞罗那波布雷诺旧工业区更新策略探析》,《住区》2013年第3期。

---

①　2000年7月专门针对波布雷诺地区改造的MPGM(Modification of the General Metropolitan Plan)计划出台。MPGM计划是针对1976年大都市总体规划(PGM, General Metropolitan Plan)的修订,提出"@活动"(@activities1)概念,即知识创新型活动,知识是主要的生产要素,涉及研究、设计、文化、数据管理、媒体等各领域,以高标准的信息处理和技术交流为特征。MPGM计划提出以22@(知识密集型活动)取代传统的22a(劳动密集型活动),多被称为"22@计划",意图将其打造成新的"地中海硅谷"。该项目作为巴塞罗那东部城市更新三角工程,即"2004世界文化论坛广场—巴塞罗那22@计划—Sagrera高速火车站"之一,是近年来该城市规模最大的城市建设项目,对城市发展影响重大。

(一)城市政府主导的地区规划及适应性管理(Adaptive management)

城市政府作为地方资源配置、利益协调的主体，在弹性城市规划中至关重要，须通过多种方式引导城市社会、经济、生态向可持续与更富弹性的方向发展。城市政府的积极作用在波布雷诺的地区规划中有突出体现，并贯穿于此后的更新实践中。自1992年奥运会之后，波布雷诺被正式纳入城市发展体系。2000年7月，巴塞罗那城市委员会投票一致通过了针对波布雷诺工业区改造的总体规划修编（MMPG），规划提出以22@（新兴知识技术密集型产业）替代传统劳动密集型产业的22a（传统工业生产专用代码），对波布雷诺地区200公顷的废弃工业用地再开发，并重塑一个创新城区，又称"22@计划"。根据城市委员会说法，波布雷诺工业区改造计划将重新开启波布雷诺地区作为巴塞罗那城市枢纽经济枢纽的生产任务，并根据当前知识经济为基础的社会需求来塑造一种全新的城市空间模式。该计划包括三个具体目标：① 城市更新：通过经济和社会发展重塑波布雷诺地区的活力。在这个200公顷的更新区域将会形成一个多元开发、环境平衡空间，包括生产中心、社会居住、公共设施和开发空间等功能，最终提升生活和工作的质量。② 经济复兴：将整个区域转型为一个经济繁荣的区域，针对信息时代吸引更多知识技术密集型企业进驻。其中的"@活动"概念，包括与信息技术、设计、出版、多媒体等相关高技术活动，与知识、信息生产、交换等直接相关，对环境无污染和破坏，可以在城市中心区发展等。③ 社会再造：创造一个企业、机构乃至居民社会互动的城市网络空间。有意思的是，在明确的总体规划指导下，波布雷诺工业区改造计划并无紧凑、详细的执行计划，而是根据每个子区域自身特点制定弹性的渐进式更新规划，最大限度地实现多元化、模块化及复合化，并尽可能平衡城市建设发展与区域历史文化特色保留之间的平衡。这一点于地方知识、政府能力和信息环境等方面的挑战更大，治理成本也大大增加，但也是有效评估和及时调整规划、最大限度提升城市弹性的有效手段。

(二)"多元—复合"导向的紧凑开发

上文提及弹性城市规划倡导多元化的土地使用及社会—生态结构，并鼓励多元利益主体获取开发权，这一点也很好地体现于波布雷诺地区更新的实践中。为了塑造一个全新城市发展模式，波布雷诺工业区改造计划将传统的产业组织结构进行全新转型，这个过程大概持续20年，充分利用地区原有要素并根据需求增加新功能，保持原有的风格并更新、替代，这其中的平衡性需要很好把握。波布雷诺工业区改造计划改变原有的低密度特性，增加空间利用的高密度和复杂性，提升土地利用的效率和密度，推进地区活动者的互动和交流，最终有利于集聚经济效益产生。通过一系列的更新改造或称为再城市化过程的活动，产生部分可无偿供给社区开发的土地，提供绿地空间、服务设施和公共租赁住房。与20世纪50年代以来城市规划讲求的是分区规划不同，城市空间利用讲究混合功能开发。城市的多元性保障了信息交流的畅通和推进城市的可持续发展，居民可以生活在工作地点的附近、培育社会凝聚力和保障公共空间活动的活力，波布雷诺工业区改造计划将原先的工业用地转化为公共设施、租赁住房、绿地空间等，大大提升了波布雷诺地区的城市社会质量。

波布雷诺工业区改造计划的一个特性即为将城市空间组织形成多元化开发的特质，相应引导其他地区的开发。经过短短数年卓有成效的工作，改造计划将波布雷诺地区开发引入高峰，形成巴塞罗那城市海岸地区重新开发的重要部分，包括以下几个方面的关键工作：

（1）桑特安德鲁–萨格雷拉计划。随着萨格雷拉城市枢纽火车站建设，高速火车可以直接连接巴塞罗那城市中心。由此，桑特安德鲁和萨格雷拉两个地区的土地得到有效开发。

（2）荣耀广场的城市更新计划。直接转化37.8万平方米的土地储备。通过这项改造，可以得到1.7万平方米的绿地空间，实现50%的政府承诺新建房屋和8个新建公共服务站点。与此同时，该计划还提出拆毁现在的立交，建设一条新的通向城市的地下道路。

（3）贝塞斯岸线改造的基础设施建设。包括Diagonal Mar、通用文化论坛地区以及拉米那地区的建设更新。

通过以上开发，塑造一个紧凑、多元开发、可持续发展的高质量城市模型，城市发展更加均衡、更加多元化、更加具备生态效率、更加紧密和更具经济活力。生产活动与居住、商业、研究，之后是培训和技术转移等功能，所有的活动都是高密度集中在特定开放空间、均衡有效地存在发展。紧凑开发可以促进城市不同群体之间的平衡，开发商可以得到经济利益、居民可以得到更好生活空间、城市内部空间结构更加协调。

(三) 文化助力下的创新计划

创新是保证城市弹性的内生力量，这一点在波布雷诺项目"地中海硅谷"的地位上可见一斑。为实现一个弹性的转型，波布雷诺工业区改造计划允许诸多不同的衍生性规划，主要依据区域转型发展的空间尺度及原有情况。而正是因为这些弹性规划系统，在这十多年的转型过程之中诞生了新的城市创新计划。

1. 创新城市生产网络

波布雷诺工业区改造计划提出生机勃勃的创新企业与商业、中小工作室及服务部门的共存，塑造一种丰富的城市生产组织，鼓励非污染产业及创新性部门的入驻，吸纳高素质产业工人的集聚。为了进一步鼓励知识技术密集型产业的入驻并刺激经济发展，波布雷诺工业区改造计划提出有不少于20%的经济活动可以采用高建筑系数。该策略可以鼓励开发商与创新企业达成协议，以更好地满足企业或者个人实际需求。为提升地区生产及入驻企业机构的竞争优势，创新计划培育了几个巴塞罗那容易取得国际领导权的产业集群，通过同类产业集群企业、公共机构和高校科研机构的集聚，形成产学研一体化的格局，推进了媒体、信息和通信技术、设计、生物科技及能源等新兴产业发展。在这个过程中，以下要素至关重要：① 每个领域中引导性企业的作用；② 相关研究机构的存在和支持；③ 中小企业存在发展的空间；④ 大学、继续教育和专业培训中心的存在；⑤ 活跃的技术中心；⑥ 特定技术或行业领域的孵化器；⑦ 为专业人才提供的居住条件；⑧ 创新工作展示和传播的空间及平台；⑨ 某些领域的特定服务和发展空间；⑩ 配套政策及公共服务。

2. 助力企业及人才成长

作为地区经济发展的管理机构，22@巴塞罗那公司积极参与区域经济活动的发展，其职责包括提升区域创新能力、吸引和保留人才、商务科学和培训活动的国际计划等。

——商家委员会。已入驻90多家企业和机构组成参与其中，提供以下服务：① 迎新规划。为新入驻的企业和机构介绍地区情况，并提供相关服务；② 就业信息，为求职者提供更多工作机会和工作计划；③ 网络创作室，为企业以及专业人士就各种新兴的不同兴趣和主题提出咨询建议。

——寻找发展空间。波布雷诺地区管理部门负责为企业寻找布局空间以满足企业或者个人的需求，提供实时或者未来的工作空间信息，更好地方便企业搬迁至更适宜的地方。

——创新驱动计划。目标是为科技研发项目找到更好的公共投资，通过对企业进行公平科学评估，协助企业在不同的政府部门和公共机构得到更多支持和援助。

此外，波布雷诺地区希望通过丰富区域人才资源和提升生活品质，吸引高素质才人择居于此，强化其地区归属感。通过社区环境优化、信息网络建设、专业社群打造提升区域价值，满足专业人才、创新领域对于生活环境的高追求。

（四）弹性资源的公平分配

弹性城市规划倡导在地区发展的同时，努力实现减少导致社会不平等的因素，如减少贫困，增加就业机会，改善生态环境，完善健康、教育等公共服务体系等，这也是实现弹性资源在不同社会阶层中公平分配的根本保障。波布雷诺项目中的基础设施建设及公共空间优化很好体现了弹性城市规划的这一目标。

1. 打造"复合街区"

波布雷诺工业区改造计划着力推进生产和居住功能混合利用，鼓励人们居住在工作单位的附近，推进当地商业和消费，来保证白天经济的活力。根据计划目标这里将包括4600个原有家庭单位的改造，政府则将帮助现有的住房有效改造，提升利用功能和外观品质。此外，还将建造4000套新住房，这也将提升地区功能的多样性，并保证所有街道和公共空间畅通无阻。同时，地区计划建设社区一级的中小学校、社区中心、养老院等，另外包括城市尺度大学、文化设施、博物馆等。居民可以就近工作、入学、娱乐，保证了社会活动状态的连续性、整体性，促进资源的有效配置和综合利用。为了培育波布雷诺地区技术和社会结构的多元化，波布雷诺工业区改造计划还为技术人才提供短期居住的房屋。如果房屋居住度不足，或者为历史文化艺术保护遗迹，则通过建设阁楼式等进行居住开发。波布雷诺工业区改造计划通过这些工业建筑遗产保护,提供更多住房为地区服务。通过这些功能开发，波布雷诺工业区改造计划完成多种城市更新任务，并且将地区家庭户数增加到4万户。但是居住利用的比例仍然只占所有建成空间的50%，用以保障地区生活和工作的平衡。

2. 优化公共空间

此外，波布雷诺工业区改造计划将约10%的工业用地改造为绿地空间（约为11.4万平方米），同时建立了最高标准质量的街道和公共空间。公共空间是城市空间组织的脊梁，承载着城市的关系结构和活动体系，因此必然成为城市空间组织的焦点。现今的绿地结构是通过很多措施修建而成，包括城市尺度的空间——包括滨海公园、荣耀广场、中央公园等都慢慢变成小的广场和居住街道，这被看作城市活动的延伸，这些公共空间真正成为区域活动者交流的空间。传统的区域交汇点，也将被四条新的主干道所打通，这样可以更好地将区域内部的区块紧密联系在一起，并给予平等的发展机会。街道作为开放空间脊柱的概念也被改变，更好地为行人服务，并能够规划化机动交通。

3. 完善基础设施

随着波布雷诺工业区改造计划的实施，对基础设施网络的需求日益明显，由此制定一个新的基础设施规划，改造更新37公里长的街道，并且为它们提供领先水平的服务和设施。新的基础设施投资计划超过1.8亿欧元，为该地区提供现代化的电力设施、中央空调控制系统和气动重复收集系统。新的电力系统网络的设计将重点放在能源效率和自然资源有效管理上，更好地为城市系统和设施服务。

——新的光纤网消除了路政服务商和电信服务商之间的矛盾，新的网线更方便处置并且不影响之后的路政工作，这也相当于提升了城市环境的可持续性。

——相比较传统的系统，新的中央空调系统能够提升能源效率的40%。

——新的电力系统保证电力供应的质量，能够提供现在系统5倍的电力。

——新的交通规划将保证波布雷诺地区70%的出行将完全依靠公共交通、步行或者自行车。为达到这个目标，波布雷诺工业区改造计划将公共交通网络再组织，建立自行车道路网络系统，通过停车空间的拓展保障工作人口和旅游者有足够的停车空间，并采取限制措施建设噪声和环境污染。

——无线网络计划,主要是由政府 IT 机构组织,主要目标是将 Wi-Fi 覆盖整个波布雷诺地区,在公共空间也提供网络服务,吸引足够多的私人服务部门和政府公共管理部门进驻区域。

基础设施的升级和公共空间的优化,使得地区实现了居住、工作、商业混合开发的格局,为各种行为活动的发生提供可能,为居民带来安全感和宜居感,同时保障了社区活力,这种资源的公平配置进一步提升了城市弹性。

三 对国内城市更新的启示

弹性城市理论在国内尚属新生,当前我国城市规划对不确定性因素的考虑较少,鲜有将风险预防与管理应用于规划的实践,使得城市规划的预见性和响应能力不足。但是随着城镇化、全球化进程的深入,中国城市风险暴露指数大大增加,传统城市规划的理念、方法及程序都面临着全新挑战,弹性城市规划为传统规划转型提供了有力的概念框架。

城市更新从早期欧美国家用于解决旧工业区衰退的经济复兴政策,逐渐成为各地区应对自身实际发展和城市化过程需要的城市建设管理体系,将在未来全球城市的演化进程中扮演更重要的角色。正如本章案例,旧工业区更新规划被纳入城市总体发展战略中,对城市的空间布局、产业转型、社会重构及文化复兴都起到了极其重要的作用。

第一,为规划评估及政策制定提供理论工具。弹性城市理论从环境、经济、社会等多个维度评估城市对于外界变化的应对及吸收能力,为衡量城市更新体系与城市经济发展体系的协同关系提供了量化工具,是探求城市更新与城市建设之间的匹配关系的理论基础,为空间结构、产业结构等相关政策的制定与调整提供了依据。最近一次的 2014 年第五届世界弹性城市大会,针对整体规划和协同规划、基于生态系统的适应(Ecosystem-based adaptation, EBA)、弹性的城市食物系统、城市间的合作、城市弹性的数据、弹性财政管理与发展、弹性基础设施等几方面的议题,进一步拓展了弹性城市理论与传统城市规划转型、发展中国家城市更新的融合空间。从某种程度上说,弹性城市理论所追求的"平衡"与"秩序",其本身带有着深刻的"治理"内涵,当前国内的城市更新,所指涉的原本就是一个微观社会生态系统的秩序延续和重建的政策过程,要采取全新的治理形式。

第二，强调多元、公正的社会环境。弹性城市规划对多元复合开发模式的强调、对社会资本的重视都体现了当前城市发展的大趋势。城市更新与建设作为综合体系，涉及多元利益主体之间的互动关系。只有建立健全多元、开放、合作的发展机制，为企业、社会组织和个人提供发展机遇，公平配置弹性资源，才能建立健康的社会生态，促进地区及城市的良性发展。弹性城市的规划指向，更希望通过公众参与、民主机制，让当地人来创造地区的历史和特色，这样才能真正让规划融入社会、地区的发展中，保持人民意愿和投资趋势之间的平衡。特别是在当前中国的大都市内城核心区域，如何抑制城市更新中可能出现的两极分化，在控制房价极端化上涨的同时，保持当地社区的活力，从而维持经济和文化的持续繁荣，已经成为"十三五"期间"存量规划"中最核心的内容。这样的经济社会文化空间"平衡"与"持续"繁荣，更加倚赖于一种弹性的"规划"与"治理"模式，不是完全自上而下、完全由政府主导的权威性体制，而是一种具有灵活组织架构的、公众参与较为彻底的治理形式，如此才能应对各种挑战和变化。

第三，地方城市的国际融入。弹性城市的提出背景之一就是全球化导致的风险扩散，当前国内的城市更新越来越广泛联系于全球社会、经济、生态各个系统。城市间的合作也是2014年弹性城市大会谈论最为集中的议题之一，国际城市之间积极的合作伙伴关系和城市之间的合作，都将作为加强地方城市适应和应对全球化引致风险的关键举措。一个系统的、长期的、双边的合作关系有利于相互学习，并且通过信息、专业技能和技术的交换帮助地方城市进行应对全球风险的能力，它也为定期反思和行动优先化提供了机会，有助于新思想和新方法的发展。在国际融入的同时，也要注意地方独特性的维持，通过产业模块、文化认同等途径使自身保有独立性，降低"牵一发而动全身"的风险性。成功的合作关系的建立并没有一个普适的办法，地方城市所有的国际合作关系的框架状态均应因地制宜，根据地方结构、面临的挑战和潜力进行开发。

第二节 南捕厅历史风貌区的文化传承与街区复兴

历史风貌区在当下的都市更新运动中,往往成为一个"两难"的区块,保护、传承、复兴、繁荣同等重要不可偏废。本节选取南京大都市旧城区秦淮区的知名历史风貌区"南捕厅"地区作为研究对象,探讨历史风貌区在城市现代化建设中发展方向,借鉴弹性城市规划的概念指向,并从文化保护和街区复兴两个维度,对"南捕厅"地区在当代南京城市发展中文化再现的优势、劣势、机遇和威胁进行分析,希冀"南捕厅"都市民俗文化得以再现,与此同时也能够获得持续繁荣的丰富动力,并生成多样性成长态势的都市文化生态。

一 "南捕厅":"老城南"的都市意蕴与文化价值

(一)一部南京的都市社会生活史——地方的社会历史价值

南捕厅地区东起中山南路,西至鼎新路,南起升州路,北至泥马巷,位于南京中心市区城南区块与新街口核心区块的过渡地带,在文化地理上,南捕厅属于南京"老城南"人文生活区,被认为是孕育和形成南京文化的重要区域,是南京市民社会文化生活中较为认同的地方,在相当部分市民群体的城市认同中,对"老城南"都有着比较特殊的情节和眷念。以"甘熙宅第"为核心的南捕厅历史风貌区,拥有一批优秀的古建筑和具有文物价值的文化遗存。尤其是被称为"民俗瑰宝"的甘熙故居,是目前我国大城市中保存较为完整、规模较大的清代中期民宅,在南京素以"九十九间半"而闻名,不仅是国家文物保护单位(2006年),更是南京市井民俗生活旅游的必选之处,在南京作为世界历史文化名城的城市文化形态中,南捕厅区域具有同钟山风景区、颐和路、明城墙、明故宫同样的地段历史价值。所不同的是,颐和路代表了南京的民国文化、钟山风景区呈现了南京的六朝文化、明城墙与明故宫诉说的是南京的明都文化,南捕厅则讲述了南京的市井文化与都市民俗文化。近代以来的南京,从"南京条约"签订开始,传统的城市格局和社会秩序被逐步颠覆,南京由一个传统皇城、首府向近代化大都市迅速转型,并形成了"中西合璧"的都市文化,尤其在"首都计划"之后，城市的格局发生了根本的变化，城市空间的竞争演变为不同文化主题对城市空间形态的控制。南捕厅地块在空间层面承载着南京"老城南"市井文化、都市民俗文化的元素，同时在更大的历史跨度上，南捕厅所蕴藏的更是一部城市的社会生活史，是南京这座城市前现代时期社会生活形态的一个浓缩。

（二）走向全球的中式主义——地方的景观要素价值

南捕厅的景观文化元素主要由区域内的古建筑、院落格局、街巷建筑空间、建筑肌理、那些延用了几百年的老地名以及部分文物遗存构成的文化景观意象组合而成。以甘熙故居作为主体的清代民居建筑风格和部分民国建筑单体分布，呈现了南捕厅地段的历史文化风貌与历史景观价值。缭绕在物化的历史文化遗存之间的，是关于"老城南"地区的生活传说、市井民俗、家长里短……是附着于南捕厅地段的人类行为方式表象，是在南捕厅地段内与各种历史文化景观元素对话的"里坊生活"。这样的中式主义不仅仅表现在建筑与街巷空间，更表现在由这些硬质景观所富含的文化元素所表征出的文化意象，是一种中式主义的风格、一种中式主义的腔调、一种中式主义的生活。故而我们说，南捕厅拥有的不仅是优秀的中式主义建筑空间、街巷肌理、地名意蕴，更多在于唤起人们心中对于传统中国都市生活的怀旧与玩味。比较于现代都市霓虹灯下的浪漫与多情、酒店风云中的尔虞我诈，南捕厅讲述的是豆腐西施的纯朴与羞涩、客栈掌柜的世故圆滑。南京，一座正在全力融入全球化的大都市，中式主义的展示，将不仅仅以点缀的中国元素去刮起一阵时尚中国风，而是缔造"主流"，中式主义不仅仅是元素和风潮，而是一种态度、一种风格、一种行为模式。

（三）N-CLBD 都市中央生活商务区——地方的空间功能价值

南捕厅地段的区域功能可塑性极强，地处南京城市核心区南部，向北紧邻新街口——中华第一商贸商务区，东临城市中轴线——中山南路。在都市的区域功能表现上，南捕厅地段可以向以下三个方面形塑：① 主题文化品味功能：都市民俗文化与金陵市井生活。在都市核心区域形成主体文化功能地带，是都市民俗文化意象的蕴涵区、学习区、展示区、运营区。西北方向与朝天宫主体文化历史风貌区呼应，东向与夫子庙风景区的"天下文枢"主题文化衔接，南向与中华门景区、秦淮河边延伸都市民俗主题文化。② 都市中央高端商务功能：董事官邸与纯中式会所。地处新街口商圈向南与夫子庙（水游城）商圈向西延伸的交会地带，可以在商务、商业上形成联动效应，同时也具备错位运作与高级化的空间。在商业功能上，可以形成以顶级高档商品交易、高端古玩拍卖交易、私人收藏或手工奢侈品拍卖交易等运营项目的聚集。在市场性质上，比起新街口与夫子庙的商品交易市场，南捕厅更应该接近于文化资本/资本交易市场。在商务功能上，以纯中式会所和顶级办公/高级物业为主要物业，形成与大行宫CFC等现代物业的区别，细分都市高端商务功能，形成南京与全球对接、外向型程度最高的都市中央高端商务区。③江南商业文化集大成：都市中央高端生活风尚区——今天你坊乐没？以符合历史风貌区的规划标准，以打造中式主义生活和行为方式为目标，建设南京都市中央生活区。区域内既有大隐隐于市的看不见顶的云端阶层，同时也是南京都市生活风尚展示区，是都市紧张工作人群获得生活慰藉的区域，这里让人慢下来。只有到这里，才能品味生活。

（四）都市民俗文化的再创意——地方的文化创意价值

"老城南"往往被称为南京都市民俗文化的代名词，但是它还不足以成为南京都市民俗文化的集中表征。都市民俗文化是一座城市历代文化形态沉淀的产物，叠加着不同时代的都市生活样态与生活文化。"老城南"与南捕厅的文化意象中，既有着南京市井文化的集中呈现，同时也有着甘熙故居、民国时期"美大纸业"总部的民国建筑，因而丰富的城市生活历史记忆为南捕厅和"老城南"在文化想象上拓展了更多的空间。如果仅仅将"老城南"和"南捕厅"简单的等同于南京市井文化，是一种误读和偏执。都市民俗文化的内涵是超越单一社会阶层的，只有多阶层、跨时代的社会生活行为，在同一空间里交汇、互动、矛盾甚至冲突，才能展示社会行为的切面，也才能更加完整地展示都市社会生活的全部。基于南捕厅的地段历史资源与文化意象，街区具有着弹性的创意价值空间，该区块理应建设成为南京——都市民俗文化的集中展示区。这种都市民俗文化的创意，不仅是重现当年的市井街坊，同时也应挖掘甘熙故居的中式主义文化意蕴、"美大纸业"总部曾经作为城南第一高楼的文化意象……才能以更加负责的历史态度，完整诠释南京的都市民俗生活文化。因而，街区的保护、改造、建设应将甘熙故居中式主义文化意蕴从甘家大院解放出来，否则周边的零星分布的古旧建筑与仿旧建筑难以与之形成文化对话，不能表现出都市民俗文化的沉淀与回应的气息。尤其在仿旧建筑的业态表现与生活形式上，必须从中式主义的文化意蕴中寻找创意。从风土市井到海派"都市民俗"，从"老城南"到"城市的客厅"。

二　旧城空间的破败与社会文化丰富性的衰退

（一）文化容器的狭小——空间与传统要素的矛盾

中式的明清建筑风格对于空间要求较高，属于容积率很低的建筑空间。如果以纯粹原住民来计量，人地矛盾的紧张并不明显。但是在南捕厅地段，由于新中国成立后各个单位在城市内部空间的竞争，各个建筑本身成为各单位的房产，加上"文革"后大量知青返城，南捕厅地段大量涌入新的住户，在原有建筑空间的基础上，大量的违章搭建填满了整个街区。极其恶劣的生活环境与高度紧张的人居密度，一方面对城市更新的拆迁安置增加了极高的成本，另一方面对项目中的历史建筑修复带来了困难。大量的违建空间，不仅加速了历史建筑空间的破败，也改变了原先的建筑肌理与街巷布局。同时作为历史风貌区与历史协貌区，地段有着严格的限高，开发与修复的物业本身又属于传统的中式建筑，空间的紧张度很高。

（二）地域文化的抉择——现代文化与传统文化的矛盾

南捕厅以及"老城南"是南京历史最为悠久的居民区，不但其形成早于南京城的出现，而且在几千年的南京城市发展历程中，其空间尺度、街巷肌理、建筑风格，只有陆续生长的痕迹，没有大肆破坏的劫难。现存的街巷名称，总能让人联想起先秦传说、六朝人物、唐宋掌故、明清园林。"老城南"人讲："这里每一寸土地都有故事！"专家说，这里是南京城市的"根"、文化的"魂"。但是，南京文化或者金陵文化究竟是什么？"魂"是什么？"魂"在"老城南"，那么将中山先生置于何处，将从中山码头、中山路到中山门、中山陵的城市"魂轴"置于何处？"老城南"文化能否代表金陵文化，在多大程度上代表金陵文化？不管是专家还是"老城南"都没有给出答案。文化元素是对于人类生活行为中一切有记忆形式的表现，但是文化的形成是有内在张力和外在竞争性的。文化没有对错，但在各个时期有着强弱之分，有着开放与内敛之分。事实上，"老城南"在金陵城从来都没有成为优秀民族文化的代表，故而在文化保护与开发上，如何取其精华去其糟粕，是一个重要的文化矛盾。

（三）竞争优势的祈求——城市竞争力创造与历史风景的矛盾

在副省级城市的竞争力排名中，南京越来越呈现出上升趋势，除了在新产业空间上的后发优势，南京大都市主城区的全球化程度也是相对较高的，尤其是2014年南京青奥会之后，更多表现在全球布局的高级生产者服务业部门的聚集上。南捕厅街区复兴的目标，就在于为南京塑造一个全球化的城市客厅，创造一个国际化合作与商务运作的平台。全球化与国际化的背后，要求是标准化、通行化。历史文化风景区所表现的更多是地方化。以创造城市竞争力为目标，就必须把握好如何在两者之间寻求一个良好的互动、协作机制。如何创造性地引入标准化、通行化规则，同时辅以地方化的文化样态表现，或者更进一步，在地方历史文化意象的运作中结合国际化、全球化的项目，是城市更新成功的关键。南捕厅地区只有创造地方的全球竞争力，同时也才能够成为城市竞争力构成的重要组成部分。

（四）景观元素的"缺水"——优质文化空间再造的瓶颈

在目前南捕厅城市更新的过程中，作为城市景观中最为重要的水系、水体设计，是整个城市更新项目的瓶颈之一。作为都市旧区更新的核心地块，引入水体、水系景观设计将是南捕厅都市文化空间再造的重要思考点位。水景观设计已经成为优质文化空间再造与设计中一个不可或缺的环节。水景观具有灵活、巧于因借等特点，能起到组织空间、协调景观变化的作用，更能明确游览路线、给人明确的方向感。中国园林素有"有山皆是园，无水不成景"之说，优秀的水景观设计最重要的是将水运用到极致，形成"奇景""异景"，从而表达出园林、文化空间中依水景观的无穷魅力。水体不同形状、深浅、宽狭的设计，象征着不同的地理环境：溪流、池湖、港湾、半岛、河埠……等不同景观也象征着不同的生态作用。水体环境中的动植物布置，如水中的睡莲、水边的芦苇，鱼类……即使在小环境中，也体现生物的多样性。"流水不腐"，以瀑布、涌泉作为动力，创造水位高差，让水体自然循环流动，产生溢水、跌水、涓流、萦流等动态水景观，增加水体与大气、沙石的接触，提高含氧量。

三 文化传承与复兴的总体概念思路

（一）原生态文化的再创造与保住

南捕厅的原生态文化主要存在于三个层面：① 现存的文物、古建筑等具有历史文化元素与价值的物化遗存；② 现存记载的与南捕厅地段相关的文化记忆；③ 住户中零星流传下来或创作的非物质文化遗产。对于这三个层面的原生态文化，除却文本的文化记忆，无论是物化遗存还是非物质文化遗产，都处于逐步弥散状态。尤其是具有重要历史文化价值的建筑，使用权不能是当前住户个人所有的，它本身的文化价值与功能是面向全体市民以及外来者的。历史文化名城保护的最大误区就在于在保护中逐步死亡，这不是保护，而是变相谋杀。恰恰相反，南捕厅街区的复兴项目为南捕厅原生态文化的再创造和保护提供了机遇，一方面，现有的物化遗存可以逐步修复，寿命可以继续延长；另一方面，项目的文化创意整合，将有助于各种文化记忆与非物质文化遗产的整体保存与延续。文本的文化记忆，只有获得物化空间的再创造，才能迸发出内在张力与文化感染功能。非物质文化遗产，只有整体化、整合化的组织、学习、扩散、溢出、再创造，才能表现出价值，否则"人亡即消失"，直至氛围消散，文化荡然。

（二）人类集体记忆的未来价值再现

集体记忆存在于一代一代人的生活阅历中，走进南捕厅，走进甘熙故居，物化的历史遗存让人叹为观止，但是除此之外并不能寻找到所谓专家口中的"老城南"市井生活。甘熙故居代表的是清代士人生活，而甘熙故居外围的市民生活，也很难寻觅到城南民俗生活的影子。那么"老城南"的集体记忆究竟在哪？破败加上蜂窝状的违章搭建，南捕厅就如同一个具有一定历史风貌的"城中村"，道路拥挤而环境恶劣，垃圾、噪声、臭水沟等视觉污染、听觉污染、味觉污染充斥着各个空间。如是下去，"老城南"的集体记忆将逐步地消弭于吵闹之中。如何重现南捕厅的人类生活集体记忆，必须在保护物化遗存的同时，重新梳理、整合与创造。

（三）南京元素的"城市文化资本"再生产

在南京元素的内涵与空间分布中，不仅有中山陵的"博爱情怀"、夫子庙的"天下文枢"、颐和路的"民国公馆"、明故宫的"皇家院落"，也应有南捕厅的"都市民俗"。南捕厅的都市民俗文化中，既表现着"老城南"的风土市井，也蕴藏着民国时代升州路的商业繁华、清代士人的社会生活。然而，这些南京都市民俗文化元素仅仅分布在各类文本记忆、物化历史文化资源之中，并没有以更加集中和内在机理性组织而展现出来。任何文化元素、文化资源在没有形成文化资本之前，都难以直接表现文化的功能性。

在南捕厅街区复兴的建设中，可以系统梳理南京都市民俗文化元素，以更加凝练的概念主体与更富创意的形式来展示。如此，甘熙故居、八角楼等物化遗存资源才能被南捕厅的都市民俗文化赋予意义，不仅仅是文物，而应成为南京的都市民俗文化资本。

（四）细节与品位的系统性整合

南捕厅的文化元素涵盖面较大，涉及南京各时期的都市民俗社会生活，因而在文化资源的梳理和系统性整合上需要注重细节与品位的结合。当下的文化重塑，不仅需要一种原本性的复原，同时也需要创造性的手法以更加灵巧的方式展示文化内在的优质品性。"本土化"是一种系统性整合的方式，但是有两方面的内容要加以考量。一是如何做到"本"化，这种"本"是对"根本"的解读，在南捕厅项目中不乏中式的仿旧建筑，但是既然要仿，就必须仿到底，要追根求本。这既是一种对历史的尊重，也是一种传承的责任，如果丧失这个"本"，那就剩下"土"了。二是要创意化手法，这种创意化的方式，是将基于历史文化根本的阐述形式以全球化通行的规则与逻辑运作。如此才能使得文化本身具有可读性、普世性、祛魅化、可学习性，只有这样运作的文化资源才能在全球市场社会中具有文化资本价值，才能形成自身独特的竞争力。此外，在南捕厅地段内部，也要形成风土市井、中式主义、民国风格等类型化文化元素的合理呼应，创造出开放性与"绅士性"的多元文化，而在空间上要避免造成杂乱感，避免庸俗化。

（五）创造"一个活的六朝古都"

南京的都市民俗生活文化最鼎盛的时期，并非误读为"老城南"的风土市井，恰恰是甘熙故居所展示的士人文化意象与其内在勾连的文化元素。甘熙故居的主体文化意象应是清代士人社会生活内涵，然而南京的"士人"生活风尚并形成广泛影响的，应是在"六朝"。从魏晋开始，北方士族的南迁以及江南望族的兴起，构成了南京独特的都（城）市民俗生活类型。既有祖逖"中流击楫"的豪迈，也有谢灵运纵情山水的闲适，形成了东方文化中极具魅力的"魏晋风骨、名士风度"都市生活文化。汉唐际象，南京默默无闻，唯有六朝皇家偏安之时，金陵浮华。"士"是中国文化中内涵非常丰富的概念，南捕厅都市民俗文化的中式主义核心人群，在当代依然是"士"。创造南捕厅的都市民俗生活，在某种程度上可以转化为创造一个"活的六朝古都"，一个"动感的六朝"，创造走向世界的六朝文化。

四　弹性城市视角下旧城更新的规划指向

（一）权威性的文化表述与保护性的创新力度

旧城更新项目的实施过程，本身必须带有权威性的文化表述与实际上创新能力水平、高度、创意的意境，才能经受起来自文化界、社会大众的各方质疑。尤其在项目直接的运作过程中，经得起推敲的创新能力与意境是项目顺利进行的保证。在历史文化保护与开发的问题上，该保护的保护，可以开发的按照整体协调、打造经典建筑的原则开发。将历史文化保护单位分级分类，并以最前沿的、创新性的手法保护，并将具有公共历史文化价值的保护单位向公众开放，保证项目目标的公共性、正义性。在开发上，没有必要统一风格建设。一方面，以打造经典建筑为原则，从地方文化中溯源，复建或创建经典建筑空间，与历史文化保护区形成文化对话，而不是简单的延伸；另一方面，以纯中式主义的延伸为原则，不是建"假古董"，而是以现代科技方式与传统工艺结合，对古建筑的复原式建设，将零星分布的建筑元素集成。

（二）土地空间容量的限制：空间生产与生产空间

由于南捕厅所处地块容量较小，限高很明确，加之中式建筑的体量偏大，土地空间的利用效率和效益都比较有限。在建筑高度有明确限制的条件下，街区复兴建设应在拓展地下空间方面寻找突破，向地下找空间，向地下创造空间。在具体项目的运作和规划中，进一步优化道路比例，以内街通行为主，可以将项目外部主要进出口以外的区域集中优化使用。在中式建筑空间的内部，用科技材料和创意手法，增加实际使用面积，创造中式风格的 LOFT。通过创意的手法，将空间转化为时间的切面、历史瞬间的凝滞，将空间的各部细节艺术化、历史化、再现化设计，增强空间的阅读性与文化深度，使得南捕厅地块的历史文化空间成为一个"超文本的城市切面"。

（三）单一地产开发的误区：资源的永续利用

南捕厅地处都市核心区，开发地产可以在短期内获得较为丰厚的回报，但是也对社区的长期可持续发展带来困扰。由于地区空间体量不大，不适合单一的市场化地产开发。政府应以公共政策的形式，集中在项目环境的创造与文化概念的高端引领上，带动周边地块的功能提升。商业业态的运营相比住宅项目的开发更为长久，可以长期出租的方式获取持续收益，而将住宅项目开发置于地块周边的区域。以南捕厅主题都市民俗文化生活区为核心，将这个核心区域打造成为南京都市高尚民俗生活的集聚和展示区、都市旅游与都市休闲的风尚区、都市高级商务与外事活动区，周边区块的综合功能价值将获得大幅提升。加上大区域范围的整体限高，南捕厅地块及周边将成为新街口商圈南部、中华门城堡北部难得的高尚生活区，可以实现对城南地区整体价值的提升。

（四）历史风景的再现方式——创造我们当代的"青花瓷"

在历史风貌的再现和营造方式上，各个历史文化名城都有着探索和模式，但同时也存在着众多的误区。最让人诟病的就是拆掉真实的，建设假古董。但是这里面的核心问题，并不在于古董本身的真假，而是我们对待仿旧建筑的建设态度。明清的青花瓷，我们就不能说它们是假古董，明代的长城我们并不会去鄙夷它。关键在于我们是否抱着一种对历史负责的态度去建设一座城市，每一个建筑的设计与建设是否是以打造百年建筑的目标去看待，还是仅仅是浮躁之气下的产物。同样是建设仿旧建筑，我们的设计原则,我们的打造手法,应该是以建设经典建筑为目标,不是追究造"真古董"还是"假古董"，而是打造具有特定时期历史文化意象、表现特定时期建筑工艺与风格的经典作品，同样具有推敲之处，具有自身的文化价值。此外，多元建筑文化的对话也是历史文化风景再现和营造的方式。面对上海外滩的万国建筑群，浦江对岸的陆家嘴建设的现代高层建筑群，双方的对话既是对20世纪30年代上海惊艳于世的怀旧，也是对当代上海崛起为全球城市的印证。

（五）文化再现的错位与竞争——外部文化主题空间的挤压

在南捕厅所处的城市中央核心区域，存在着多个主题文化鲜明的历史文化空间再现项目，在文化表现的方式与空间的内在经营上，存在客观的竞争与挤压态势。大行宫区域的红楼梦大观园项目，以恢复历史的方式再造大观园，加上临近的长发CFC、1912街区、太平南路街区等商务商业项目，在历史文化空间高端商务商业运营方面，有着相对的集聚高级商务、商业氛围。南捕厅西北部的朝天宫历史文化空间经过整体的改造与整合后，与区块内的冶山道院等文化景观形成整体性的文化地段，加上朝天宫原先的城市文化意象，也属于一片历史文化意蕴丰富、形式表现突出的主题文化空间。东部的夫子庙历史文化空间经由多年的改造与经营，在南京城市文化资本的构成中已占有重要地位，尤其是其"天下文枢"的文化主题与秦淮景观，以及原本商业集聚，并辅以水游城项目的强势崛起，在整体区块上形成文化消费、休闲、旅游以及现代商业的组合。

第三节 大都市旧区：现代化与"二元化"的悖论

一 大都市旧城区实现基本现代化的条件分析

（一）发达服务经济形态初步形成，后工业经济与社会结构浮现

秦淮区作为南京主城区之一，经济形态整体上为非农经济，服务经济所占比重很高，且伴随着生产性服务业的快速发展，初步呈现出发达服务经济形态。新街口金融商务区、白下高新技术产业园区、创意东八区成为省级现代服务业集聚区，集聚区数量居全省区县之首。公共教育、卫生、人口、文化等社会事业发展速度与发展水平均达到较高的层次，社会结构与社会形态呈现后工业社会的初步特征。"十二五"期间，秦淮区荣获了"江苏省教育现代化区"称号，区、街道、社区三级社区教育网络已经形成。通过实施国家基本药物制度改革，新建和改造9个社区卫生服务中心和区公共卫生应急中心，社区卫生覆盖率达到100%，医疗卫生配置和利用率达到中等发达国家水平。在公共文化事业上，秦淮区顺利通过全国文化先进区及国家一级图书馆、国家一级文化馆复查，并成功申报世界级非物质文化遗产名录。

（二）科教资源丰富，具备发展知识经济的基础，具有创业潜力

秦淮区内有南京航天航空大学、中电55所、中电28所、江苏省交通规划设计院等高等教育科研单位，省中医院等重量级医疗资源以及主城唯一省级高新科技园区。其中，秦淮高新技术产业园区成为省级开发区，"省重点小企业创业基地""省级现代服务业集聚区""南京市大学生创业园"和南京市唯一的"军民两用科技示范园"先后落户园区，江苏智能交通产业创新联盟2010年在园区挂牌，2009年"美国硅谷（南京）创新创业基地""中国留学人员创业协会（美国）南京创新基地"也落户园区，已经成为海外领军人才创新创业中心，并拥有省企业院士工作站、博士后流动

站，科技创新能力不断提高。园区众多品牌和创新平台的设立，不但为园区一区多园的发展提供了空间和政策支撑，而且为园区未来成为南京市乃至长三角一个重要的科技创新基地奠定了坚实的基础。

（三）中心商圈地位逐步确立，都市中心区的首位度与认同度突出

自 1929 年"首都计划"在城市功能分区中将新街口确定为商业金融区以来，新街口商圈的中心地位在南京的都市发展历史上不断得到新的强化。尤其是"十一五"以来，南京国际金融中心、新世纪广场、长发国际等 22 幢商务楼宇建成，使得秦淮的新街口区域新增商贸商务面积 80 万平方米。一般而言，中央商务区一般经历：① 以商业为主的功能混合阶段；② 专业功能分区的综合功能阶段；③ 商务功能的升级并逐渐向综合化、生成化发展三个阶段。城市中心区的发展与空间结构变化有密切关系，随着南京"一城三区"的多中心空间结构的逐步发展，"十一五"期间，区域内逐步建成水游城、熙南里等特色片区，而江苏银行总部大厦、财富中心等一批重点项目也在加快建设。在金融、商务服务方面，东亚银行、杭州银行、英大泰和财险等银行保险地区性总部相继落户。与此同时，秦淮区还在传统百货零售业的基础上，由此延伸出相关餐饮、娱乐配套功能，以及历史积淀形成的历史、文化氛围也即文化旅游/都市旅游资源。总体而言，目前新街口区域的中心商圈正处于从以商业为主的功能混合阶段向专业功能分区的综合功能阶段发展过渡时期。

（四）东部地区有发展的纵深空间，区域基本实现现代化的生长点与支撑点多元化

近年来，东部地区税收收入增长率快速提升，成为秦淮区重要的潜力增长极。尤其是麒麟生态科技园等重大项目的启动，标志着秦淮区进入了新兴产业培育和起步发展的关键阶段。与西部地区相比，东部地区还具有较大的发展空间，非城市建设用地面积较大，具备一定的调整潜力。东部地区科教资源丰富，拥有高校 6 所，成人教育和职业教育设施 9 所，重点科研基地、实验室 3 所，青少年社会实践基地 1 所。南京理工大学、28 所等的高新技术类学科科研水平较高，学科优势突出，与高新技术产业园等相结合，初步形成了产学研联合体。

二 旧区"二元化"区隔：产业结构·社会阶层·景观空间

（一）中心城区老城改造难度大，改造进程滞后产业发展，影响城市功能

由于秦淮区长期以来一直是南京的主城区、老城区，中心城区的老住宅小区、传统社区商业空间居多，区域整体的公共基础设施配套的服务功能不强，甚至难以支撑当前中央商圈的扩大与提升。公共设施的不足、公共空间的滞后与改善的速度、空间有限，已经严重制约了旧区的城市品质与功能，对旧区未来产业发展与提升产生负面影响。作为中心商圈区域，旧区的步行交通设施的设置形式和数量急需进一步改进，在双休日、节假日步行系统拥挤异常，且与车流、换乘等发生冲突。穿越交通、出入交通和内部交通交织在一起，导致道路网络功能协调性不足。道路设施空间资源不足，而改造扩容的难度越来越大；道路交通量大，出入口设置混杂，部分路段设置过多，给原本很紧张的道路交通造成很大影响，部分路段拥堵严重。整个区域承担过重的交通负荷，交通供给与需求的矛盾十分突出。

在商业空间的布局中，缺少停留及休息的空间，传统的业态形式导致了购物环境的单调和雷同，功能混杂，缺少相对独立，自身单调与缺少过渡。同时缺乏外部的绿化、公共空间。公共交通站点用地紧张，乘客候车环境不尽理想，公交车、出租车站点稀疏、用地局促，乘客候车与上下不便，增加了步行距离，也造成公交车排队过长和出租车任意停靠，对购物旅游环境产生负面影响。步行空间不成系统，商业氛围也受到影响。行人空间严重不足，片区与片区之间缺少有机联系。除沿中山南路地下形成地下连通区域外，其他几片区如洪武路、王府大街大多仍采用天桥和地面过街等方式，给行人过街造成不便，没能形成完善的人行系统，商业氛围受到了割裂。交通语言系统建设滞后，交通指示系统的建设滞后，指示不完整、不统一、不成系统，同时信息化程度低。

（二）产业体系发展不均衡，服务业虽然比重高，但呈现二元化结构

旧区在产业形态上，农业经济基本没有，工业比重很低。作为典型的城中区，除去高新技术产业园，产业空间以商业街区为主要表现，服务业经济特征明显，呈现出一定的后工业社会形态。然而以服务经济为主体的

经济结构并没有为旧区催生出以"白领"为主要构成的社会结构,相反由于服务经济本身出现的二元化特征,带来旧区社会结构的分化。所谓服务经济的二元化特征,在旧区最为直接地表现为,高级生产性服务业与低端生活性服务业大量并存,两种类型的服务经济从业人员比重都很大。

尤其是在新街口的核心商圈区域,除去各家大型高档商业空间,严重缺乏能够与大型高档商业相呼应的品牌店、旗舰店、专业店,在商业空间体系的过渡与分布上,直接进入传统社区商业业态,而社区商业业态中以低端生活性服务业居多,低技术服务人员与劳工成为社区商业的主要就业群体。因而,在旧区尤其是在中央商圈区域,虽然服务业高度集聚,但是在服务业业态与空间内部形成了高度二元化的割裂布局,同时低端生活性服务业中存在大量非正式经济、非正式雇佣,在客观上必然导致低端生活性服务业的从业人员占整体服务业就业人员比重很高。

(三)区域空间发展不均衡,东、中、西出现梯度化与区隔化特征

秦淮区在整体城市空间上表现为扁平狭长,区域内涵盖了南京最繁华的商业区、最高档的城中住宅区、最大面积的老小区,同时还有城乡接合区域。与鼓楼、玄武的公教为主的区域类型不同,秦淮区既有新街口区域CBD的后工业服务经济,也有南捕厅区域老南京的市井生活形态;既有金鼎湾花园、王府花园、金鹰花园、月牙湖花园等顶级高尚生活区,也有大量20世纪80年代建设的老居民小区。新街口CBD、老建邺的高尚生活区表现着典型中产阶级色彩的城市绅士化特征;南捕厅老城南区域的高密度聚居区既有着城中村的外在表现,又带着老城南市井生活风味;中山东路小区大片的老居民小区,很容易引发CBD的"灯下黑"效应。绵长扁平的城市空间格局,使不同的片区展现出不同时代的文明特征。总体而言,秦淮区西强东弱,优质资源在西部地区富集。

旧区内人口空间分布总体上呈现出"西高东低"的特点,东部片区的月牙湖街道人口密度均不足10000人/平方公里,光华路街道不足5000人/平方公里。与周边区域相比,秦淮东部地区在人口密度、地均产出、财政收入等各方面都相对落后,竞争压力较大。同时,在公共设施的配套上,东部地区的城市道路体系支离破碎,次干路与支路不足,断头路多,无法有效分散车流,与周围区域联系不畅。对外交通廊道的侵入使东部区域内的各空间单元呈现相互分离的拼接关系,对外交通产生大量过境交通

流。此外，由于管理主体多元、交通分割等原因，高新科技园区的规划建设更多与东部的麒麟生态科技创新城进行衔接，与绕城公路西部的主城和生活区联系不足。这也带来两方面的影响：一方面，高新科技园作为东部地区主要的增长极，对区域整体带动作用不明显；另一方面，产业区功能单一，生活性配套设施不足，与城市功能缺少衔接，造成了资源的浪费。

（四）区域社会结构出现二元化趋势，社会建设与社会管理难度加大

旧区服务经济比重高，在产业类型上表现两极化，在空间上也呈现出二元化的特征。尤其是秦淮区服务业比重最高的商贸流通业，新街口区域高档商业百货林立，同时大量传统零售业态广泛分布在各街巷、老小区。以大行宫区域为例，既有着全球化气息浓厚的世界500强商业连锁企业沃尔玛，也有着规模很大的科巷农贸市场，还有着每天傍晚时分表现出的"黄昏市场"，充斥着不同类型的非正式经济。

在分布的范围与分布的数量上，传统的、低端的生活性服务业在旧区表现突出。同时由于新街口周边老居民小区分布众多，大量低端生活性服务业从业人员涌入，使得秦淮区虽然地处南京城市核心区，但是区内人员素质梯度差异很大，居民素质整体表现并不优质。但是由于老居民小区、传统街区是成片区分布，不可能实行大规模拆迁式的城市更新，城市空间更新还处于"点穴"或"针灸"式更新阶段，这些大量的传统零售业态的空间相对陈旧，城市管理的难度较大。此外，秦淮的东部地区也是南京市主要的政策性住房建设区，虽然住区建设发展迅速，但公共服务设施建设滞后。复杂的人口构成导致社会问题突出,也影响了区域整体的投资环境。

三 旧区更新的挑战："二元化"所引致的现代化困境

（一）服务业总体竞争力不强，服务能力的可替代性高，将面临"速度、功能"双抑制的瓶颈

功能性服务业发展滞后，服务城市自身的服务业发展较快。服务业产业层次较低，尚未形成特色产业集聚，要保住中心商务区的地位，旧区服务业转型发展的压力较大。商务楼宇中企业多数以办事处为主，税收贡献不大。在金融业方面，金融衍生品市场缺乏，规模不大、缺乏集中的资金市场、布局比较分散、外资银行偏少表明这一地区银行金融业功能不足。

旧区目前高端服务业的创新能力还很薄弱，突出体现在金融业发展仍然受大型商业银行主导，投资银行、基金信托银行和金融服务公司等非银行金融机构不多，金融服务业仍以传统的信贷业务为主，新的金融工具和金融业务比重很低。在商贸商务经济上，由于缺乏整体性规划，服务商务商贸产业的相关配套功能不完善，新街口地区内部功能还未形成有机合理的体系，尤其为商业及商务配套服务的餐饮、文化、娱乐休闲功能相当薄弱，与国际水准差距甚远，商业、商务功能与旅游、休闲娱乐、文化资源缺乏有机整合，缺乏整体竞争力。这一方面造成零售业恶性竞争，另一方面因功能配套不全，不同行业和业态之间不能充分发挥相互激发、互为补充的优势。现代物流业虽增长较快，但供应链策划管理等高端物流服务供给不足。在社区服务业方面，旧区由于老旧小区较多且城市更新速度较慢，缺乏连锁化、品牌化、专业化的社区服务业。虽然地处城市中心区，但是家政服务、物业管理、房屋租赁、养老托幼、生活品配送等新型服务业业态较少，面向全体社区居民的社区服务网络尚未形成。

（二）城市品质提升亟待突破，老城改造进程与综合环境整治滞后经济社会发展，城市功能的转型受到很大影响

秦淮区地处市区核心地段，众多大型商贸商业空间集聚，区域的人流、物流量极大。同时以中山东路小区等为典型的传统社区空间大量分布，居民类型也呈现混居化，由于区域交通便捷，大量外来人口租住在传统小区中。住区类型呈现两极化特征，传统社区改造困难。由于旧城区传统小区住宅空间比重很大，很多小区属于没有物业管理的小区。由于老居民小区众多，城市改造与更新的步伐缓慢，住区空间以及相应的交通配套设施等无法得到质的改善，对旧城区在公共环境卫生与公共设施甚至公共安全方面带来较大的挑战。目前旧城区产业功能进一步提升的要求非常迫切，但同时基础设施配套能力很弱。产业功能的提升与城市品质的改善息息相关，产业功能的提升将要求空间开发的深度化与交通组织的多元化，需要更加专业化的职能分工与服务配套。但是由于城市改造与更新缓慢，商务楼宇布局分散，商务集聚功能不强。商务办公楼太分散，影响商务资源的整合，对道路、交通、景观、环境等基础设施建设造成影响，商务配套服务功能不够完善，也造成商务环境较差；商务写字楼与商场、步行街、卖场混杂更加影响了城市功能的有序分布，也给配套设施的配备造成困难。在城市

功能上，还缺乏公共空间。在现代消费"购物—旅游休闲—文化娱乐"一体化的模式下，购物环境已日益左右消费者的消费情绪和消费倾向，公共空间也成为国际街区完善的重要基础设施内容之一，以此为标准，旧城区尤其是新街口地区差距甚远，特别表现在体现以人为本的绿化休憩空间缺乏、建筑空间与公共空间的各自独立。

（三）区域竞争更趋激烈，新城区和新功能区建设的不断完善，对旧城区形成多重压力

随着南京大都市结构由单中心密集的形态向多中心开敞式的都市区空间形态转变，河西新城、南部新城的逐步崛起，将促使南京主城范围内不同区域间同质化竞争加剧。特别是河西"金融城""台湾城"的打造，以及2014年青奥会国际大事件的驱动，对河西商务服务业的发展形成巨大的推动力。已投入使用的高铁南站，将带动南部新城形成一个新的枢纽商务港。加上河西新城与南部新城都是在高起点上全新规划建设，可以快速形成强大的公共服务配套设置，优质的生活、办公、消费空间打造，容易形成高端服务业与高端从业人员的聚集。甚至在规划建设之初，两个区域就做出与旧城区差异化发展谋划，而直奔产业发展与配套环境建设的高端，一旦在河西新城与南部新城形成高端生产性服务业的集聚，这将对旧城区自身产业提升与功能转型形成很大压力。因而，"十三五"期间，旧城区必须寻求新的发展动力，创造新的优势，有效规避区域挤压和竞争，奋力走在"新常态"发展前列，这是旧城区实现争先进中面临的大挑战。

（四）区域科技创新创业的瓶颈没有取得根本性突破，区域创新体系、科技创业特区亟待破题和加快建设

目前旧城区的科技创新创业发展还处于起步阶段，各类创新创业要素仍未得到有效集聚，还处于散、小、杂的分布格局。虽然东部高新科技园近年来发展迅速，并不断有高校科研院所的创新资源入驻，但是与旧城核心区缺乏有效功能互动，仍处于科技园早期发展形态，缺乏有效的创新机制，尚未形成有效互动下的区域创新体系。旧区内高校科研院所等科教资源比较丰富，但目前还未实现从科教资源向创新资源的转化，表现在知识创新能力大于技术创新能力，引进吸收能力胜于原创能力，外企创新能力高于本土企业创新能力，政府创新热情高于企业创新热情。企业还没有真正成为创新主体，政府存在越位缺位现象。除了企业资金和人才短缺之外，

更重要的是缺乏有效的创新机制。

尤其是在高校科研院所与园区之间严重缺乏中介服务与网络搭建的工作内容，而这恰恰是政府或社区应该为区域知识创新与知识溢出转化所提供的最重要的服务工作。目前政府还局囿于提供外围支撑（后勤保障、社会化服务、创业空间），必须尽快转变"物管""房东"的角色，瞄准对知识创新的增值服务内容。区域创新体系、科技创业特区的建设，都亟须大力发展和引进科技中介服务组织，重点培育和支持一批民间科技服务中介机构，加快引入和发展各类风险投资咨询机构、各类信息服务机构和各类评估机构等，尤其是要发展促进科技成果转化的中介机构，鼓励各种服务与科技、教育和经济互动的经纪人组织的发展。如果这些科技中介服务组织持续发育不良，那么区域科技创新创业的瓶颈就无法突破。

第四节 如何实现持续繁荣：大都市旧区规划策略

一 旧区的传统中心商圈：服务功能再造与跃升

（一）提升中心商圈在都市圈、区域层面的首位度，形成区域性高端商贸商务服务中心

随着中国加入世界贸易组织后零售业的逐渐全面开放以及国际商贸业的侵入，大都市旧城区尤其是类似南京新街口地区，不能仅仅停留在传统的百货零售业态，商贸零售业缺少新型业态将无法适应现代商贸业发展的趋势。世界范围的商业中心区零售业发展历程为：大规模、高密度、商品类同化转向连锁化、国际化、便利化、时尚化、精品化。旧区的中心商圈应在传统零售百货业主导的基础上，更新社区商业空间，逐步完善连锁店、精品店、著名品牌的专卖店、专业店、销品茂（SHOPPING MALL）购物中心等新型的业态，形成中央商圈商贸业态的有机整合与互动，进而提升中心商圈在都市圈、区域层面的首位度。

在现代服务业方面，应以金融服务业、信息服务业、物流服务业和专业（中介）服务业等高知识含量、高附加值的行业为重点，培育一批、引进一批具有国际竞争力的服务业"龙头企业"。大力发展总集成总承包、专业售后服务、节能环保服务、咨询服务、科技研发服务、设计创意服务、

职业教育服务等综合性的新兴服务业，鼓励发展金融服务、设备租赁、技术服务、专业服务等新型服务业，重点发展律师、会计师、咨询服务、资信评级、人才中介等与现代服务业发展密切相关的中介服务行业。

（二）进一步加强信息化与服务业融合，升级生产性服务业的业态与服务功能

加快产业的融合发展，推进信息服务业发展，提高企业信息化水平，促进生产性服务业外部化，优先发展现代物流业和创新商贸流通业态。以金融、物流、商贸等为重点，鼓励旧城区的服务业企业跨区域整合资源，构建区域服务网络和拓展服务空间，强化集群效应，逐步改变功能雷同、集聚力差的现状。推进软件开发、研发设计、物流服务、金融后台服务、金融数据处理、信息技术处理、系统维护、客户咨询等服务"外部化"，扩大服务外包业务的市场需求，鼓励以数码互动娱乐业、网络教育业和数字图书馆为代表的数字内容产业、内容软件产业、电子商务业、信息服务外包的发展。大力培育科技服务业，构建服务于科技成果转化全过程及具备技术、市场和资本融合功能的科技服务业产业链。面向战略性新兴产业和支柱产业，重点培育一批从事技术研发与设计、科技企业孵化、科技信息咨询、科技金融、知识产权、检验检测等科技服务的企业和机构。积极推动高技术服务业与高端制造业相融合，促进产业链向研发和服务两端延伸。

（三）积极吸引跨国服务业企业落户，加紧打造引导功能性服务业发展的政策环境

旧区的经济部门可以考虑设立一个集中的投资受理机构，明示投资各类企业所需要的材料和程序，实现真正一站式投资服务。同时加强知识产权保护，加大知识产权侵权案件的刑事侦查，通过公众教育和雇员宣传活动，鼓励大众购买正版产品，营造国际化的知识产权保护氛围。扩大跨国公司总部认定范围，对长三角地区外资营运、销售和采购中心等参照有关规定进行地区总部认定。调整招商引资的主攻方向及策略手段，加快现代服务业基础设施及载体（商务区、商务楼等）建设，分行业制定承接服务业国际转移的策略，拓展服务业吸引外资的有效途径，增强服务业外资流入的吸引力，充分利用各种渠道和形式承接服务业的国际转移。逐步解除现有的不合理限制，允许并鼓励境外投资者通过并购等方式对服务业进行

投资，培育有利于吸纳并购的制度环境，为跨国公司参与企业的改组、改造创造条件。

二 以创新驱动存量转型：集聚和盘活创新创业要素

（一）"园区先行、制度先试、人才引领、科技创业"，建设科技创业创新平台

打破既有思维定式，跳出固有工作思路，冲破旧有体制束缚，面向国内国际一流城市树立竞争标杆，将工作精力、发展动力、政策措施、考核导向等全面聚焦"创新驱动旧区转型"的主题，大力推动科技创新创业。聚焦人才第一资源，在工作重点上由招商引资向招才引智转变，由项目牵引向人才引领转变；聚焦教育作为发展的第一基础，要进一步加强教育对经济社会发展的基础性作用，切实提高转型发展、创新发展、跨越发展所需各类人才的可获得性、易获得性。聚焦科技第一生产力，要进一步深化科技体制综合改革，着力打通政、产、学、研、金等各领域科技资源交流与合作的通道，将科技资源优势转化为科学发展优势。鼓励旧区的基层部门盘活现有存量资源和利用高校老校区闲置楼宇（土地）改建扩建成创业特区（人才特区）。特区内重点建设国际一流的孵化器、加速器、中试用房，配套建设科技创业企业总部基地、科技创业毕业企业产业基地、人才公寓和完善的服务设施，积极构建完备的科技公共服务平台及中介服务体系，打造"无障碍创业"环境及便捷高效的创业通道。

（二）依托旧城区商务服务、金融业发展良好基础，积极引导建设科技金融产业集聚区，打造具有区域性服务功能的科技金融中心

建立和完善覆盖科技企业初创期、成长期、成熟期等不同阶段的多元化科技创业投融资服务体系。坚持政府引导和市场调节相结合，采取"政府平台+市场化平台"的模式，建设服务科技创新的公共技术平台、投融资平台、信息交流平台、中介服务平台和政府服务平台。坚持市场化发展模式，大力发展科技服务业，培育和发展技术转移、专业技术服务、人才、法律、知识产权和财会等各类中介机构，促进各类创新主体和要素市场的紧密联系，激活创新链，降低创新创业风险。整合区域产权市场和技术市场，推进区域性非公开科技企业柜台交易，加速科技成果资本化。以最高效率引导全社会各类创新要素向最有利于自主创新的领域、产业和企

业集聚，以最优状态配置创新要素、创新资源，最大限度地促进知识创新、技术创新和产业创新。制订实施科技创业投融资体系建设计划，促进科技与金融深度融合，整合各类科技投融资服务资源，设立科技创新创业金融服务中心。支持科技银行建设，建立科技信贷风险补偿机制。科技小额贷款公司两年内实现对各类科技园区的全覆盖。建立健全科技担保体系，加大对科技担保业务的补贴和风险补偿力度。大力推进知识产权质押、科技创业企业信用、科技保险、短期融资券、集合债券、集合票据、集合信托等各类科技金融创新，拓宽科技企业的债权融资渠道。制订实施科技创业企业上市辅导计划，积极辅导和支持科技创业企业多渠道上市融资，推进科技创业企业通过"代办股份转让系统"、创业板、中小板、主板以及境外资本市场直接融资。

（三）"四区联动"，构建区域创新体系，塑造创业型社会与知识社会的人文环境

高标准规划建设接轨国际的孵化器、加速器、中试用房和人才公寓等相应配套设施，给予特别体制、特别机制、特殊政策、特殊环境，打造一批创业特区（人才特区）。积极鼓励高新园、开发区、产业园（文化创意园、创业园等）、创新街区，与高校、科研院所合作共建大学科技园和战略性新兴产业创新中心。积极支持区域内高校建设世界一流大学、一流学科和高水平大学，支持建设一批重点实验室、工程研究中心，鼓励高校与海内外高水平教育科研机构、著名企业建立联合研发基地，注重创新性人才培养，加强大学科技园建设，构建高校科技创新体系，建设结构合理、特色鲜明、质量一流、开放融通的高等教育体系，大力提升高等教育的人才培养能力、知识创新能力、社会贡献能力，为旧区发展提供高质量人才支撑和科技智力服务。制订实施科技创新创业平台共建计划，大力推动大学校区、科技园区、公共社区、商业街区"四区融合、联动发展"，依托高校优势学科集成创新资源，校地合作建设大学科技园，成为大学服务社会、成果转化、技术转移、企业孵化的创新创业载体。按照"产业技术研究院+学科型公司"的院地、校地结合模式，共建战略性新兴产业创新中心，促进知识技术化、技术工程化，加快技术成果产业化进程。

三　以空间整饬优化结构：绿色化与生态化营造

（一）从"城市更新"到"可持续再生"的都市中心区复兴工程

与传统的"城市更新"和"城市再开发"不同，"城市可持续再生"理念强调在把握未来变化基础上，城市不仅在物质的层面，还要从社会或精神与文化的层面，推进城市功能更新，改善城市人居环境，恢复或维持城市老城区已经失去的"时代牵引力"作用。其采用的手段，是在注重传承城市历史文脉的理念指导下，通过小规模、循序渐进的再生过程，提升老城区的活力与魅力，提升其综合竞争力，进而推进其可持续发展。旧城区在城市空间品质提升的过程中，应引入"可持续再生"的理念，实行多维度的一体化复兴策略，用一种综合的、整体的观念和行为来解决各种各样的城市问题，致力于在经济、社会、物质环境等各个方面对处于变化中的地区做出长远的、持续性的改善和提高。可以尝试引入"软改造"的创意手法，大胆进行制度创新，形成混合空间与混合功能的运作，不仅要求"宜人的空间尺度""对人心理、生理的尊重"，而且还要有"合理的交通组织""适度的社区规模"和"有机的改造更新"等，以满足城市多样性、丰富性的基本要求。

（二）多样性空间：社会经济文化分类指导空间整饬

大都市旧城区经济社会文化空间类型往往多元叠加，加上"单位制"空间的碎片与割裂化，在空间整理上需要进行分类主题指向。以南京大都市典型旧城区秦淮区为例，合并白下区之后，秦淮区在东、中、西三个空间分布上呈现明显的差异性。

1. 东城新城与园区建设

结合秦淮新河土城头百里风光带、麒麟生态科技园建设、大校场南部新城建设、宁芜铁路外迁、绕城公路调整为城市道路等重点项目建设机遇，结合东部地区重点项目和功能定位，强化东部地区可开发利用资源和交通网络的研究，制订秦淮新河—土城头百里风光带白下段风貌设计方案、东部地区中心区城市设计方案。加强光华路轴线功能规划与设施布局研究，促进由过境交通型向生活服务型转变。

2. 中部地区

以金城航空工业科技城、解放1948工业设计园等现有产业载体，以及即将建设的包括轻工机械厂、工业职业技术学院等潜在产业载体为对象，科学规划各个产业园区的功能定位及发展目标。加快研究制定瑞金路商业街及中航科技城中心区城市设计、明故宫地区历史风貌保护规划、明城墙风光带保护规划。

3. 西部区块

致力于中央生活区建设，重点放在老城保护与利用，强化空间"软改造"整合，形成混合性的"粘滞空间"，形成更强大的中心商圈集聚与服务能力。加快研究制定新街口商务核心区发展规划、太平南路商业街产业业态研究、洪武路——中山南路金融集中区发展规划、朝天宫历史文化街区规划、南捕厅历史文化街区规划等专项规划，通过专项街区的打造提升城市形象。

（三）区域生态改造、绿色建筑运用与绿色空间营造

加快实施老旧住宅小区、背街支巷改造及环境整体出新，强化城市遗址、滨河、城市景观轴线绿地建设，实施垂直绿化。完成区域内主要水系生态保护和景观改造工程，建立较完善的排水、引水和污水处理体系，有效控制水环境污染、大气污染物排放量和固体废弃处置，加快建设一批高品质绿色社区。建立和完善环境与发展综合决策机制，严格执行环境影响评价制度。积极开展绿色建筑建设活动，建议成立旧城区绿色建筑促进会、绿色建筑评价标识办公室，率先启动绿色建筑的地方评价工作，积极开展绿色生态建筑试点，并与国际相关机构合作，进行绿色生态住宅改造、生态办公楼、生态园区等工程试点。结合旧区"改造出新"工程加快实施既有居民住宅的节能改造，在旧区的改造、扩建、装修、抗震加固等过程中，实施节能门窗、外遮阳等节能改造工程，规模化推进节能50%标准在既有建筑节能改造中推广，并给予相应的融资保障。设立针对旧区节能改造的专项资金，用于引导和启动旧区节能改造，鼓励防火、安全、低耗的建筑新材料、可再生资源在旧区节能改造或扩建中的运用。探索旧区节能改造新机制，通过"捆绑开发"的方式，调动社会资金参与建筑节能的积极性。

四 以幸福都市建设为导向：社会建设和民生保障

（一）完善城市转型期的民生保障

围绕居民多样化、多层次的公共服务需求，加快建立以居住证为核心、以分级分类服务供给为基础的居民公共服务新模式，促进基本公共服务"增

量、提质、均衡"发展。深化教育综合改革，提升教育服务综合水平。优化义务教育资源配置，打造公共教育平台，构建广覆盖、高水平的国民教育体系。坚持医药卫生事业公益性质，优化完善医疗资源配置，强化社区卫生服务，推进公立医院改革试点。适应城市老龄化进程，扩大养老服务供给，完善老年护理服务体系，积极发展老年社会服务，建立多层次养老服务体系。完善公共就业服务，积极拓展就业渠道，加强职业规划引导和技能培训，加快公共就业服务网络建设，健全鼓励创业和扶持小企业、非正规就业组织发展的体制机制，形成以劳动者自主就业、积极创业为导向的促进就业新模式。完善民意表达机制，回应居民合理诉求。拓展制度化的民意表达渠道，引导居民群众以理性、合法的形式表达个人意愿。完善市民参与公共政策制定、实施、监督以及评估的常态化制度、办法，健全协商求同对话机制，确保涉及群众利益的重大事项得到充分的社会认同。强化社会风险预防化解，着力维护社会和谐稳定。强化社会风险源头防控，要从注重社会矛盾的事后干预、调解向注重事前风险评估和预警、前期疏导转变，建立科学标准的社会风险评估、预警工作程序及配套制度。完善社会矛盾协同调处和信访化解工作机制，提高初次信访一次解决率。强化社会安全综合治理，完善公安、司法、信访、街道联动工作机制，构建治安防控网络。加强食品、交通、生产等安全建设，全面提高社会公共安全水平。

(二) 完善流动人口的服务管理

完善外来人口权益保障制度，为外来劳动力提供就业服务，维护他们的福利，规范用工制度，完善外来劳动力综合保险或其他社会保险的制度，加强执法检查，维护外来劳动力的合法权益。进一步加大政策宣传力度和采取有效的监控措施，提高非公小企业外来从业人员参保率，把外来从业人员参加社会保险作为享受城市福利的一种前提条件，鼓励和督促外来从业人员参加社会保险。规范住房市场，依法严格管理出租房屋，严控"群组"现象。完善居住证制度，提高流动人口办理居住证的积极性，将办理居住证与享受本地政府部门提供的公共服务联系起来。完善公众参与的流动人口社会化管理新模式。在社区的平台上，鼓励当地居民与流动人口的相互交流与相互融合。尤其鼓励流动人口更多地参与社区的活动，加快他们从"流入"到"融入"的转变过程。要敢于依靠和利用流动人口进行自我管理和自我服务工作，积极探索流动人口社会化管理的新模式，管理和利用好各种同乡会组织和其他民间社团组织，让他们承担一部分流动人口的管理和服务工作。

(三)"三社联动"促进社会组织的发育

重新定位政府与社会组织的关系，把政社分开作为政府转型的一项重要任务，尽快把某些公益性、服务性、社会性的公共服务职能转给具备条件的民间社会组织。积极深化社会体制改革，再造基层社区组织，倡导"强化党务、淡化政务"原则，有计划地培育社区社会工作者队伍和从业组织，切实发挥业主委员会和物业管理公司在社区建设和管理服务中的作用，从政策法规上注意培育各类社区社会性组织的健康成长，对不同性质的社会组织进行分类管理，引导其发挥积极的社区公共服务功能。创造有利于社会发育的制度环境和社会空间，建立有效的公益市场，进一步提升社会组织的自主性和相对独立性。设立公益创投资金，对于那些具有发展前景、符合社会需要的社会组织给予特别的资助，公益创投资金的投向应以社会效益的高低作为衡量标准。完善和健全政府购买服务的体系，确保购买服务的契约对双方都有约束力，形成公益市场，从而为各种社会组织特别是公益组织提供一个可以公开、公正、良性竞争的市场。进一步强化社会组织的代表和表达功能、中介功能、参与功能和服务功能，突出社会组织的民间性、公益性、非营利性和志愿精神。提升社会组织的管理和运作能力，加强社会组织的整合社会资源能力、筹款能力、项目开发和管理能力。

五　无边界创意融合：建设时尚多元的文化都市区

(一) 城市文脉的延续与再利用

在城市改造与更新中要把保护旧城、保护历史遗迹放在重要位置，在科学合理的规划中将文化传承置于重要地位，使旧区在历史文脉与文化传统得到保护传承的基础上，营造适宜市民生活的环境与氛围。以秦淮区为例，基于区域内的历史遗迹，在南捕厅、朝天宫、太平南路等地段，完全尝试从文化价值与艺术价值高度，进行高尚商业、物业空间的打造。与此同时，注重非物质文化遗产的传承与再创新，探索非物质文化遗产公益开发与商业开发相结合的新模式。将主城区城市功能转型与旧区改造再生相结合，实施私人和公共参与者共同制订的城市再生计划，对传统社区进行混合功能配置，发展基于知识、创新导向的中小企业孵化器，吸引来自风投创投和私人投资者的资金，使经济基础朝向知识经济多样化发展，逐步实现城市中心部分区域的社会经济重建。注重培育政府各部门在项目启动和执行以及建设过程中所需要的跨部门与跨界治理的创新能力，依靠公众与专业咨询团队的适度持续参与，探索项目本身所包含的更新能力以及涉及管理层之间的相互合作的制度创新。

（二）文化与经济融合的创新战略

文化发展战略成为大都市创造性发展的核心战略，并在创新都市的发展过程中，具有引发路径的作用。国际大都市的文化战略，并不再仅仅满足于将"文化"作为城市发展的"装饰品"，而是以"文化"以及创新来推动城市整体发展。旧区必须意识到文化发展战略转型的意义，应当树立"文化/经济"互动共进的思路，文化本身就是城市发展的强大动力，"文化创意阶层"的发展更是带动城市整体进步的重要力量。因而旧区尤其是内城区既要试图打造金融的"华尔街"，也要打造文化的"百老汇"，制订促进区域经济持续繁荣的"文化规划"。

"文化规划"不是"已有文化资源的相加"，而是规划一个复杂的互动过程，即由政府/民间、学界/企业界、体制内/体制外等各种关系交织而成的网络，通过这些组织结构结合起来并发生作用，整体性构建文化大都市。注重对文化创意阶层与创意社群的重新审视和培养，通过积极的都市文化政策，在旧区逐步构建"创意社群"，即一个能充分利用文化、艺术、商业和社区之间重要联系的社群，并在联系的过程之中能主动投入人力资源和财力，为大都市旧区应对迅速发展的后工业时代和知识型经济社会所带来的巨大挑战做好准备。

（三）建设文化大都市战略先导区

旧城区应当从"文化强区"的战略高度，以"全球视野"和"开放包容"的胸襟，以大力弘扬社会主义核心价值观、充分满足市民多元文化需求为导向，全面深入推进社会主义核心价值体系、公共文化服务体系和文化产业体系建设,谋划立足长三角、面向全国和世界的"区域文化中心"的地位，精心打造文化魅力十足、文化特色突出、文化设施一流、文化及创意产业发达、文化精品纷呈、文化氛围浓厚的"文化大都市"战略先导区，为提高大都市的文化软实力、推进城市国际化提供强劲动力支撑。

打造"文化氛围浓郁的公共文化服务区",大力加强公共文化建设,在完善"硬件"基础上大幅提升"软件"水平,发挥公共文化的"孵化器"作用,营造文化氛围基础,促进文化要素集聚。打造"区域性文化产业中心和资源配置中心",加快文化及创意产业要素集聚,提高特色性文化市场配置资源能力。打造大都市"国际事务的文化交流平台",加强环境氛围打造和体制机制建设,为全球各种文化形式和资源提供充分展示、融合与创新平台,形成具有区域影响力的国际文化交流中心。打造"具有全国影响力与辐射力的文化艺术创作中心",鼓励社会各界的各种文化艺术创作活动,促进文艺原创作品数量、质量不断提升。在文学、影视剧、戏剧、音乐、舞蹈、美术等文艺创作重点板块打造出一批具有国家水准和国际影响的艺术精品。

附 录

网络与现实之间：
双重空间中的生活与治理

互联网技术的发明与应用，使人类社会进入现实空间与网络空间平行与交叉的两种时空之中。由网络空间所赋予信息以权力的属性对国家权力以及国家治理产生了重要影响。现实空间与网络空间与支撑人类社会的信仰、制度、技术三重维度的交叉组合，形成了独具特色的网络时空下的国家治理。网络空间的分散与集聚功能，使现实空间中的制度与组织，很难应对在网络时空中动议并形成的集体行动。现实空间与网络空间的平行运行与交互作用，使国家治理不得不关注网络空间的运行逻辑。国家治理的重中之重在于培育两种时空平行运行与交互影响的社会道义与道德力量。

工业革命后，人类社会进入了一个技术突飞猛进的时代，技术成为人类社会不可或缺的要素。它成为与制度、信仰鼎足三立并支撑人类社会的重要支柱。在所有技术之中，作为人类社会伟大发明的互联网技术，直接改变了人类的生产、生活与信息传递方式；由此，对互联网技术的发明与应用所导致的网络空间的研究成为学术界的重点。从消费购物习惯和股票投资组合管理，到大众民主的实际运作，互联网已经在广泛的领域点燃了革命性的火花，并且它还把自身的印记牢牢地烙刻在了大众观点的动力学上。[1] 它影响了人类社会的方方面面，例如经济方面的信息经济、商业方

---

[1] Jeffrey M, Ayres. From the Streets to the Internet: The Cyber-Diffusion of Contention [J]. Annals of the American Academy of Political and Social Science, Vol. 566, The Social Diffusion of Ideas and Things. 1999 (11):132–143.

面的电子商务、政治方面的电子政务等,其中互联网对政治生活与国家治理的影响与塑造日益成为互联网政治的研究对象。互联网政治兴起于西方,在 20 世纪波及中国。电子民主、网络选举、互联网治理(Internet Governance)是西方学者研究的重点对象,而电子政务是中国学者的研究重点;前者重视互联网对政治民主化的影响,[1]后者重视互联网对政府政务的便捷化作用。无论是前者还是后者,两者对于互联网政治的研究都流于表层,没能深究互联网对于人类社会巨大的革命性影响。用欧内斯特·威尔逊(Ernest J. Wilson)的话来说就是:"没有对于上游的网络治理的共识,便很难对于下游的具体应用的电子政务(电子商务、电子教育等)达成共识。"[2]

一 人类社会生活的双重时空:现实空间与网络空间

现代人类面临的巨大挑战,来源于发生了变化的人类存在的空间结构。这是从古到今没有出现过的,从一定程度上说是革命性的变革。它的具体表现就是以互联网为表现形式的网络空间;其物质载体是计算机,"计算机的发明与扩散是 20 世纪末一个确定无疑的社会、经济与地理的过程,微电子革命带来的后果便是日益使社会各个领域趋向于依赖计算机,例如商业、文化产业、政治、教育,甚至友谊与性"[3]。其变革性影响在于网络空间使人对人的解释有了不同,因为"计算机的渗透创造了一种生存在数字环境中的感觉;并且一些像赛博空间与电子咖啡馆的形式创造了一种环境,这种环境可以以地理共振的形式予以理解"[4],但是,毫无疑问人的存在、发展与自我解释在现实空间之外的空间——网络空间中遭遇了机遇与挑战。因为网络空间结合了实在性与虚拟性两个特征,[5]人的类本质在网络空间中是现实存在的,却又因其虚拟性而发生了与现实空间不一样的变

---

[1] Lars Fuglsang. IT and Senior Citizens: Using the Internet for Empowering Active Citizenship [J]. Science, Technology, & Human Values, Vol. 30, 2005 (4):468–495.

[2] Ernest J. Wilson III. What is Internet Governance and Where Does It Come from? [J]. Journal of Public Policy, Vol. 25, 2005 (1):29–50.

[3] Paul C. Adams and Barney Warf. Introduction: Cyberspace and Geographical Space [J]. Geographical Review, Vol. 87, 1997(2):139–145.

[4] Ibid..

[5] 李湘德、钱振勤:《"虚拟现实"与现实》,《自然辩证法研究》1999 年第 9 期。

化。以中国为例,"在中国的网络空间中可以找到最反传统、最富想象力和最具颠覆性的思想。形形色色的权威遭到质疑和嘲讽。普通人通过网络广泛地参与政治行动,从而获得有关自我、社区和赋权(Empowerment)的新认识。所有这些与至今还用单调的阐述和浮夸的形象宣传权力与权威、以供世人膜拜的官方报纸和电视节目,形成鲜明的对比"。[①]

网络空间与虚拟空间(Virtual Places)不同,一言以蔽之,网络空间的特殊性在于它的现实的虚拟性。用保罗·亚当斯的话说就是脱离实体性(Disembodiment)。这种"互动的连接点(Nodes)组成的系统被称为一种空间(Space),它被交互作用(Interaction)所定义(与几何学、能量或自由运动相对)"。在这种空间中"上下、内外、此处彼处,具有特定的含义;视觉不再是由地平线与笛卡尔式几何学所建构;运动从两维或三维空间变化为多维空间;在遥远的地方的现象经常在瞬间被连接在一起。与这种空间最相近的概念是那些与量子理论和魔术连接在一起的概念。"人们对网络空间的本体论使用的奇怪之处在于,它与人们习以为常的地理第一定律——相近之事物较远之事物而言更具有相关性——恰恰相反,即较远事物的相关性大于较近事物。[②] 它彻底推翻了存在于现实地理空间中的事物之间的联系规则,从而创造了一种基于交互作用的全新空间形式。

网络空间对人类生存的现实空间产生的变化可能是质的变化。虽然西方在1500年以后发现新大陆,使人类实现了物理地域上的空间一体,但这只是从地域上使原本存在的大陆从隐性走向显性,从分隔走向联合。[③] 而以互联网为代表的网络空间却是人类自身创造出来的一个新的、与人类自古而今生存于斯的空间相平行又时而交叉的虚拟空间。对整个人类而言,这个空间既以人类社会为摹本,又具备自身独特的本质,它被人类创造出来的同时,也在不断地塑造着人类。这主要体现在以下三个方面:对国家与社会而言,以互联网为代表的网络空间"在一些领域对国家进行赋权,但是没有对社会进行赋权;但在另一些领域里,它对社会进行赋权,却没

[①] 杨国斌:《连线力——中国网民在行动》,广西师范大学出版社2013年版,第4页。
[②] Paul C. Adams. Cyberspace and Virtual Places [J]. Geographical Review, Vol. 87, 1997(2): 155–171.
[③] [美]贾雷德·戴蒙德:《枪炮、病菌与钢铁:人类社会的命运》,上海世纪出版集团2006年版,第19页。

有对国家进行赋权。在某些领域里,对国家和社会都进行了赋权"[1]。就社区而言,网络空间打破了以共享经历为基础而组成社区的现实逻辑,"当计算机将身份与理念以光速转换成信息存储与运输,并在一个或多个遥远的地方重建的时候,社区已经将自身消耗掉了"[2]。就个体而言,网络空间更彻底地使他们走到一起,甚至能够"融合并超越孤立的个体性,以及那些与现实共同体与生俱来的因相同性与相异性而生的悲剧性矛盾"[3]。虽然有点危言耸听,但是,正如欧拉奎噶(Olalquiaga)所言:在网络空间中自我"就像一条船,在任何方向与地方进行着漂流,总是不停地移动着、变换着,总是根据命令去适应每一个港口,但是,它却并不停泊于任何地方"[4]。

从一定意义上讲,网络空间以现实世界作为参照系,是存在于现实世界之中的带有现实性的虚拟空间。它本身的虚拟性是它真实性的外在体现,而它的本质就在于它是现实世界的一部分,即在于它的现实性与真实性;它的虚拟性是主体作为映像在网络空间的存在,是主体的有限性在另外空间中的无限性延展;现实空间的有限性,在网络空间中转换成无限可能,正是这种变有限为无限的可能性,使互联网空间得以其虚拟性的身份真实地存在于现实空间之中。同时,现实空间作为一种现实的存在物,它不仅以自身形式存在于自己的主体之中,它也以主体形式存在于互联网空间之中;它作为现实世界的一元,参与到信息的海洋中,成为信息海洋巨大空间中的一艘船舶在航行,成为信息空间所支配的对象;同时,两者在平行的同时,又交互影响着,网络空间也在影响、支配、塑造着现实世界。

人类自古而来的传承是否能够在网络空间中起作用,起多大的作用,这都是未知的。因为网络空间的特质异于我们习以为常的现实空间。以互联网为具体表现形式的网络空间的特质表现为:第一,空间本身是虚拟的,

---

[1] 郑永年:《技术赋权:中国的互联网、国家与社会》,东方出版社 2014 年版,第 15 页。

[2] Olalquiaga, C. Megalopolis: Contemporary Cultural Sensibilities [M]. University of Minnesota Press, 1992.

[3] Paul C. Adams and Barney Warf. Introduction: Cyberspace and Geographical Space [J]. Geographical Review, Vol. 87, 1997(2):155–171.

[4] Olalquiaga, C. Megalopolis: Contemporary Cultural Sensibilities [M]. University of Minnesota Press, 1992.

但同时又是由人的活动组成的；第二，时间是可逆的，但同时又同不可逆的真实世界时间相交叉；第三，活动主体是虚幻的，但同时又是现实世界中活动主体的映像，并同现实世界主体相交通；第四，时效性而非持久性是它的生命，然而，时效性本身可以自己生产自身的持续性生命，并在现实世界引起轩然大波。正如有人在1997年所预言的："正如电话的作用很难被贝尔的公司，印刷本圣经很难被古腾堡预言一样，互联网以及与其相关的技术的影响，同样会以意想不到的影响方式回响在二十一世纪人类公私生活的大部分领域。"[①]

表面上看，网络空间对人类带来的挑战指向扁平化治理趋势对科层治理的叫板。虽然，它在这方面已经产生巨大影响，但是，却不可能使国家与社会治理产生纯粹意义上的扁平化行为与效果。依托于互联网技术的网络空间是双方互动的，互联网技术的发达为治理提供了便利，同时也为治理提供了难度，甚至是挑战，两者决定了不可能出现理想型的扁平化治理。互联网技术催生的网络空间为国家与社会双方所共同享有，非为单方所垄断；双方共同享有的网络空间就会产生边界，而且这种边界是不固定的，具有不固定边界的空间治理是无法靠扁平化手段达到的。边界存在，必然会产生信息的洼地与高地；而后者会导致边界差，边界差的存在赋予信息以权力，这种权力不仅使纯粹化的扁平化治理成为虚谈，同时，直接挑战着治理的效度。

不论其挑战如何巨大，影响如何未知，但是，整体而论，现实空间与网络空间构成了人类社会的"二元结构一元体系"。二者共存于现实空间，然而后者却带有鲜明的虚拟性特征。前者创造了后者，后者却在影响并塑造前者，甚至有裹胁前者的趋势；后者以前者为参照，表现出一定的虚拟特征，但它自身的存在又是真实的；前者作为主体而存在并行动，它在创造了网络空间的同时，也被网络空间所作用。在现实世界的一元体系中，两者在平行的同时，却又相互影响，相互塑造。从这个方面讲，互联网信息革命带来的网络空间在最为本源的意义上对人类的致命性挑战在于：信息本身意味着权力这一事件本身，使任何主体都可以低成本地变为"权力

[①] Paul C. Adams and Barney Warf. Introduction: Cyberspace and Geographical Space [J]. Geographical Review, Vol. 87, 1997(2):139–145.

者",并十分轻松地影响到广大领域的其他行为要素。这才是两种空间平行、交叉下人类所面临困境的根源所在。这最终使人类的类本质在第三重维度上呈现不一样的特质,并给国家治理带来前所未有的挑战。

二 人类社会生活的第三重维度:以互联网为代表的技术

在人类社会的不同发展阶段,它所依赖的主要支撑性力量是不同的。在传统社会,人类的生存与发展主要是靠信仰来支撑的;在现代社会,人类的生存与发展主要是靠制度来建构的;随着互联网的发明,以及互联网衍生产品的不断创造、生产与产品的持续平民化使用,以互联网为代表的智慧型技术成为人类必须借助的力量。以互联网为代表的技术力量,不仅在现实空间,而且在网络空间独立发挥作用,而且能够贯通两个空间,使其合二为一,从而混同性地影响着人类社会的运行、存系与发展。虽然,现代社会的系统性特征,决定了信仰、制度与技术这三者都在不同的系统层次发挥着不可替代的作用,只不过它们有强有弱,有深有浅;但是,从一定意义上讲,以互联网为代表的现代技术已经成为支撑人类社会生活的第三重维度。因为以互联网为代表的现代技术的扩散,支撑起人类社会的信息性运作的同时,也创造出了无所不在的网络空间,从根本上对人的生存方式产生了巨大的影响。

我们将以互联网为代表的技术支撑的现代社会称为技术型现代社会(Technologically-mediated Modern Societies)。技术型现代社会,已经溢出人们所谓的经典意义上的现代制度所创造的秩序、繁荣与发展。技术已经大大拓展了这种现代性。20 世纪中叶发达民主国家创造的人类社会的现代形态,是以民主制度与工业经济为支撑的制度型现代社会,它在现实空间创造的影响并没有拓展人类生活与发展的现实场域。但是,技术型现代社会以互联网创造的网络空间为基本出发点,改变了人类的互动方式,甚至将有限扩展为无限。

互联网技术是网络空间的有形制度载体,网络空间是互联网技术发挥巨大影响的现实无形场域,在两者的共同作用下,"存在于机器与人类、自我与他人、此处与彼处之间的界限——一种世界与自我的赛博格看法(A Cyborg View)——已经被否定。但是,也可能产生一种文化上的空间迷失（Lost in Place）[1]：虚无主义与自我吸纳，就像计算机黑客一样，阶段性地跌落到现实生活（Real Life）[2]中进行循环动荡地调试"[3]。这是信仰与制度支撑的社会所未遇到过的新情况。技术型现代社会带给人类的是正反两方面影响。信仰是传统社会的支柱，是因为宗教与习俗是维系地域狭小的城邦与地域广阔的帝国的软力量，它能够以最低成本维系狭小共同体的巩固、广阔帝国空间的一体；制度是现代社会的支柱，是因为制度是实现公权力驯化并有效运行的外在规范，是实现人民主权的内在结构，是激发并保持创新活力的保障。技术是未来社会的支撑，是因为一方面技术是扩展人民主权、延拓个人权利、实现国家治理，以及创造秩序与发展的重要保障；另一方面技术也给人类带来了前所未有的莫大挑战。

技术型现代社会建基于互联网的可进入性与世俗化特征。公权力与智识阶级已经很难垄断技术要素，民间社会掌握技术的速度要比官方更快，甚或级别更高。技术型现代社会仍然是民主的社会，人民仍然是权利主体；技术的廉价性、普及性与时效性，使其成为支撑民主社会发展的重要力量。以互联网为主要体现形式的现代信息革命，不仅使信息的传输方式发生巨大改变，同时，也使时空发生巨大改变。它使人类社会产生了两大时空平行共存的局面，它们既平行又交错，呈现出复杂的局面。平行，是指现实空间的局限性与网络空间的无限性相平行；交错，是指现实空间作为信息的承载者与传播者，属于网络空间的一元，同时网络空间作为真实存在的客观现象，属于现实空间的组成要素，有限在无限中实现延伸。两者的交错性使它们相互联系、影响，并相互塑造。尤其是在现代复杂社会系统中，两者的相互塑造，如果不能被纳入规制化的轨道，就会产生巨大的不可控影响。

两种时空的复杂性与三重纬度相组合，共同左右着人类的未来。信仰、制度与技术在未来社会甚或已经在当下社会与两种时空产生互动并交融共进。信仰与制度，在以互联网技术为基础的网路时空中显得脆弱不堪，它

---

[1] Olalquiaga, C. Megalopolis: Contemporary Cultural Sensibilities [M]. University of Minnesota Press, 1992.

[2] Paul C. Adams. Cyberspace and Virtual Places [J]. Geographical Review, Vol. 87, 1997(2): 155–171.

[3] Ibid..

们已经无法在无限可能性的网络空间中成为支撑性要素；网络空间在使各要素碎片化的同时，也在进一步削弱甚或摧毁信仰并碎片化制度，然而支撑网络空间的力量却又要以信仰为依托的道德良心为支撑；网络空间摧毁信仰的同时，又依赖道德良心，这是莫大的悖论。世界各国虽然出台相关法律以规范网络空间的运作，但是，网络空间中并没有可以使相关法律运转起来的制度设置，法律在碎片化的网络空间中同样面临碎片化的命运。相对于国家法律规范网络空间运行时所产生的压制网络自由的恐惧而言，美国公民对网络碎片化的恐惧更甚，例如对网络色情与网络中的武器制造，尤其是炸弹制造技术的泄密。[1] 同时，网络有助于以利益为基础的政治团体体系的碎片化，并使之转向更少制度内聚力、以更具流动性的议题为基础的政治团体。[2] 总之，网络空间的碎片化作用，集中体现在信息的传输上，信息成为网络空间的重要要素。信息将人类自古而今的时空纳入网络空间当中，由此，在信息的基础上两种时空既是分离的又是合一的。

网络空间与现实空间的平行与交叉，实质上产生了多元互动的复杂系统。国家权力、跨国组织、市场、文化、社会与公民作为行为者，都穿梭于两种时空并交互作用。国家被赋权的同时，也试图控制网络空间对国家治理产生的挑战；跨国组织在很大程度上被赋权，成为挑战民族国家的重要行为体，在网络时空中将自身的作用最大化；经济行为体则抓住网络空间的商业特性，将商业行为拓展为国际商务；文化作为一种象征与话语权，在网络空间中成为弱者的武器，从后台走向前台；社会作为一直以来与国家相对应的存在，在网络空间中越级而上，甚至成为主导；公民个体利用网络空间的可进入性，使自身成为信息源，甚至在缺乏规范的情况之下为所欲为。

对于人的存在与意义而言，与制度型现代社会相比，技术型现代社会两种时空的复杂系统效应，使碎片化的自我是模糊的自我，它抗拒定义与分类，并逃避服从。但是，一个角度的轻度反常转变，可以更好地促使我

---

[1] Robert J. Blendon, John M. Benson, Mollyann Brodie, Drew E. Altman, Marcus D. Rosenbaum, Rebecca Flournoy, Minah Kim, The Brookings Review, Vol. 19, 2001 (1):44–48.

[2] Bruce Bimber. The Internet and Political Transformation: Populism, Community, and Accelerated Pluralism [J]. Source: Polity, Vol. 31, 1998 (1):133–160.

们去争取存在的意义,在技术型社会争取另外形式的权力和满足。对于人的政治生活与国家治理而言,它不仅仅是"国家与社会之间的互动所使用的工具,更重要的是,互联网是一个新的、尚未开发的政治阵地,国家和社会都试图在这块阵地上扩大它们自身的政治空间……在条件具备的情况下,互联网的发展能够在国家和社会之间相互进行赋权和改造"①。也就是说,"信息技术在改变现代商业和公共部门运作的同时,也被组织原有结构所形塑和修正"②。这就极大地增加了人类社会双重时空中的政治生活与国家治理的复杂性。

这种无法确定的复杂性在中国同样存在。互联网的引进,导致与传统现实空间相平行的网络空间在中国生成。这首先在经济上表现出来,其形式便是电子商务;其次才是政治,其表现形式是电子政务。但是,与经济相比,互联网所支撑的网络空间,给中国政治带来的更可能是挑战而非便利。因为"对于互联网治理的所有选择,都把政府抛出技术化与可操作化的互联网管理之外"③。没有任何一个或几个政府部门,能够控制网络空间的所有面向;由此,网络空间与现实空间的平行性与交叉性,使政治中的不可能事件在网络空间中成为可能。正是基于这个判断,人们普遍认为:"当互联网在20世纪80年代末90年代初进入中国时会引发一场革命,并促使中国进入一个自由和民主的新时代。"④虽然,这种论述看到了网络空间对中国政治挑战的自由民主面向,但是,它仍然认为网络空间只是公民参与政治甚或引爆参与的工具。⑤这种观点与政府以网络为平台开展电子政务,便捷政府的服务与活动,其实并无二致。它们都把网络空间作为一

---

① 郑永年:《技术赋权:中国的互联网、国家与社会》,东方出版社2014年版,第15页。
② 黄晓春:《技术治理的运作机制研究——以上海市L街道一门式电子政务中心为案例的研究》,载周雪光、刘世定、折晓叶《国家建设与政府行为》,中国社会科学出版社2012年版,第349页。
③ Reviewed work(s).Governing the Internet [J]. Economic and Political Weekly, Vol. 40, 2005(Nov. 12-18):4789-4792.
④ 何舟:《中国互联网的政治影响》,第五届广告与文化传播国际学术会议论文选登,载《新闻与传播评论》。
⑤ M. Kent Jennings and Vicki Zeitner. Internet Use and Civic Engagement: A Longitudinal Analysis[J]. Source: The Public Opinion Quarterly, Vol. 67, 2003 (3):311-334.

种工具：前者是参与平台，后者是施政平台。[①] 然而网络空间的实质在于它全新的、完全异于传统空间的属性，即信息所带来的力量直接击中人类社会政治生活与国家治理所依托的核心要素——权力。

三 人类社会双重时空中的政治生活与国家治理

在人类社会的历史与现实中，现实空间、网络空间与信仰、制度与技术交互影响，并最终围绕权力这一核心要素组合产生五种现实存在的人类社会组织形式。它们主要呈现为以下几种形态。

双重时空中的人类社会组织形式

空间	维度		
	信仰	制度	技术
现实空间	传统国家	民族国家/巨型城市	全球化/智慧城市
网络空间	X	互联网治理	互联网/国家/全球治理

在人类社会发展的早期阶段，以互联网为代表的网络空间尚未产生，以信仰为支撑的人类有组织的政治生活形态，在现实空间中体现为传统国家，其治理形态体现为以信仰支撑起来的传统国家治理；神权与世俗权威在现实空间中的治理都发挥十分重要的作用，其最为典型的体现便是远古时期的神秘部落形态与中世纪神权国家。随着人类社会的发展步入现代，支撑人类有组织政治生活的支柱从信仰向制度过渡，由此，在现实空间中以民主与法治为制度支撑的现代民族国家产生并蔚为大观；民族国家与巨型城市成为制度催化下的现代产物从而支配着人类的政治与经济生活，在网络空间中互联网自身的治理成为这个时期的重要事项。随着以互联网为代表的网络技术的发展，它在现实空间中开辟了虚拟现实的网络空间，网

---

① Luke March. Russian Parties and the Political Internet[J]. Europe-Asia Studies, Vol. 56, 2004 (5):369-400.

络空间平行并交叉于现实空间,在人类生活的国家与城市领域造就了前所未有的大空间与大形态;技术在拓展了人类生存的空间的同时,也为人类社会的治理创造了巨大的机遇与挑战,在具体的现实空间中体现为全球化与智慧城市,在网络空间中互联网治理仍然是重要方面,但是,网络空间与现实空间的交叉性,使互联网治理、国家治理与全球治理相互交叉、相互影响,从而成为技术支撑的现代人类社会政治、经济生活形态的集中体现。

基于上述论述,在互联网所代表的网络空间所带来的机遇与挑战双重影响下,互联网与国家的关系成为两种时空交织下的关键点。"互联网的全球性扩展是否意味着国家控制社会能力的最终终结,或者恰恰相反国家仍然维持,甚至是加强了对社会的掌控。"[①] 对于这两种观点,众说纷纭,有些人赞同前说,有些人认为在网络时空下,跨国政体与众多非国家行为体,例如私营公司与非政府组织扮演越来越重要的角色。在这种大争论下,"谁压倒谁"的线性思维方式可能并不是两种时空下互联网与国家两个行为体的合适互动方式,更重要的是,我们需要将"是谁在哪些情况下控制互联网使用的哪些方面,重新审视并问题化"[②]。这是网络空间与国家实体交织下的重要关节点。

在这种情况下,主体、对象与背景,自然而然地成为网络空间中国家治理、城市治理与全球治理的三个重要关节点。对于主体来讲,最一般意义上的主体有三种:"政府、商业团体与非政府组织"[③],三者既涉及民族国家内部层面,又涉及国际层面。[④] 因为"网络空间与电子商务具有天然的国际性,任何政体的成功治理,都需要包含重要的与实际性的国际合作"[⑤]。但是,三者在不同的背景下会体现为不同的面向,政府与非政府行为体,在不同的国家呈现为不同的重要性;虽然,"互联网是一个全球现象,但是,民族国家政府对于此的回应方式,却因政治、社会与经济背景

---

① Johan Eriksson, Giacomello. Who Controls the Internet? Beyond the Obstinacy or Obsolescence of the State[J].International Studies Review, Vol. 11, 2009(1):205-230.

② Ibid..

③ 杨国斌:《互联网与中国公民社会》,《二十一世纪》2009 年第 114 期。

④ Myriam Dunn Cavelty. National Security and the Internet: Distributed Security through Distributed Responsibility[J]. International Studies Review, Vol. 11, 2009 (1):205-230.

⑤ Stephen J. Kobrin. Territoriality and the Governance of Cyberspace[J]. Journal of International Business Studies, Vol. 32, 2001 (4):687-704.

而异"①。没有任何一个单独行为体或单独一类行为体能够在国内控制网络空间的所有方面,更无论国际层面;同时,网络空间的挑战意味着公私关系(public-private relations)无法避免地成为焦点。对于对象来讲,三个方面需要我们的关注:进入的权利(access),即人们是否具有基本的机会接入并使用互联网;功能(functionality),即互联网使用的技术质量;线上活动(activity online),即网民的线上活动。对于背景来讲,即民族国家内部社会信息发展水平与网络准备(network readiness)。②这三个关节点昭示的是:对于国家是否在数字领域已经衰退这个命题,相较于一般意义上的哲学式(general philosophic)论证,我们在当下更需要具体层面的实证性本质(specific empirical nature)研究。③

从哲学的宏观关注到实证的具体研究,网络空间与国家治理的关键点在于网络空间对于国家治理的威胁(threats)。两种空间交叉带来的具体实证性的本质研究基于这样的信念,即信息革命带来的是信息时代,信息成为权力的主要资源。基于此,网络空间与国家治理的关键点主要指向两个趋势——逐渐上升的国际化(increasing internationalization)与逐渐上升的私有化(increasing privatization)——对国家重要性的消解。④

网络空间与国家治理交叉产生的两个冲突性趋势,解释了国家性权力再分配的本质:第一,"信息革命赋予许多新形式的国际性行为者以权力,例如社会组织与活跃分子,它们作为国际系统中的主要玩家挑战着国家的地位;第二,全球电子市场出现的理念,将无可避免地意味着:随着公司增长并变为全球公民,经济边界不再与政治体相符时,作为权力代表的国家经济支柱的崩溃"。⑤从本质意义上讲,这意味着"信息成为'新的权

---

① Richard Rose. The Internet and Governance in a Global Context[J]. Journal of Public Policy, Vol. 25, 2005(1):1-3.
② Johan Eriksson, Giacomello. Who Controls the Internet? Beyond the Obstinacy or Obsolescence of the State[J].International Studies Review, Vol. 11, 2009(1):205-230.
③ Ibid..
④ Ibid..
⑤ Ibid..

力形而上学'(new metaphysics of power)"①。

作为运动的过程，国家体现为内在的制度；作为静态的结构，国家体现为外在的组织；两者试图借网络空间来开展自己的活动，纳网络空间入现实空间，使其成为现实空间的附属物。在现实时空中，制度与组织是现实世界的支柱，两者共同支撑起了现实空间的运作。但是，制度与组织在碎片化的网络空间无法集聚力量，它们甚至被后者所消解。②所以，现实世界借以发挥力量的组织与制度因素无法在网络世界中以同样的效能发挥作用。借网络空间为平台与工具的思维违背了平行空间的逻辑。埃及的"橙色革命"与"阿拉伯之春"证明民族国家的制度与组织在平行网络空间中效能的低下。这一事例表明，网络空间在使传统制度与组织呈现碎片化的同时，却又重新积聚了在传统现实空间中无法集聚的力量，使在现实空间中无法发生的一系列影响巨大的事件，转移到网络空间。由此可见，网络空间既具有分散功能又具有集聚功能，分散功能指向的是网络空间与现实空间的交叉性，集聚功能指向的是网络空间与现实空间的平行性。

网络空间与现实空间的行动逻辑是迥然相异的。网络空间在埃及的"橙色革命"与"阿拉伯之春"中的角色，向人们展示了它的分散与集聚功能。"网络为人们的交流提供了多样化媒介，它使人们与其他更多的人在同一时间的交流与观点交换更加容易……人们可以通过网络来收集以前不可能得到的信息并交换各自的观点。"③政治抗争传统上严重依赖于议题制造者为抗议权力持有者而具备的街头集聚与组织能力。但是，网络空间正在改变这种逻辑；它通过网络化手段使抗议理念与策略迅速并有效地传播到全国，更可能是全球。④网络空间使一国公民在集体行动的时候，他的行动逻辑不再落脚于现实空间之中，而是酝酿于网络空间之中。在两种平行空间中，

---

① Dillon, Michael, and Julian Reid. Global Liberal Governance: Biopolitics, Security and War[J]. Millennium Journal of International Studies, 2001(1):41–66.

② Arre Zuurmond. Organisational Transformation through the Internet[J]. Journal of Public Policy, Vol. 25, 2005(1):133–148.

③ Jongpil Chung. Comparing Online Activities in China and South Korea: The Internet and the Political Regime[J]. Asian Survey, Vol. 48, 2008 (5):727–755.

④ Jeffrey M. Ayres. From the Streets to the Internet: The Cyber-Diffusion of Contention [J]. Annals of the American Academy of Political and Social Science, Vol. 566, The Social Diffusion of Ideas and Things 1999 (Nov):132–143.

集体行动的形成逻辑与过程生成在网络空间中,但是,集体行动的行动结果与影响,却生成在现实空间中。同时,更重要的是公民集体行动的基数可以从地方扩大到一国,从一国扩大到全球,即公民行动的规模基数是以全球公民为指向的。网络空间变有限为无限,它的集聚作用可以使现实世界中不可能集聚的人与事产生勾连,并使分散的力量集中化,并使之行动起来。同时,它的碎片化作用,使现实中的组织与制度无法干涉集体行动的网络空间生成逻辑与生成过程。也就是说"网络空间给予治理一种新的形式与表达:个体、政府与社会制度之间权力关系的范例转变(paradigmatic change)"[1]。存在于现实空间中的民族国家或地方政府,在技术的冲击下,仅仅靠制度与组织要素,无法应对网络空间的巨大挑战。在这种挑战面前,它们能够依赖的就是"消防队"式的防御功,这使国家与地方政府根本无法应付巨大规模的全球性、全国性或地方性公民集体行动。由此,网络空间的巨大能量,在很大程度上加大了国家治理的难度。

网络空间的挑战并非是说国家作为现实空间中的重要行为体便不再重要,两种时空中的全球、国家、城市治理,还需要找回国家(bringing the state back in)。因为"国家,尤其是大国,仍然是处理全球化与互联网产生的外部性的首要行为者……非国家行为者仍然能够在边缘影响结果,但是,它们与国家之间的互动,比现有的研究全球化的文献所声称的要大"[2]。由此可见,国家治理的绩效在未来取决于国家,以及国家的技术理念,即不能仅仅以封堵的理念应对网络空间的挑战,把网络当作一种工具,而是需要认真分析两种平行、交叉时空的运行与互动逻辑,积极寻求跨政府、跨国家、跨公私部门的合作[3],只有如此,方能在两种时空中赢得较好的国家治理绩效。

---

[1] Nick Bingham. The Governance of Cyberspace: Politics, Technology and Global Restructuring, Transactions of the Institute of British Geographers [J]. Book Reviews. Vol. 24, 1999(2):249–251.

[2] Daniel W. Drezner. The Global Governance of the Internet: Bringing the State Back in [J]. Political Science Quarterly, Vol. 119, 2004 (3):477–498.

[3] Stephen J. Kobrin. Territoriality and the Governance of Cyberspace [J]. Journal of International Business Studies, Vol. 32, 2001 (4):687–704.

小结

从宏观方面来讲，现实空间中的互联网支撑起的网络空间，促成了人类生活空间的交互双重空间，为人类带来了前所未有的大变革。与人类社会发展至今的信仰支撑、制度支撑不同，以互联网为代表的技术成为当今人类社会运行、发展的第三重重要支撑。基于此，人类社会的发展开始从制度型现代社会向技术型现代社会迈进。在现实时空与网络时空中存在并发展的技术型现代社会，给予人类的政治生活与国家治理带来了便利的同时，也带来了巨大的挑战。

从微观方面来讲，网络空间可以使信息更通便的流动，使不易于组织的力量成为行动的现实。但是，网络空间中的集体行动酝酿逻辑却是极难成功的。"互联网既不是天生的具有专制性，也不是自动的具备解放性；反而它是政治与哲学相互竞争的场域。"[1]组织与制度虽然在网络空间中被碎片化，但是，网络空间的集聚功能却是以道德良心为指向的共识，共识形成的困难性决定了网络空间的集聚功能的效力极难发挥。信息在网络空间的扩散障碍减少，但是，"这种'赛博式扩散'（cyber-diffusion）具有我们不可不谨慎对待的另一面：当它大大地提升了分散的个体和团体运用集体共享资源与战略的潜力的时候，同时它也具备把一些不可信与无法证实的信息嵌入全球电子骚乱中的能力"[2]。扩散信息的多元性、时效性也决定了信息对象偏好的多元性与暂时性，这种特质决定了以集聚为目的的共识的形成极难成功。

共识在网络空间极难达成，但是，并不等于不能达成。一旦流通于网络空间的信息在对象之间产生共鸣，那么，集体行动的生成逻辑便被启动，共识便会达成；它在现实世界的映照便是集体行动，"埃及的橙色革命"与"阿拉伯之春"便是有力的证明。共识的可能形成性，对国家治理提出了巨大的挑战；如何化解共识，防止共识在网络空间的形成，为国家治理

---

[1] Barney Warf and John Grimes. Counterhegemonic Discourses and the Internet [J]. Geographical Review, Vol. 87, 1997 (2):259-274.

[2] Jeffrey M. Ayres. From the Streets to the Internet: The Cyber-Diffusion of Contention [J]. Annals of the American Academy of Political and Social Science, Vol. 566, The Social Diffusion of Ideas and Things 1999 (Nov):132-143.

增加了巨大的成本。为防止共识在网络空间中成为现实,国家可以通过设置网络壁垒来实现自身的目的,但是,这种手段是最为硬化的不得已而为之的行为。

鉴于此,道德的力量在网络空间中的引导甚或决定作用,成为化解网络空间共识形成逻辑的关键所在。因为网络空间给予人类道德伦理的影响虽然是看不到的,却是影响最为深远的:"网络空间的变化通过挑战我们的基本道德观念,尤其是我们对于个体权利和责任的概念,对我们追求的善的理念,以及那些包含在我们社会制度中的战略的方式,来影响人与人之间的关系与人类的社会制度。"[1]虽然,在这种境况下,网络空间并不是看上去的无政府状态,人类社会也并未失序;但是,从这个意义上讲,人类要应对挑战,并达成秩序与发展,我们对"网络空间的控制是借助于人类规定的最为平常的工具——社会准则、社会污名、同侪压力和奖励——达成的"[2],换句话说,道德的力量可以直接通达信息对象的思想与心灵,在碎片化制度与组织的网络空间中,直达思想与心灵的道德成为化解危机的重要要素。所以,与技术并行的道德力量成为网络空间的主导。培植自身的道义与道德力量成为两种平行时空运行与交互影响国家治理的重中之重。

---

[1] Patrick Sean Liam Flanagan. Cyberspace: The Final Frontier? [J]. Journal of Business Ethics, Vol. 19, Fourth Annual International Conference Promoting Business Ethics 1999 (1):115–122.

[2] Lawrence Lessig. The Zones of Cyberspace[J]. Stanford Law Review, Vol. 48, 1996(5):1403–1411.

参考文献

一 英文文献类

1. Amidon D.M.The Innovation Superhighway: Harnessing Intellectual Caital for Sustainable Collaborative Advantage[C].Butterworth-Heinemann. 2003.

2. Aleksander Panfilo.The Role of Creative Industries in National Innovation System : The Creative Clusters in Moscow[R].Center for Markets in Transition(CEMAT), 2011(2).

3. Allen Scott. On Hollywood: The Place The Industry[M]. Princeton University Press, 2005.

4. Cohen, R.The New International Division of Labour, Multinationa Corporations and Urban Hierarchy, in Dear, M. and Scott, A.(eds.), Urbanization and Urban Planning in Capitalist Society[M]. London: Methuen, 2006.

5. Gefeffi, G.. A Commodity Chains Framework for Analyzing Global Industries [R]. Working Paper for IDS 1999.

6. Ernst Dieter. Global Production Networks and the Changing Geography Innovation Systems: Implications for Developing Countries[J]. Journal of Economics Innovation and New Technologies, 2002.11(6): 497–523.

7. Ernst Dieter, and Linsu Kim. Global Production Networks, Knowledge Diffusion, and Local Capability Formation[J]. Research Policy, 2002.31(8–9): 1417–1429.

8. Jeffrey. Henderson, Peter. Dicken, Martin. Hess, Neil. Coe and Henry Wai-Chung Yeung, Global Production Networks and Analysis of Economy Development[J]. Review of International Political Economy, Vol.9, 2002 (3): 436–

464

9. Sassen,Saskia. The Global City[M]. New Jersey:Princeton University Press 2002.

10. Scott,A. Industrial Organization and Location: Division of Labor, the Firm, and Spatial Process[J]. Economic Geography,Vol.62.2005(3):215-231

11. LiuW, Dicken P,Yeung H W-C. New Information and Communication Technologies and Local Clustering of Firms: A Case Study of the Xingwang Industrial Park in Beijing[J]. Urban Geography 2004(5):390-407

12. LiuW and P. Dicken. Transnational Corporations and "Obligated Embeddedness": Foreign Direct Investment in China's Automobile Industry[J]. Environment and Planning A. 2006. (38): 1229-1247

13. Kevin C. Desouza ,Trevor H. Flanery Designing, Planning, and Managing Resilient Cities: A conceptual framework[J]. Cities 2013（35）: 89-99

14. Eraydin A, Ta an-Kok T. Resilience Thinking in Urban Planning[M]. New York: Springer, 2012.

15. Joan Busquets. Barcelona the Urban Evolution of a Compact City[M]. Harvard College,2005.

16. Williams, Raymond. The Country and City [M]. NewYork: Oxford University Press, 1973.

17. Kevin C. Desouza ,Trevor H. Flanery Designing, Planning, and Managing Resilient Cities: A Conceptual Framework. Cities 35（2013）:89-99.

18. Resilience Alliance. Urban Resilience Research Prospectus [EB/OL]. 2007[2011-5-20]. Australia: CSIRO,http://www.resalliance.org/index.php/urban_resilience.

19. Eraydin A, Ta an-Kok T. Resilience Thinking in Urban Planning[M]. New York: Springer, 2012.

20. Joan Busquets. Barcelona the Urban Evolution of a Compact City[M]. Harvard College, 2005.

21. Tim Marshall. Transforming Barcelona [M].London and New York:Routledge,2004.22@Barcelona Plan. A programme of urban, Economic and social transformation, 22@Barcelona Urban Planning Management. June 2012.

22. Williams, Raymond.The Country and City [M]. NewYork: Oxford University Press, 1973.

二 中文译著类

23. [美]乔尔·科特金:《新地理——数字经济如何重塑美国地貌》,王玉平等译,社会科学文献出版社2010年版。

24. [美]理查德·E.凯夫斯:《创意产业经济学——艺术的商业之道》,孙绯等译,新华出版社2004年版。

25. [英]查尔斯·兰德力:《创意城市——如何打造都市创意生活圈》,杨幼兰译,清华大学出版社2009年版。

26. [美]艾伦·J.斯科特:《城市文化经济学》,董树宝等译,中国人民大学出版社2010年版。

27. [美]伊丽莎白·科瑞德:《创意城市——百年纽约的时尚、艺术与音乐》,陆香等译,中信出版社2010年版。

28. [英]纽曼、[英]索恩利:《规划世界城市》,刘晔等译,上海人民出版社2012年版。

29. [瑞]阿莫德-波尔弗·利夫-埃德文森主编:《国家、地区和城市的知识资本》,于鸿君、石杰译校,北京大学出版社2007年版。

30. [英]苏珊娜-斯科奇姆:《创新与激励》,刘勇译,格致出版社、上海人民出版社2010年版。

31. [德]西美尔:《社会学——关于社会形式的研究》,林荣远译,华夏出版社2002年版。

32. [美]刘易斯·芒福德:《城市文化》,宋峻岭译,中国建筑工业出版社2009年。

33. [美]刘易斯·芒福德:《城市发展史——起源、演变和前景》,宋峻岭译,中国建筑工业出版社2005年版。

34. [美]塞缪尔·亨廷顿:《文明的冲突与世界秩序的重建》(修订版),新华出版社2010年版。

35. [美]爱德华·格莱泽:《城市的胜利》,上海社会科学院出版社2012年版。

36. [加]道格·桑德斯:《落脚城市》,上海译文出版社2012年版。

37. [加]杰布·布鲁格曼:《城变——城市如何改变世界》,中国人民大学出版社2011年版。

38. [美]汉克·V.萨维奇、保罗·康特:《国际市场中的城市:北美和西欧城市发展的政治经济学》,格致出版社2013年版。

39. [美]理查德·C.菲沃克:《大都市治理——冲突、竞争与合作》,重庆大学出版社2012年版。

40. [美]理查德·T.勒盖茨、弗雷德里克·斯托特、张庭伟、田莉:《城市读本》(中文版),中国建筑工业出版社2013年版。

三 中文著作类

41. 林尚立:《复合民主——人民民主促进民生建设的杭州实践》,中央编译出版社2012年版。

42. 林尚立:《建构民主——中国的理论、战略与议程》,复旦大学出版社2012年版。

43. 顾朝林:《中国城市地理》,商务印书馆1999年版。

44. 顾朝林:《中国城镇体系:历史·现状·展望》,商务印书馆1992年版。

45. 陆铭:《空间的力量——地理、政治与城市发展》,格致出版社2013年版。

46. 张京祥:《西方城市规划思想史纲》,东南大学出版社2005年版。

47. 陈映芳:《城市中国的逻辑》,生活·读书·新知三联书店2012年版。

48. 李安方:《社会资本与区域创新》,上海财经大学出版社2009年版。

49. 左学金等:《创新型国家与创新型城市战略——上海的选择》,上海三联书店2008年版。

50. 李建强、屠启宇、苏宁、黄海洋:《大学校区、科技园区、公共社区联动发展——区域创新体系建设的理论与实践》,上海社会科学院出版社2007年版。

51. 曾刚、丰志勇、林兰:《科技中介与技术扩散研究》,华东师范大学出版社2008年版。

52. 厉无畏:《创意改变中国》,新华出版社2009年版。

53. 林钦荣:《城市空间治理的创新策略——台北 新竹 高雄》,新自然主义公司出版2006年版。

54. 陈少峰等:《中国文化企业报告 2012》,华文出版社 2012 年版。

55. 杨英法:《文化图强正相宜》,中国戏剧出版社 2007 年版。

56. 何强:《拾零集——城乡文化观察》,福建教育出版社 2014 年版。

57. 孙浩:《农村公共文化服务有效供给研究》,中国社会科学出版社 2012 年版。

58. 林敏娟:《公共文化服务中的民营企业角色》,中国社会出版社 2014 年版。

59. 王全吉:《浙江公共文化服务创新研究》,浙江大学出版社 2013 年版。

60. 陈瑛:《农村公共文化信息服务研究》,北京图书馆出版社 2013 年版。

61. 李铁等:《城镇化进程中的城乡关系》,中国发展出版社 2013 年版。

62. 李友梅:《快速城市化过程中的乡土文化转型》,上海人民出版社 2007 年版。

63. 张庭伟、冯晖、彭治权:《城市滨水区设计与开发》,同济大学出版社 2002 年版。

64. 梁漱溟:《中国文化的命运》,中信出版社 2013 年版。

65. 费孝通:《文化与文化自觉》,群言出版社 2010 年版。

66. 费孝通:《乡土中国》,人民出版社 2008 年版。

67. 费孝通:《论小城镇及其他》,天津人民出版社 1986 年版。

68. 周建新:《动荡的围龙屋——一个客家宗教的城市化遭遇与文化抗争》,中国社会科学出版社 2006 年版。

69. 魅力城乡网组、魅力城乡系列:《中国最有影响力休闲农业节庆》,中国农业科学技术出版社 2013 年版。

70. 邢莉:《民间信仰与民俗生活》,中央民族大学出版社 2008 年版。

71. 吴理财、辛秋水:《文化贫困与贫困文化》,陕西人民教育出版社 2003 年版。

72. 任起顺:《和谐共生——中华思想原典笺评》,上海百家出版社 2009 年版。

73. 叶南客等:《区域现代化的理论探索与创新实践——以江苏为例》,中国社会科学出版社 2014 年版。

74. 叶南客：《中国区域文化竞争力研究》，江苏人民出版社 2008 年版。

75. 张鸿雁、张登国：《城市定位论——城市社会学理论视野下的可持续发展战略》，东南大学出版社 2008 年版。

76. 张鸿雁：《城市形象与城市文化资本论——中外城市形象比较的社会学研究》，东南大学出版社 2002 年版。

77. 张鸿雁：《城市文化资本论》，东南大学出版社 2010 年版。

78. 叶南客、李程骅主编：《中国城市发展：转型与创新》，人民出版社 2011 年版。

79. 李程骅：《优化之道——城市新产业空间战略》，人民出版社 2008 年版。

80. 李程骅：《中国城市转型研究》，人民出版社 2013 年版。

81. 李程骅等：《城市与区域创新发展论》，中国社会科学出版社 2014 年版。

82. 刘建军：《单位中国：社会调控体系重构中的个人、组织与国家》，天津人民出版社 2000 年版。

83. 张军：《市场、政府治理与中国的经济转型》，格致出版社 2014 年版。

84. 郑永年：《中国模式——经验与困局》，浙江人民出版社 2010 年版。

85. 袁雁：《全球化视角下的城市空间研究——以上海郊区为例》，中国建筑工业出版社 2008 年版。

86. 许倬云：《大国霸业的兴废》，上海文化出版社 2012 年版。

87. 许倬云：《现代文明的成坏》，上海文化出版社 2012 年版。

88. 王绍周：《上海近代城市建筑》，江苏科学技术出版社 1989 年版。

89. 王春光：《社会流动和社会重构——京城"浙江村"研究》，浙江人民出版社 1995 年版。

90. 王丰：《分割与分层：改革时期中国城市的不平等》，浙江人民出版社 2013 年版。

91. 刘建军、陈超群：《执政的逻辑：政党、国家与社会》（复旦政治学评论第 3 辑），上海辞书出版社 2005 年版。

92. 李志刚、顾朝林：《中国城市社会空间结构转型》，东南大学出版社 2011 年版。

93. 许纪霖：《共和、社群与公民》，江苏人民出版社 2004 年版。

94. 何艳玲：《变迁中的中国城市治理》，格致出版社 2013 年版。

95. 戴鞍钢：《港口·城市·腹地——上海与长江流域经济关系的历史考察（1843—1913）》，复旦大学出版社 1998 年版。

96. 王兴平：《中国城市新产业空间：发展机制与空间组织》，科学出版社 2006 年版。

97. 魏后凯等：《中国区域协调发展研究》，中国社会科学出版社 2012 年版。

98. 魏后凯等：《中国区域政策：评价与展望》，经济管理出版社 2011 年版。

99. 《稳中求进 转型发展——2012 年江苏省决策咨询研究重点课题成果汇编》，江苏人民出版社 2012 年版。

100. 方创琳、刘毅、林跃然：《中国创新型城市发展报告》，科学出版社 2013 年版。

101. 丰志勇：《国家发展战略视角下的区域政策与经济增长研究》，东南大学出版社 2012 年版。

102. 吴维平等编译：《多维尺度下的城市主义和城市规划——北美城市规划研究最新进展》，中国建筑工业出版社 2011 年版。

103. 武廷海、于涛方、李郇：《城市与区域规划研究——城市化模式转型》第 5 卷第 2 期（总第 14 期），商务印书馆 2012 年版。

104. 屠启宇、金芳：《金字塔尖的城市——国际大都市发展报告》，上海人民出版社 2007 年版。

105. 傅兰妮编：《全球化世界中的城市——治理、绩效与可持续发展》，清华大学出版社 2006 年版。

106. ［美］斯奇雅·沙森：《全球城市——纽约、伦敦、东京》，上海社会科学院出版社 2005 年版。

107. 周振华：《崛起中的全球城市》，上海人民出版社 2008 年版。

四 中文论文类

108. 林尚立：《现代国家认同建构的政治逻辑》，《中国社会科学》2013 年第 8 期。

109. 林尚立：《社区：中国政治建设的战略性空间》，《毛泽东邓小平理论研究》2002 年第 2 期。

110. 林尚立：《政党、政党制度与现代国家——对中国政党制度的理论反思》，《中国延安干部学院学报》2009 年第 5 期。

111. 林尚立等：《重构中国城市治理体系：现代城市发展与城市治理对话——复旦大学林尚立教授访谈》，《南京社会科学》2013 年第 6 期。

112. 肖林、马海倩：《"十二五"上海要全面推进结构调整和发展方式转变》，《科学发展》2010 年第 1 期。

113. 屠启宇：《城市营销管理的战略规划、组织机制和资源配置——基于国际案例的研究》，《社会科学》2008 年第 1 期。

114. 张京祥等：《大事件营销与城市的空间生产与尺度跃迁》，《城市问题》2011 年第 1 期。

115. L. 勒卡达内、卓健：《大事件——作为都市发展的新战略工具——从世博会对城市与社会的影响谈起》，《时代建筑》2003 年第 4 期。

116. 陈浩、张京祥、宋伟轩：《空间植入：大事件对城市社会空间演化的影响研究——以昆明为例》，《城市发展研究》2010 年第 2 期。

117. 吴缚龙：《超越渐进主义：中国的城市革命与崛起的城市》，《城市规划学刊》2008 年第 1 期。

118. 黄晓军、黄馨：《弹性城市及其规划框架初探》，《城市规划》2015 第 2 期。

119. 周婷、Miquel Vidal Pl.：《巴塞罗那波布雷诺旧工业区更新策略探析》，《住区》2013 年第 3 期。

120. 张庭伟：《城市弹性理论及情景规划》，http://citiesheart.com/2013/06/a-new-perspective-of-planning-theory/。

121. 厉无畏：《文化创意产业推进城市实现创新驱动和转型发展》，《上海城市规划》2012 年第 4 期。

122. 中共南京市委办公厅（政研室）课题组：《以办好青奥会为契机全面提升南京城市国际化水平思路研究》，南京市发改委"十二五"规划研究课题报告。

123. 中共南京市建邺区委办：《抢抓青奥机遇 加快建邺发展 全面打造现代化国际性人文绿都示范区——关于在新的起点上迎青奥、促发展的调研与思考》，调研报告。

124. 周蜀秦：《大事件驱动城市增长机器的中外比较》，《中国名城》2010 年第 11 期。

125. 周蜀秦：《基于特色竞争优势的城市国际化路径》，《南京社会科学》2010 年第 11 期。

126. 谭震威、张希胜：《大学的城市 城市的大学——"三区"联动之同济模式研究》，《高教发展与评估》2007 年第 3 期。

127. 林广：《新城市主义与美国城市规划》，《美国研究》2007 年第 4 期。

128. 李翔：《文化创意产业园区／集聚区与创新型城市建设》，《生产力研究》2012 年第 6 期。

129. 顾江、郭新茹：《科技创新背景下我国文化产业升级路径选择》，《东岳论丛》2010 年第 3 期。

130. 刘金友、赵瑞霞、胡黎明：《创意产业组织模式研究——基于创意价值链的视角》，《中国工业经济》2009 年第 12 期。

131. 韩顺法、黄宇：《基于价值模块化的创意产业组织模式创新》，《华东经济管理》2010 年第 9 期。

132. 蔡荣生、王勇：《国内外发展文化创意产业的政策研究》，《中国软科学》2009 年第 8 期。

133. 郭永、杨秀云、黄琳：《澳大利亚布里斯班创意集聚区效应分析及其启示》，《亚太经济》2011 年第 6 期。

134. 杨秀云、郭永：《文化创意产业提升城市创新能力的演化机理及其政策启示》，《西安交通大学学报》（社会科学版）2013 年第 3 期。

135. 高宏存：《文化创意产业催生北京城市空间新布局》，《学术探索》2010 年第 5 期。

136. 王信东：《文化创意产业促进中心城市产业结构优化升级路径分析》，《工业技术经济》2011 年第 1 期。

137. 孙洁：《文化创意产业的空间集聚促进城市转型》，《社会科学》2012 年第 7 期。

138. 王慧敏：《文化创意产业集聚区发展的 3.0 理论模型与能级提升》，《社会科学》2012 年第 7 期。

139. 刘平：《文化创意驱动城市转型发展的模式及作用机制》，《社会科学》2012 年第 7 期。

140. 刘士林：《文化城市与中国城市发展方式转型及创新》，《上海交通大学学报》（哲学社会科学版）2010年第3期

141. 杨剑龙：《论中国都市化进程与都市文化研究》，《上海师范大学学报》（哲学社会科学版）2013年第9期。

142. 罗思东、陈惠云：《全球城市及在全球治理中的主体功能》，《上海行政学院学报》2013年第3期。

143. 韩福国：《作为嵌入性治理资源的协商民主——现代城市治理中的政府与社会互动规则》，《复旦大学学报》（哲学社会科学版）2013年第3期。

144. 周阳：《国家中心城市：概念 特征、功能及其评价城市观察》，《城市观察》2012年第1期。

145. 武前波、宁越敏：《国际城市理论分析与中国的国际城市建设》，《南京社会科学》2008年第7期。

146. 周振华：《全球化、全球城市网络与全球城市的逻辑关系》，《社会科学》2006年第10期。

147. 周振华：《全球城市区域：全球城市发展的地域空间基础》，《天津社会科学》2007年第1期。

148. 喻登科、涂国平、陈华：《战略性新兴产业集群协同发展的路径与模式研究》《科学学与科学技术管理》2012年第4期。

149. 郝莹莹、杜德斌：《从"硅谷"到"网谷"：硅谷创新产业集群的演进及其启示》，《世界经济与政治论坛》2005年第3期。

150. 李健、宁越敏：《1990年代以来上海人口空间变动与城市空间结构重构》，《城市规划学刊》2007年第2期。

151. 李健、宁越敏、石崧：《长江三角洲城市化发展与大都市圈空间圈层重构》，《城市规划学刊》2006年第3期。

后 记

长期以来特别是分税制改革以来，中国城市化的进程和国民经济的增长，一个强大的动力来源在于地方和城市政府的增量规划引导，通过历次五年规划和城市总体规划，把城市完全构建成一个增长机器或者是所在区域的增长极，形成了20世纪90年代中期以来中国经济增长的"城市轴心"。21世纪以来的："十五""十一五""十二五"规划，总体的逻辑仍然是以"规划主导"形成城市增长机器，创造经济的增长，但是单向度的"增长"并不能全面等同于"发展"。

2015年是"十三五"的规划编制年，"增量规划"还是"存量规划"一直是讨论的焦点问题。从"增量"到"存量"，本质上是规划主导还是治理主导的问题？特别是近两轮的五年规划实践表明，在信息化革命的今天，经济社会的总体发展越来越不是政府规划出来的，而是通过更加全面有效的治理规范出来的。政府再也不单独具备选择和规划产业的能力，一个地区政府的能力将主要体现在其服务的规范性、对市场创新主体和技术进步的尊重等方面。因而，"十三五"规划的对象不再是传统意义上的市场、产业、社会，相反"十三五"规划更应是对政府自身管理体制和运行秩序的"重新规划"与"治理"，在总体思路上正在由单向度的"规划主导"目标增长逻辑，向立体化的"治理导向"发展秩序梳理转变。

自2012年进入复旦大学政治学博士后流动站以来，我一直跟随林尚立教授关注并从事城市治理方面研究工作，本书可以说是对我近年来城市治理研究工作的系统化梳理，但对于当下中国城市治理实践所急需的学术研究和理论知识而言，还仅仅是冰山一角，有待于后续更深入的探求与思考。

在书稿即将交付出版之时，首先诚挚地感谢我的博士后合作导师林尚立教授，三年来有幸追随林教授做些研究工作，备感幸运，导师功力深厚的学识、胸怀天下的气魄、敏锐精准的直觉……让我叹为观止、如沐清风。师兄陈周旺教授、朱德米教授、韩福国副教授在具体的研究工作中，更是亦师亦兄亦友，让我在复旦大学的工作学习和生活备感温暖。

本书得以完成，我要特别感谢南京市社科院院长、社科联主席叶南客研究员，他所营造的良好的工作和学术生态，为我无论是去政府部门挂职，还是到复旦大学做博士后研究都提供了重要和坚强的保障。南京市社科院副院长李程骅研究员对本书的出版给予了大力支持，并对很多章节的写作提出了非常重要的建议，在此深表感谢。在这部书稿完成的过程中，同济大学钟晓华助理教授、复旦大学宋道雷博士、上海社科院李健副研究员还直接参与了部分章节的初稿撰写，并联名发表了一些中间性的论文成果。没有他们的协助和奉献，我是不可能如期完成这部书稿的。王聪博士和郑琼洁博士对图表的处理花费了很多精力，在此一并致谢。

这些年来，我在进行城市与区域创新、城乡治理等交叉学科领域的研究中，还一直有幸得到一批来自政治学、社会学、地理学、城乡规划学等各个学科的国内知名学者的指点和帮助。在此要感谢华东师范大学中国现代城市研究中心主任宁越敏教授、复旦大学社会学系于海教授、江苏省社科联原常务副主席张颢瀚教授、上海交通大学李建强教授、陈映芳教授、复旦大学国际关系与公共事务学院刘建军教授、臧志军教授、唐贤兴教授等，他们对我的无私帮助与指点，时时激励我去探索新的学术概念和议题。此外，书中的一些篇章，是我主持的教育部人文社科规划基金项目"全球生产网络、地方治理与区域创新体系建设"的系列成果，以论文的方式在《社会科学》《江海学刊》《南京社会科学》《同济学报》《南京师范大学学报》《城市问题》等学术杂志上刊出，在此对这些杂志的编辑深深地表示感谢。最后，特别要感谢中国社会科学出版社的孙萍女士为本书出版付出的辛劳。感谢家人长期以来的关心、理解和支持。

当下中国大都市的发展实践，进入一个更加全球化、复杂化、复合化的阶段，仅凭单一学科的垂直化知识体系越来越难以驾驭、回应和理解，多学科知识的跨界化、互动化、互融化、生态化格局开始逐渐显现。"十三五"的根本转变，已经从以往的"空间增量增长"为核心向"空间存量优化"和"创新要素增量"并重转型。从本质上讲，"多规合一"的核心是改变发展的逻辑，基因是"治理"思维。互联网技术应用及引发的产业再组织和社会再组织变革，可以说是中国当前实现"存量优化"和"创新增量"发展的一个重要动力。炒得很热的所谓的"互联网思维"，个人认为并不是诞生于互联网，而是在互联网时代被更加强化和凸显的整合秩序思维和角色互动思维。这其实需要来自政治学的"秩序感"和社会学的"想象力"作为知识架构来支撑。跨界的资源整合所要形成的秩序重建，所体现的是对多中心跨层的立体网络治理能力。生产者、消费者、投资者多重角色的互动、细分、社交与组织化，所折射的是个体化、社群化的心理体验和行为特征。

故而谈及城市研究，最近常开玩笑说的一句话是，"做城市研究，看来得要有政治学的'秩序感'、社会学的'想象力'、地理学的'空间感'、人类学的'地方感'……"这既是玩笑，也算是对自己的一个鞭策吧。

周蜀秦
2015年9月于南京